자연을 선물 받은 아이들

| 박 옥 순 지음 |

창지사

프롤로그

"아이들을 자연으로 내보내라. 언덕 위와 뜰에서 아이들을 가르쳐라…. 나무와 새와 곤충이 아이들을 가르치게 될 때 당신은 조용히 있도록 하라."라고 주창한 페스탈로치의 말이 이 책을 쓰는 동안 내 귓속에 맴돌았다.

이 책은 아이들이 자연 속에서 상호작용하며 얻을 수 있는 배움과 경험뿐 아니라, 왜 자연에서 많은 시간을 보내며 놀아야 하는지 그 중요성에 대해 말하고자 저자가 유치원에서 아이들을 가르치며 경험한 이야기들을 엮어 만든 것이다.

「자연을 선물 받은 아이들」은 숲과 들에서 마음껏 논 이야기를 주워담아 구슬처럼 꿰었다. 이 땅을 창조하신 이가 주신 자연의 선물에서 아이들이 얼마나 행복하게 놀았는지 그 아름다운 일상을 이야기로 꾸밈없이 쉽게 풀어쓰려고 노력했다.

숲과 들에서 일어난 수많은 이야기가 있지만 그중에서 '숲에서 놀며 배운 이야기 21'과 '들에서 놀며 배운 이야기 30'을 엮기로 했다.

쉰하나의 이야기 꼭지를 엮는 내내 행복했다. 이 책의 주인공들이 생각나서 행복하기도 하고, 그 녀석들이 보고 싶어 그리움에 빠져 미소 짓기도 하며, 지금은 훌쩍 커버린 녀석이 "엄마 나 좀 산에 데려다 주세요."라고 말했다는 그 아이도 보고 싶었다. 그리고 이렇게 말하고 싶었다.

"너도 산이 그렇게 좋았었니? 나도 즐거웠었단다."

라고 말이다.

12년 전만 해도 '숲교육'이란 말은 우리가 쉽게 접할 수 있는 말은 아니었다. 그러나 나는 숲과 들에서 행복하게 뛰어노는 아이들을 보며 함께 노는 시간을 많이 가졌다. 그러자 얼마 안 되서 '잘 노는 유치원'으로 소문났다. '그 유치원은 매일 놀다 온대.' 하며 걱정 반, 의심 반으로 지역 부모들의 이야깃거리가 되었다.

뒷산이 수락산이고 앞은 논과 밭으로 된 전형적인 시골에 유치원이 있다 보니 자연에서 노는 것은 너무나 당연한 것이었다. 자연에서 노는 시간이 많아질수록 숲교육에 대한 신념은 더욱 확고해졌다.

'자연보다 더 훌륭한 선생님이 있을까?'

'자연보다 더 좋은 교수자료가 있을까?'

아이들의 놀이를 관찰하면 할수록 자연에서의 놀이가 아이들의 성장과 발달에 좋은 영향을 미치는 것을 경험하게 되었다. 그때부터 숲과 들은 아이들의 교실이 되었다.

봄이 되면 파릇파릇 돋아나는 새싹과 꽃을 찾아 날아온 하얀 나비, 산에서 따온 진달래꽃으로 화전을 해 먹으며 아이들은 봄을 이해하였다. 여름에는 숲에서 울어대는 매미 소리와 지저귀는 새 소리, 시원한 수락산 계곡의 물소리 등 자연의 소리에 감각이 절로 깨어났다. 기나긴 장마 끝에 볼 수 있는 지렁이와 달팽이도 아이들의 지적 호기심을 자극하여 과학자의 꿈을 키우기도 하고, 여러 가지 열매를 맺는 가을이나 황량한 겨울에도 끊임없이 제공하는 새롭고 다양한 산물로 인하여 아이들의 손은 늘 바빴다. 땅에 있는 물과 흙과 돌멩이, 나뭇잎으로 자신의 생각과 느낌을 표현하는 자유로운 영혼이 되어 시간이 지날수록 자신의 일을 소중히 여길 뿐만 아니라 사람과 자연이 함께 더불어 살아가는 것을 배우기도 한다.

유아기에 교재나 언어로 가르치는 지식은 사흘만 지나면 아이들의 기억에서 대부분 사라진다고 하지 않는가! 아이들이 자연에서 놀며 스스로 온몸으로 체험한 지식은 평생토록 살아 있는 지식이 되며, 자연을 통해 형성된 가치관은 보다 긍정적인 아이로 만들어 준다. 아이들은 가정에서 양육하는 부모의 모습을 닮듯이 자연에서 많이 놀다 보면 어느새 자연을 닮아간다. 아름다운 자연을 보면서 아름다운 단어로 말하고, 순수한 자연처럼 아이들의 눈과 표정은 맑고 밝아진다. 자연에서 보고, 듣고, 맛보고 노는 것이 좋기에 함께 더불어 사는 것에 마음을 내 놓는다.

지금도 나는 '가르치지 말고 아이가 스스로 배우게 하자!'를 슬로건으로 하여 교육하고 있다. 특히 유아기에는 자연에서 놀면서 스스로 깨닫고 배움으로써 지식과 기술과 태도가 형성되어야 한다. 분명히 숲과 들은 아이들의 놀이터지만, 알고 보면 치열한 자연의 섭리를 체험하는 현장이기도 하다.

우리의 일상생활 주변에서 만나는 자연의 소재는 어른들의 눈에는 사소한 것이지만 아이들의 눈높이에서 보면 거대한 새로운 세계다. 그 신기한 눈으로 보고, 듣고 느낄 수 있도록 환경을 제공하는 것이 내가 해야 할 몫이라고 생각한다.

이러한 이유로 교사들이 보는 전문잡지에 소개된 글 일부와 지난 12년 동안 아이들과 숲과 들에서 놀며 경험한 이야기들을 모아 한 권의 책으로 엮었다.

아이들이 숲과 들에서 놀며 스스로 배우는 교육이야말로 가장 행복한 교육이다. 아직도 자연에서 아이들이 마음껏 놀지 못한다면 이 책을 읽고 용기 내기를 바란다.

이 책이 나오기까지 아이들과 함께 자연에서 놀아 준 자연유치원 교사들에게 고마움을 전한다. 그리고 자연유치원 학부모에게도 감사드린다. 자녀가 유아기에 자연에서 마음껏 노는 것을 가장 중요한 일로 여기며 부모의 욕심을 내려놓았기에 가능하였다.

마지막으로 이 책이 세상에 나올 수 있도록 용기를 준 도서출판 창지사의 어진용 상무님, 자문을 해 주신 곽노의 교수님께 깊은 감사를 드리며, 그 외 도움을 주신 여러분께 감사드린다.

항상 격려를 아끼지 않는 사랑하는 남편과 응원해 준 가족들에게도 감사의 마음을 전한다.

2015년
자연유치원 뒤뜰 수락산 자락에서
뛰어노는 아이들을 보며,
박 옥 순

차 례

숲에서 놀며 배운 이야기 21

들에서 놀며 배운 이야기 30

서문

내가 느낀 자연은 아이들에게 이런 것이었다!

◈ 자연은 도서관이다.

도서관에 수만 권의 책이 있듯이 자연에도 살아 있는 수많은 교재의 실물들이 있다. 도서는 눈으로만 읽을 수 있다. 그러나 자연은 문맹이어도 자연을 읽을 수 있다. 눈, 코, 입, 귀, 손으로 읽는다. 눈으로 보고, 코로 냄새를 맡고, 입으로 먹고, 귀로 듣고, 손으로 만져 보는 것이 읽는 것이다. 그리고 더 나아가 마음으로 읽는다. 아이들은 앉아서 읽기도 하고, 누워서 읽기도 한다. 멀리서 읽기도 하고 가깝게 다가서서 읽기도 한다. 아이들은 자연을 즐기면서 읽는다. 계절마다 다르게 준비해 주는 자연에서 아이들은 자연을 통째로 읽는다. 오늘 읽고 내일 읽어도 배경과 이야기를 다양하게 준비하는 자연은 결코 지루하지 않다.

◈ 자연이 바로 시청각실이다.

자연은 계절마다 새로운 것으로 준비해 주는 시청각실이다. 여러 종류의 새, 나뭇잎, 흙, 애벌레, 곤충, 버섯 등 다양한 자료가 있다. 아이들로 하여금 관찰하고 탐구하고 싶은 동기를 부여하는 시청각실로 이보다 더 좋은 곳이 있을까? 자연은 아이들이 갖고 있는 지적 호기심의 본능을 깨워 주고, 온몸의 감각을 깨우는 시청각실임에 틀림없다. 이른 봄 싹을 틔우는 겨울눈을 시작으로 잎과 열매를 내어 주며, 식물과 동물이 계절마다 준비되어 시청각 자료로 넘친다. 학교마다 시청각실이 있다. 학교의 시청각실은 새로운 자료를 구입하지 않으면 해마다 변하지 않은 자료들로 전시될 뿐이다. 여러

분은 학창시절 시청각실에서 열정적으로 연구하고 싶었던 지적인 충동을 몇 번이나 느껴보았는가? 자연에서 노는 아이들의 눈을 보라. 자연의 현상을 관찰하고 탐구하는 눈빛이 초롱초롱 살아 있다. 숲과 들은 아이들의 눈높이에 꼭 맞는 시청각실이다.

◈ 자연은 종합놀이터다.

아이들이 자연에서 놀다 보면 기어가기, 올라가기, 내려가기 등 몸을 움직여야 하는 상황이 빈번하게 발생한다. 놀이에 따라 뛰기도 하고, 천천히 걸어가기도 하고, 나무에 매달리기도 해야 한다. 또한 돌에 걸리지 않도록 조심하며 걷기도 하고, 힘겨운 오르막길을 올라가기도 해야 한다. 무거운 돌이나 나뭇가지를 줍기도 하고, 힘을 모아 높은 곳에 올라가는 친구의 엉덩이를 밀어줘야 할 때도 있다. 자연에서 놀이는 대근육과 소근육을 다 사용할 수밖에 없다. 따라서 실내 놀이보다 운동량이 훨씬 많을 뿐 아니라 즐거움도 있다. 또한 산소 탱크인 숲에서 나오는 신선한 산소를 마음껏 마시니 놀이가 힘들지 않다.
자연은 눈에 보이지 않은 놀이터다. 아이들이 스스로 놀이를 제작하는 공작소이기 때문에 자연은 아이들에게 진정한 놀이터다.

◈ 자연은 살아 움직이는 미술관이다.

자연은 우리나라의 아름다운 사계절의 풍경을 가장 잘 표현해 주는 살아 움직이는 미술관이다. 사계절이 배경이 되어 계절마다 꽃과 곤충들, 비와 눈과 바람이 주인공이 되기도 한다. 때로는 아이들이 주인공이 되기도 한다.
따뜻한 봄볕에 하얀 냉이 꽃이 봄바람에 흔들리는 풍경을 보았는가? 추운 겨울 온 세상을 하얗게 덮은 순백의 숲을 보았는가? 나무 꼭대기에 지은 까치집이 바람에 흔들리는 광경을 감상했는가? 땅에 누워서 하늘을 바라보며 파란 하늘에 하얀 뭉게구름이 그려진 한 폭의 그림을 보았는가? 그리고 자연이 연출한 그림을 감상하는 아이들의 표정을 보았는가?
넉넉한 자연은 가장 자연스러운 소재로 아이들 앞에 살아 움직이는 미술관을 만들어 준다. 아이들은 이러한 자연미술관에서 잠재된 감성을 깨우고 신의 예술성을 닮아간다.

그리고 자연에서 아이들은 이런 것을 배운다!

◈ 자연에서 인성을 배운다.

자연에서 놀다 보면 식물과 동물이 서로 나누며 공생하는 것을 보고 배운다. 도토리 나무는 추운 겨울을 이겨내고, 봄이면 잎이 나고, 가을에는 도토리 열매를 맺어 다람쥐가 추운 겨울 동안 먹을 수 있는 양식을 만들어 준다. 아이들은 도토리 나무 밑에서 놀다가 다람쥐가 도토리를 주워가는 것을 보고 공생관계를 배운다.

비가 올 때 자주 만나는 지렁이를 텃밭에 옮겨 주며 배운다. 몽글몽글 지렁이 똥을 만져 보며 흙을 부드럽게 하여 식물이 잘 자라는 것을 돕는다는 것을 알게 된다. 보드라운 흙을 만드는 지렁이의 역할에 감동한다. 뿐만 아니라 자신들이 경험한 것을 단순히 지식으로만 받아들이는 것에 그치지 않고, 생각의 변화를 갖게 된다. 사람과 자연이 서로 관계를 맺고 산다는 지식을 알고, 생명을 소중히 여기는 태도와 서로 돕고 살아가는 가치관을 배운다. 아이들의 행동이 부모를 닮듯이 자연을 친구 삼아 놀다 보면 생각하는 것과 표현하고 행동하는 것이 자연을 닮아간다. 나만을 생각하는 이기심보다는 이타심이 점점 커진다.

겨울 산을 돌아보며 봄을 준비하는 나무에게

"겨울나무가 추워서 꽁꽁 얼 것 같아요."

"추우니까 나무들이 둘이서 붙어 있으면 좋을 것 같아요."

"나무가 외로워 보여요. 그런데 겨울에 쉬어야 하니까 푹… 잘 잤으면 좋겠어요."

라고 아이들은 표현한다. 나무를 생각하고 나무의 입장에서 말을 하는 아이들은 이미 자연을 사랑하는 마음을 품고 있는 것이다. 이 사랑은 도움이 필요한 자들에게 귀를 기울이는 이타적인 생각으로 연결될 것이다. 아이들은 자연에서 놀며 앞으로 사는 세상을 행복하게 살아가는 방법을 배우고 있다. 그리고 배워야 할 것을 배우기에 아이들은 마냥 행복하다.

◈ 자연에서 지식과 기술을 배운다.

아이들은 자연에서 놀며 자연과 사람이 서로 분리되어 있지 않고 하나의 공동체로 이루어졌다는 것을 서서히 인식하기 시작한다. 자연과 사람의 유기적인 관계를 알아가며 자연의 중요성과 자연환경을 보호하는 것, 에너지 절약 등 환경과 인간이 잘 조화를 이뤄야 하는 해결방법에 대한 의견을 주장하기도 한다. 계곡에서 물놀이하며 물의 소중함을 알고 환경문제까지 접근하며 자신과 가족이 물을 절약하는 '물 절약 캠페인'을 실천하기도 한다.
우리나라의 사계절인 봄, 여름, 가을, 겨울을 숲과 들에서 체험하며, 자연의 질서에 맞춰 노작 활동을 체험하며, 계절에 따라 준비하고 인내해야 하는 자연의 현상을 알고 자연을 존중하고 지혜를 얻는다. 봄에는 씨앗을 뿌리고 여름에는 가꾸고 가을에는 추수하며 수확의 기쁨을 누리고 겨울에 쉼을 누리는 자연순환의 법칙을 외워서 아는 것이 아니라 몸으로 이해하고, 자연의 질서를 통해 사고하는 능력을 키워나간다. 숲과 들은 무수히 많은 자연의 현상을 말해 주고, 아이들은 이곳에서 놀며, 보고, 느끼고, 생각하며 자신의 삶을 조화롭게 살아가는 지식과 지혜와 기술을 배운다.

◈ 자연에서 놀며 성향을 계발한다.

숲과 들은 아이들을 바람직한 방향으로 살아가는 성향을 길러 준다. 사람마다 고유한 성향을 지니고 있는데, 어떤 환경에서 자랐느냐가 성향을 결정짓는 요인이 되기도 한다. 한여름 무더위를 식히는 계곡에서 댐 만드는 놀이를 하며 적당한 크기의 돌들을 들어올리며 물살에 휩쓸리지 않도록 수·과학적으로 생각해야 하는 상황은 자연놀이 하는 동안 이곳저곳에서 수없이 발생한다. 수많은 수·과학적인 놀이가 자연놀이에 숨어 있다. 유아기는 숫자 하나, 둘을 암기하는 것이 중요한 것이 아니라 수·과학적으로 사고하는 성향이 먼저 계발되어야 한다.

숲이나 들은 아이들의 놀이터기 때문에 무형의 놀이규칙과 질서가 있다. 더 신나는 놀이가 되려면 민주적인 방법으로 해결하거나 규칙을 따라야 하는 상황에서 자신을 친사회적인 성향으로 계발하지 않으면 놀이가 더이상 진전되지 않는다는 것을 아이들은 터득하게 된다. 자연에서 노는 시간이 많을수록 아이들은 충분히 자신을 바라보고 생각하는 시간을 가질 수밖에 없다. 어느 상황에서든지 협력하지 않으면 외톨이가 되는 자연스러운 고통도 감내하며 자기 자신을 제대로 인식하는 기회가 되기도 한다. 그러나 그 무엇보다 아이들은 자연에서 즐겁고 신나게 놀며 자연을 즐길 줄 아는 아이, 자기 자신을 긍정적으로 사고하는 성향을 계발한다. 숲과 들은 아이들이 좋아하는 여러 가지 종류의 곤충과 동물, 식물들이 곳곳에서 자신들에게 관심을 가져달라고 아이들을 향해 손짓하고 있기 때문이다. 아이들이 다가가면 그들은 충분히 자신의 모든 것을 내어 준다. 봄이면 아름다운 꽃으로, 여름이면 초록빛 그늘로, 가을이면 열매로, 겨울이면 함박눈으로…. 그래서 자연에서 노는 시간이 많을수록 아이들은 자연을 좋아하는 성향으로 자란다.

◈ 세상을 행복하게 사는 법을 배운다.

자연을 선물 받은 아이들은 세상을 행복하고 조화롭게 사는 방법을 자연에서 놀며 자연스럽게 배운다. 이 세상을 창조하신 이가 더 큰 세상을 이해하기 전에 자연에서 먼저 보고 배우라고 자연을 아이들에게 선물로 주셨다. 흙, 꽃, 나무, 풀, 곤충, 동물 등…. 자연을 알면 지혜를 배운다고 하지 않는가! 자연을 닮은 아이들을 자연을 떠난 교실에서 가르치기만 한다면 배우는 순서를 벗어난 질서의 오류가 아닐까? 그리고 가르침의 중심인 아이들을 벗어난 것은 아닐까 걱정이 된다. 자연을 가까이할 수 있도록 하자.
대부분의 아이들은 자연을 좋아하고 또 자연에서 노는 것을 좋아한다. 숲에서 개미를 발견해도 좋아하고, 꽃을 보고도 아름답다고 좋아한다. 그리고 자연에서 보고 느낀 것을 친구와 이야기하며 좋아하고, 서로의 생각과 느낌을 맞장구치며 좋아한다.

여러분은 아이들이 이렇게 좋아하는 자연놀이가 앞으로 살아갈 세상을 열심히 준비하고 있다고 믿는 믿음의 눈으로 본다면 아이들의 놀이는 play가 아니라 work라는 사실을 알게 될 것이다.

교실 밖으로 내보내자. 숲과 들로 내보내자.

그리고 아이들은 이렇게 놀고 싶어 한다!

◈ 하나! 신나게 놀고 싶어 한다.

아이들은 노는 것을 참 좋아한다. 삶이 곧 놀이인 아이들은 신나게 놀고 싶어 한다. 자신의 의지대로 놀고 싶어 한다. 여자 아이들은 여러 가지 자연물인 꽃과 나뭇잎, 흙 등을 이용하여 소꿉놀이 하거나 땅바닥에 그림을 그리며 논다. 남자 아이들은 나뭇가지로 곤충의 흉내를 내거나, 기다란 나무 막대기를 들고 싸움의 전사가 되기도 한다. 놀이가 시작되면 한자리에 가만히 앉아 있지 않고 부지런히 몸을 움직인다. 손과 발을 자유자재로 사용하고, 주위에 있는 것을 주워서 자신이 필요한 도구를 만들어서 사용하기도 한다. 짧은 것은 줄을 묶어 길게 하기도 하고, 긴 것은 싹둑 자르기도 하며 목표하는 도구를 만들어 내는 기술이 놀랍다. 숲에 오면 긴장이 완화되어서인지 아니면 해야 될 지시된 과제가 없어서인지 아이들은 놀이에 푹 빠져서 신나게 논다. 놀 수 있는 재료가 많아서 그런 것 같기도 하다. 숲에서는 상상력이라는 무기만 있으면 아이들은 신나게 놀 수 있다. 숲이 바닷가가 되기도 하고, 어부가 되어 엄청난 물고기 떼를 가두고 신나게 낚기도 한다. 그런가하면 건축가가 되어 집을 짓기도 한다. 숲은 아이들의 행복한 식탁이 되기도 한다. 낙엽이 삼겹살로 되어 모닥불에 구워지면, 누군가는 엄마가 되어 아빠를 부르기도 하고, 아기도 되어 맛있게 먹는 것을 흉내 내며 논다.
신나는 놀이 중에서 계곡물놀이는 가장 신나는 놀이다. 시원함에 신이 나고, 맑고 깨끗한 물에 첨벙대며 신난다. 그리고 송사리 떼와 숨바꼭질하며 신이 난다.
아이들의 놀이를 관찰하고 있으면 계획이 없는 것 같지만 목표가 있고, 그 목표에 도달하려고 다양한 아이디어를 만들며 논다는 것을 알 수 있다. 아이들은 어디서든 신나게 놀 궁리만 한다.

◈ 둘! 보고 만지며 놀고 싶어 한다.

아이들은 보고 만지는 것을 좋아한다. 무엇이든지 보려고 하고, 만지고 싶어 한다. 영유아기는 감각에 의존하여 세상을 배우기 때문이다. 아이들은 숲 속에 움직이는 모든 사물에 큰 반응을 보이거나 관찰자가 된다. 비가 그친 뒤 잔가지에 보석처럼 달린 물방울을 그냥 지나치지 않고 손가락으로 톡 건드려 보기도 한다. 물방울이 또르륵 떨어지는 것을 보고 무척 즐거워한다. 한여름 붉게 피었던 봉숭아 꽃잎이 떨어지고 나면 씨방이 통통하게 부풀어오르는데 보이는 대로 손가락으로 살짝 만져 보고 싶어 한다. 손가락을 살짝만 갖다 대어도 봉숭아 씨앗이 멀리 퍼지면서 떨어지는 것을 보고 즐긴다. 아이들은 보고, 만지며, 들리는 자연의 소리에 감각을 열고 자연을 이해한다.

참나무 가지가 헬리콥터처럼 빙글빙글 돌면서 떨어지는 것을 보고 걸음을 멈추고, 도토리에 난 구멍을 찾아보며 자연의 세계에 눈을 뜬다. 거위벌레가 살아가는 것을 보고, 만지며 신기해하고 놀라워한다. 아이들이 사물의 소리를 듣고, 만지며 자연을 이해하는 것은 아이들만의 방식이다. 자신들의 방법으로 자연을 이해하는 아이들이 놀랍지 않은가! 자신이 직접 주도하며 스스로 자연을 알아가는 아이들만의 지혜로운 발상이다.

아이들은 무엇이든 보고 싶고, 만지고 싶고, 듣고 싶어 한다. 이 세상에 대하여 많은 궁금증을 가진 아이들의 적극적인 태도이다. 이렇게 아이들은 직접 체험하며 행복해한다. 그들의 욕구가 충족되기 때문이다.

◈ 셋! 맛보며 먹으며 놀고 싶어 한다.

아이들은 맛보고 먹는 것을 즐긴다. 봄철 산모퉁이에 하얗게 피어 있는 찔레 꽃잎도 따먹는다. 색과 모양이 아이들의 호기심을 자극하지만 그 맛을 보면 자연을 이해하기 더욱 쉽다. 한두 번 자연의 맛을 경험한 아이들은 자연의 맛에 거부감 없이 스스로 다가간다. 길옆에 납작하게 돋아난 새콤달콤한 괭이밥을 따서 먹기도 한다. 새콤한 맛에 기분도 좋아진다. 친구들과 길옆에 앉아서 토끼처럼 뜯어먹는다. 오묘한 자연의 맛에 새로운 세상을 보는 눈을 키운다.

봄에 피는 찔레꽃, 아카시아꽃, 가을에 맛보는 감, 밤, 도토리 등 열매를 따서 맛을 본다. 아이들은 꽃과 열매를 보기 전에는 나무를 구분하지 못한다. 꽃과 열매로 나무를 안다. 각기 다른 맛에 비교하며 식물의 차이점을 자기 스스로 학습한다. 단맛, 쓴맛, 신맛, 짠맛, 매운맛 등 식물에 숨어 있는 맛을 찾는다. 모양도 다르지만 맛이 다 다르니 식물마다 호기심의 대상이다. 좋은 맛에 길들이다 보면 좋은 생각이 나고, 좋은 언어가 나온다. 자연의 산물에서 나타나는 상큼한 향기가 코와 입에 가득 전해지면 그 맛을 자연이라고 인식한다. 이렇게 맛을 보고 즐기다 보면 어느덧 아이들은 자연 앞으로 마음이 한발 앞서간다. 자연을 맛보며 먹어야 하는 이유가 바로 여기에 있다.

◈ 넷! 돕고 나누며 놀고 싶어 한다.

아이들은 서로 돕고 나누는 것을 좋아한다. 친구가 넘어지면 손을 꼭 잡아 주며 같이 걷는다. 산에 오를 때 뒤떨어진 친구들이 목표지점까지 올라올 수 있도록 용기를 주며 도와준다. 목청을 높여 "힘내라."를 크게 외치기도 한다. 친구가 도착하면 반갑게 맞이해 주며 함께 기쁨을 누린다.

숲과 들에서 놀며 아이들은 어려운 일이 발생하면 자율적으로 의견을 내고 힘을 합쳐 문제를 해결하려고 한다. 놀이는 혼자 놀이보다 협동하며 노는 놀이가 더 즐겁기 때문이다. 놀잇감을 발견하여 놀이 방법을 서로 구안하여 함께 즐긴다. "너 먼저 할래?" "고마워." 등 협력하고 양보하는 사회적 기술을 사용하는 것을 보면 협력하는 공동체의 가치를 알고 친구들과 서로 돕고 나누며 놀고 싶어 하는 마음이 크다는 것을 알 수 있다.

또한 아이들은 자연에서 만나는 아주 작은 생물을 도와 주고 싶어 한다. 개미가 굵은 모래에 걸려서 잘 기어가지 못하고 뒤로 벌렁 넘어지면 손바닥으로 흙을 깨끗하게 청소해 주며 "개미들이 너무 힘들어서 잘 가게 도와줘요."라고 말한다. 하얀 눈이 내리면 숲 속의 동물들이 배고플까 봐 먹이를 들고 숲으로 가서 먹이를 숲에 올려놓고 오기도 한다.

넉넉한 자연을 즐기며 '나만의 소유'가 아닌 '함께'라는 공동의 의미를 아이들은 자연스럽게 익히고 배운다. 아이들은 이렇게 돕고 나누며 논다.

가르치는 사람들에게...

◈ 자연교육에 관심 있는 여러분은 용기를 내라.

가르치지 않으면 불안한 교사들, 뭔가 준비하지 않으면 불안한 교사들은 이제 쉼을 얻을 때가 되었다.

언제나 놀이 계획을 짜야 한다는 부담을 갖지 마라. 아이들은 당신보다 먼저 놀 준비가 되어 있다. 당신보다도 훨씬 직관적으로 창의적인 놀이를 만들어 내는 것이 아이들의 특성이 아닌가! 자연에서 계획된 놀이를 준비하는 것으로 너무 많은 시간을 소모하지 말자! 자연교육의 효과는 교사의 계획된 준비보다 아이들의 자율적인 놀이를 통하여 일어나는 경우가 더 많다. 이제 아이들이 스스로 놀잇감을 만들고 놀이를 창조하는 즐거움을 갖게 하자. 아이들은 숲과 들판에서 놀이 도구 없이도 스스로 해결하며 잘 논다.

숲에서 교사가 가르쳐야 하는 이유가 있을까? 그러면 교실하고 무엇이 다른가?

그렇다면 교사는 무엇을 할 것인가?

천방지축 아이들을 안전하게 지켜주고, 그들의 행동이 타인에게 피해가 되지 않도록 지도하고, 자연을 훼손하지 않고, 아이들이 마음 놓고 자유 의지를 표현하도록 지지하면 되지 않을까?

그리고 교실에서와 마찬가지로 아이들의 생각이 열리도록 상호작용하고, 생각과 행동을 지지하는 격려로 눈빛을 교환하고 함께 즐거워하고 기뻐하며 공감하면 되지 않을까?

◈ 자연교육은 그렇게 어려운 것이 아니다.

봄에 피는 찔레꽃 하나로 생 꽃잎을 먹고, 차를 마시고, 어린 순을 꺾어 먹어 본다. 한 가지 꽃이라도 노는 방법을 달리하면 느낌이 다 다르다. 사물의 다양성을 즐길 수 있도록 기회를 주면 된다. 아카시아꽃이 활짝 피면 아카시아 나무 밑으로 아이들과 함께 나들이 가고, 감자꽃이 하얗게 피면 감자밭으로 나들이 가서 놀면 된다. 아이들은 주관적인 체험을 통해 지식이 확장된다. 계절마다 변화된 자연에서 온몸의 감각을 열고 경험하도록 기회를 주자. 지식은 선생님이 전달하는 것이 아니라 받아들이는 아이들의 몫이다. 자연에서 놀다 보면 가르치지 않아도 아이들은 자신의 주관적인 해석에 따라 자연을 더 섬세하게 바라보고 이해한다. 그래서 경험이 곧 지식이라고 말하지 않는가!

◈ **숲에서는 아이들이 주도권을 잡고 놀아야 한다.**

놀이는 아이들이 스스로 계획해서 주도적으로 놀아야 한다. 계획한 놀이가 성취되면 아이들은 자신감을 기르고, 놀이가 실패하면 문제를 해결하며 창의적인 성향을 기르는 기회가 된다. 주도적인 놀이에 창의적인 요소가 있다. 자기 스스로 생각하고 선택하여 결과에 책임을 지는 자기주도적인 신나는 경험을 하도록 기회를 주자. 국가에서는 창의적인 인재를 원하는데, 놀이에서마저 아이들이 주도적으로 놀 수 있는 시간을 주지 않는다는 것은 커다란 모순이다. 자연에서 하는 주도적인 놀이는 창의적인 인재를 기르는 최적의 장소이자, 시간이다.

◈ **자연에서 충분히 놀 수 있는 시간이 필요하다.**

숲이나 들에서 무엇을 했느냐가 중요한 것이 아니라 얼마만큼 시간을 보냈느냐가 중요하다. 교사들은 아이들에게 무언가를 지시하고, 목표에 따라서 결과치가 나오면 만족하고 그렇지 않으면 불안해하는 경우가 있다. 자신의 역할을 안 한 것처럼 느껴진다고 한다. 그러나 자연에서는 아이들이 충분히 놀 수 있는 시간을 주어야 한다. 어떤 결과물에 너무 연연해 하지 말자. 유아기 아이들은 결과보다 과정이 중요하다. 충분히 자연과 교감하고 즐기다 보면 눈에 보이지 않지만, 그 결과는 아이들이 성장하고 발달하는 데 좋은 영향이 되지 않을까?

아이를 위해 교육을 한다면서 과연 누구를 위해서 하고 있는지 반문해 볼 필요가 있다. 교사들이 부모를 의식하지 않으면 아이들이 행복하다. 아이들의 행복을 위해서 부모를 멀리해야 한다. 부모로 하여금 숲이나 들에서 놀고 난 후 아이들의 손에 무엇을 들고 오는지 기대하지 말라고 해야 한다. 자연에서 결과물을 얻으려고 아이들의 놀이를 제한하지 않으면 아이들은 행복하다. 아이들을 가만히 지켜보지 못하는 엄마들의 과욕에 아이들이 중간에서 힘들다.

◈ 숲과 들에서는 꼭 무언가를 해야 한다는 강박관념을 버리자.

아이들이 그냥 즐겁게 놀 수 있도록 자유를 주자. 아이들은 자연에서 놀며 수많은 경험을 하며 성장하고 발달한다. 신체적으로나 지적으로나 정서적으로 건강한 아이로 자란다. 상황에 맞는 언어를 표현하고, 자신의 느낌과 정서를 자연스럽게 표현하며 의사소통을 잘하는 아이로 자란다. 자연에서 느낀 아름다움을 글과 그림으로 표현하며 예술적인 아이로 자란다. 숲과 들에서 놀며 건강한 신체를 기르고, 갈등상황을 민주적인 방법으로 해결하며, 서로 협동하며 배려하는 아이로 자란다. 자연을 탐구하며 문제를 해결하며 수학적, 과학적으로 탐구하는 아이로 자란다. 자연을 좋아하고 자연을 사랑하는 마음을 키우며 자연을 보호하는 아이로 자란다.
자연에서 놀며 아이들은 스스로 자란다.

◈ 자연을 가까이할 수 있도록 하자.

아이들이 자연에서 스스로 진리를 발견하는 기쁨을 주자. 자연을 감동하며 느끼게 하자. 사소한 사물을 의미 있게 볼 수 있는 눈을 키우자. 감각을 사용할 수 있게 하자. 이 시기가 지나면 어른처럼 무디어지기 때문이다.
자연으로 데리고 가자!
자연을 보고, 만지고, 경험하게 하자!
죽어 있는 것들로 가득찬 박물관보다 살아 있는 것이 꿈틀거리는 숲과 들이 아이들에게 더 흥미 있지 않을까?
벽으로 사방이 막힌 곳보다 탁 트인 숲과 들로 나가자!

숲에서 놀며 배운 이야기 21

신나게 논 이야기 〈7〉

1 신나게 논 이야기 〈7〉

아이들은 탐구과정을 즐긴다. 거미 이야기

Story 1 "거미와 놀아요."

≫들어가기

"거미와 놀며 탐구하는 성향을 길러요."

아이들은 주변에서 거미줄을 관찰하는 것을 즐긴다. 거미줄에 걸려 있는 곤충들을 보고 거미의 먹이에 관심을 갖는다. 거미줄에 붙어 있는 파리나 모기, 나방들이 농작물의 피해를 주거나 사람에게 병을 옮기는 해충이라는 것을 이해한다. 거미가 이로운 동물이라는 지식이 생기면 거미를 절대 해치지 않는다. 거미를 탐구하다 보면 생태계를 이해하게 되어 생명을 소중히 여기는 태도가 자연스럽게 길러진다.

아이들은 살아 움직이는 것에 관심이 많다. 움직이는 대상이 나타나면 주의 깊게 관찰한다. 그들의 움직임을 따라 촉각을 곤두세운다. 기어다니는 것, 먹이를 먹는 것, 집을 짓는 것, 가만히 정지하고 앉아 있는 것 등 움직임의 하나하나에 집중한다. 궁금한 것은 "왜 그래요?"를 수없이 질문하고, 스스로 책을 보며 궁금증을 해결하기도 한다. 이것이 탐구과정이다. 아이가 어렸을 때 이런 성향을 계발해야 하지 않을까? 지금 우리 아이는 무엇이 궁금할까?

활동계획안

<table>
<tr><td rowspan="2">누리과정 관련요소</td><td colspan="2">자연탐구</td><td>탐구하는 태도 기르기</td></tr>
<tr><td colspan="2">예술경험</td><td>예술적 표현하기</td></tr>
<tr><td rowspan="4">어떻게 놀이할까?</td><td colspan="3">• 누구와 : 친구랑
• 어디서 : 사시사철 – 수락산 숲과 유치원 주변
• 무엇을 가지고 : 거미</td></tr>
<tr><td>이렇게 놀아요</td><td colspan="2">(1) 시작 : 유치원 주변을 친구랑 산책해요.
(2) 그리고 : 거미를 발견해요.
(3) 마무리 : 친구와 거미에 대해서 이야기해요.</td></tr>
<tr><td colspan="3">누리과정과 연계되는 확장된 놀이</td></tr>
<tr><td>이렇게 놀아 보세요</td><td colspan="2">• 털실과 나뭇가지를 이용하여 거미줄을 만들어 본다.
(예술경험 – 예술적 표현하기 – 미술활동으로 표현하기)
• 비오는 날 거미줄을 감상하고 동시로 구성한다.
(의사소통 – 듣기 – 동요, 동시, 동화를 듣고 이해하기)
• 양말과 모루를 사용하여 거미를 만든다.
(예술경험 – 예술적 표현하기 – 미술활동으로 표현하기)</td></tr>
<tr><td>유 의 점</td><td colspan="3">– 아이들이 거미줄을 끊지 않도록 주의한다.
– 거미와 관련된 책을 볼 수 있도록 도서 영역에 비치한다.</td></tr>
</table>

Story 2 "거미와 놀며 배우는 아이들"

▼ 거미 전시회

▼ 아이들이 발견한 거미줄

▼ 나뭇가지로 거미줄 구성

▼ 대롱대롱 매달린 거미 먹이들

▼ 잡초로 구성한 거미

▼ 조작영역에서 거미 재구성 놀이

놀이에 녹아 있는 누리과정 연령별 세부내용 엿보기

1. 자연탐구 – 탐구하는 태도 기르기 – 탐구과정 즐기기

3세	4세	5세
궁금한 점을 알아보는 과정에 흥미를 갖는다.	궁금한 점을 알아보는 탐구과정에 관심을 가지고 참여한다.	궁금한 점을 알아보는 탐구과정에 참여하고 즐긴다.

* 거미에 대해 궁금한 점을 탐구하며 탐구과정을 즐긴다.

2. 예술경험 – 예술적 표현하기 – 통합적으로 표현하기

3세	4세	5세
예술활동에 참여하여 표현과정을 즐긴다.	예술활동에 참여하여 표현과정을 즐긴다.	예술활동에 참여하여 창의적으로 표현하는 과정을 즐긴다.

* 직접 거미가 되어 거미줄을 만들며 거미를 표현하는 활동을 즐긴다.

Story 3 "거미 이야기"

"왕거미 진짜 무서워요."

유치원 앞마당이나 뒷산 숲에는 계절마다 다양한 생물들이 찾아온다. 저절로 아이들의 호기심을 자극하는 자연학습장이다. 그 중에서 거미는 거의 일년 내내 유치원 주변에서 볼 수 있다. 아이들은 거미를 좋아하기도 하고 무서워하기도 하는데 관심이 많은 생물 중의 하나다.

정원수에 매달려 집을 짓고 사는 무당거미나, 집을 짓지 않고 밭이나 땅바닥에 사는 늑대거미…. 아이들 손톱만 한 일명 떠돌이거미라는 깡총거미 등 살아서 움직이는 거미의 모습이 아이들의 관심거리가 된다.

깡충거미를 손바닥에 올려놓고 관찰하기도 하는데 아주 조그마한 몸짓으로 어쩜 그리 살살대고 잘도 기어다니는지 정말 귀엽게 생겼다.

거미와 상호작용하는 경험이 많은 아이들은 거미에 대해서 이미 박사가 다 되었다. 거미가 어디서 사는지 무엇을 먹는지 아는 것이 많다.

"우리 유치원 텃밭에 거미 정말 많아요."

"거미는 곤충인데요. 머리, 가슴, 배 이렇게 돼요. 그리고 다리가 8개예요."

"거미, 땅속에서도 있어요."

"거미는 죽이면 안 돼요. 모기를 잡아먹어요."

"감자 캘 때 있었어요,"

등… 거미를 얼마나 많이 탐색했는지 이야깃거리가 풍부하다.

아이들은 거미의 느낌에 대해서

"무서웠어요. 나를 물 것 같았어요."

"너무 귀여웠어요.",

"왕거미 진짜 무서워요."

"아니야 안 무서워! 벌레만 잡아먹는 거야."

등… 자신이 경험한 거미를 떠올리며 이야기 나누는 것을 매우 즐거워한다. 알고 있는 것을 말하는 아이들의 표정에 자신감이 있다.

한 아이는 "거미 똥꼬에서 거미줄이 나와 집을 짓는 것을 봤어요."

거미가 집을 짓고 있는 것을 본 경험을 자신 있게 말하기도 한다.

아이들이 말 한대로 거미가 몸에서 실을 뽑아서 집을 짓는 모습을 보노라면 무척 신기하다. 끈적끈적한 실을 뽑아서 정확하게 간격을 맞춰서 뒷다리로 꼭꼭 눌러 찍으며 집을 짓는데 그 능력이 대단하다.

어디서 배웠을까? 정확한 간격을 맞추며 집을 짓는 거미는 완벽한 건축가라고 해도 손색이 없다.

아이들은 특히 바깥놀이 시간에 유치원 주변이나 숲을 산책하며 풀이 무성한 곳이나 나무 사이에서 거미를 자주 목격하곤 하는데, 생각했던 것 이상으로 거미가 많이 살고 있는 것을 알고 매우 신기해한다.

깡충거미, 늑대거미. 무당거미, 호랑거미. 무당거미는 이미 아이들과 함께 살고 있었다. 관심을 가지고 거미를 탐구하는 아이들은 거미뿐만 아니라 거미줄의 크기도 다르고 거미줄의 크기에 따라 거미의 종류도 다르다는 것을 안다.

아이들은 거미줄에 붙어 있는 거미 먹이에도 유난히 관심이 많다. 줄 한가운데서 먹이를 기다리고 있는 거미 주변에 대롱대롱 달린 나방이나 모기, 잠자리를 유심히 관찰하며 거미가 무엇을 먹고 사는지 좀 알겠다는 눈치다.

아이들이 거미가 되어 거미줄을 직접 만드는 놀이를 한다.

흰 종이에 '내가 거미라면 어떻게 집을 지을까?' 설계도를 그린 것을 가지고 숲에 올라가 자연물로 거미줄도 만들어 본다. 아이들은 설계도를 참고해서 주운 나뭇가지를 가지고 거미집을 만들며 실제 거미가 된 것처럼 거미 흉내를 내기도 한다.

'거미' 노래를 부르며 작업을 하는 아이들의 모습이 행복하다.

"거미가 줄을 타고 올라갑니다. 비가 오면 내려옵니다. 해님이 다시 솟아 오르면 거미가 줄을 타고 내려옵니다."

숲길에 아이들이 만든 창의적인 거미와 거미집을 전시하고 감상하는 시간을 갖는다. 행복하다.

아이들의 창의성을 계발한다. **겨울 숲 놀이**

Story 1 "겨울 숲에서 놀아요."

≫들어가기

"겨울 숲에서 놀며 창의성을 키워요."

아이들의 놀이는 날씨와 상관없다. 눈이 오든, 비가 오든, 바람이 불든 날씨에 따라 놀이를 개발하여 논다. 놀이방법을 가르쳐 주지 않아도 상황에 어울리는 놀이를 창조하며 창의성을 계발한다. 뿐만 아니라 아이들은 친구들과 놀면서 사이좋게 지내는 방법을 배우고 건강하게 자란다.

많이 놀아 본 아이들은 어떤 상황에도 심심해하지 않는다. 상황에 맞는 놀이를 창조하기 때문이다. 우리 아이가 심심하다고 투정하고 있지는 않은가? 수동적인 아이가 아닌지 고민해 봐야 한다. 놀이도 기술이다. 놀아 본 경험이 풍부할수록 놀이를 더 많이 개발한다. 지금의 놀이는 더 넓은 세상으로 나아가는 탐험가 정신을 길러준다.

>> 활동계획안

<table>
<tr><td rowspan="2">누리과정 관련요소</td><td colspan="2">자연탐구</td><td>탐구하는 태도 기르기</td></tr>
<tr><td colspan="2">신체운동 • 건강</td><td>신체 인식하기</td></tr>
<tr><td rowspan="4">어떻게 놀이할까?</td><td colspan="3">• 누구와 : 친구랑
• 어디서 : 겨울 – 수락산 숲 변
• 무엇을 가지고 : 솔방울과 하얀 눈</td></tr>
<tr><td>이렇게 놀아요</td><td colspan="2">(1) 시작 : 친구랑 겨울 숲에 갔어요.
(2) 그리고 : 숲에서 눈을 탐색하고 신나게 놀아요.
(3) 마무리 : 젖은 양말을 말려 주인을 찾아 주어요.</td></tr>
<tr><td colspan="3">누리과정과 연계되는 확장된 놀이</td></tr>
<tr><td>이렇게 놀아 보세요</td><td colspan="2">• 빗자루로 사람들이 다닐 수 있도록 눈길을 쓸어 본다.
(사회관계 – 나를 알고 존중하기 – 나의 일 스스로 하기)
• 눈을 녹여서 물이 되는 과정을 실험한다.
(자연탐구 – 과학적 탐구하기 – 물체와 물질에 대해 알아보기)
• 겨울 숲에서 초록색을 찾아 본다.
(예술경험 – 아름다움 찾아보기 – 미술적 요소 탐색하기)</td></tr>
<tr><td>유 의 점</td><td colspan="3">– 양말을 여벌로 준비한다.
– 방수복을 입고 오도록 한다.</td></tr>
</table>

Story 2 "겨울 눈에서 놀며 배우는 아이들"

▼ 얼음이 궁금해요.

▼ 눈 위에 천사놀이

▼ 얼음을 감각으로 느껴요.

▼ 친구와 썰매놀이

▼ 친구와 눈사람 만들어요.

▼ 자연물로 만든 눈사람

놀이에 녹아 있는 누리과정 연령별 세부내용 엿보기

1. 자연탐구 - 탐구하는 태도 기르기 - 탐구과정 즐기기

3세	4세	5세
궁금한 점을 알아보는 과정에 흥미를 갖는다.	궁금한 점을 알아보는 탐구 과정에 관심을 가지고 참여한다.	궁금한 점을 알아보는 탐구 과정에 참여하고 즐긴다.
* 겨울 숲과 눈, 솔방울을 탐색하며 궁금한 점을 알아보는 활동을 즐긴다.		

2. 신체운동 • 건강 - 신체인식하기 - 감각능력 기르고 활용하기

3세	4세	5세
감각기관을 인식하고, 활용해 본다.	여러 감각기관을 협응하여 활용한다.	여러 감각기관을 협응하여 활용한다.
* 눈을 직접 맛보고, 솔방울을 탐색하는 과정을 통해 여러 감각을 가지고 활용하는 방법을 익힌다.		

Story 3 "겨울 숲 이야기"

"얘들아, 눈이 와. 이리 와 봐."

흙과 눈으로 범벅된 바지와 신발을 신은 아이들이 눈길에서 미끄럼을 탄다. 눈이 조금밖에 없는데도 이곳을 눈썰매장이라고 부른다. 아이들은 경사로에 눈이 조금만 쌓여도 눈썰매장이라며 썰매 없이 미끄럼 타는 놀이하면서 신이 난다.

"선생님도 같이 타요."

"진짜 재밌어요."

"목도리 좀 가지고 있어요."

거추장스러웠는지 휙 목도리를 던진다.

몇 명의 개구쟁이는 눈이 쌓인 나뭇가지들을 마구 흔들어 눈을 날리거나 기다란 나뭇가지를 주워 와 나뭇가지들을 툭툭 치며 눈을 날리기도 한다. 아이들은 자신이 힘을 가하면 눈이 아래로 떨어지는 변화에 흥미를 나타낸다. 몇 번이고 반복해서 나뭇가지들의 눈을 다 털어낸다. 하얀 눈이 햇살의 조명을 받으며 흩어지면서 떨어지는 현상이 무척 재미있나 보다.

아이들은 세상이 온통 궁금하다.

눈이 내린 날은 놀이가 더 신난다. 눈을 가지고 혼자 놀이해도 지루해하지 않고 친구들과 놀면 즐거움이 배가 되기도 한다.

"얘들아, 눈이 와. 이리 와 봐."

높은 나뭇가지에서 따뜻한 햇볕에 녹아서 떨어지는 눈을 맞으며 그렇게도 좋은지 '까르르 까르르' 웃는 웃음이 추위를 물리친다.

어떤 아이들은 잔가지에 쌓인 눈을 막대기로 쓸어내리기도 한다. 어찌나 조심스럽게 눈을 쓸어내리는지 눈빛이 진지하다. 어른들이 보기에 저것을 왜 하나 싶은 사소한 것들을 아이들은 심각하게 생각하며 행동한다.

손가락으로 눈을 찍어 맛을 보기도 한다. 눈에 덮인 자연현상이 모두 궁금한 아이들이다.

몇 명의 사내아이들은 솔방울을 주워 축구 놀이를 한다. 숲에서는 솔방울이 축구공이 된다. 편을 나누어 축구를 하다가 솔방울이 숲으로 굴러가면 우르르 몰려가 낙엽 쌓인 곳에서 솔방울 찾아다니는 데 시간을 허비하지만 놀이는 즐겁게 이어진다.

영아반 동생들도 형들이 하는 것을 지켜보다가 솔방울을 주워 와 발로 차는 흉내를 낸다. 혼자 하는 축구놀이다. 그러나 쉽지 않다. 두꺼운 옷과 부츠를 신고 작은 솔방울을 차는 것은 목표를 잘 응시하고 발로 차야만 성공하기 때문이다. 솔방울을 발로 차고 넘어지지 않으려면 온몸의 균형도 잘 잡아야 한다.

아이들의 놀이를 잘 관찰해 보면 아이들의 사고가 확장되고, 놀이 기술이 개발되는 것을 볼 수 있다. 솔방울이 제대로 굴러가면 더 멀리 차보려고 다시 도전하기도 한다.

누가 시키지 않아도 스스로 목표를 한 단계씩 높이며 노는 모습이 어른들의 입장에서 보면 자기개발 중이라고 말할 수 있다.

이 모습을 지켜보고 있노라면 귀엽고 사랑스러워 보는 내내 웃음이 난다. 자신이 사는 환경에 적응하려고 열심히 노력하는 아이들이 사랑스럽다.

눈이 내린 숲은 재미있다.

겨울 숲 놀이가 즐거웠는지 아이들은 하얀 김을 내뿜으며 숲길을 내려간다.

숲에서 내려오자 젖은 양말이 사무실에 가득 모인다. 눈에서 놀다 보면 신발에 눈이 들어가 양말을 적시기 일쑤다. 젖은 양말을 열풍기 위에 올려놓고 하나하나 말린다. 흥부네 집이 따로 없다. 숲에서 실컷 놀다 온 흔적이다. 열풍기 위에 올려놓은 젖은 양말에서 모락모락 김이 난다. 간혹 뒤집는 시간을 놓치면 양말이 타기도 하는데, 더 중요한 것은 양말 짝을 잘 찾아주는 것이다. 주인 잃은 짝이 나타나 애를 태우기도 한다.

양말이 다 젖을 때까지 추위도 잊고 노는 행복한 아이들이다. 아마 가정에서 이렇게 놀다 오면 감기 들린다고 부모에게 야단맞을 것이다.

아이들이 노는 데 많은 제약이 따르면 아이들은 놀이에 집중할 수 없다. 겨울 숲 놀이, 아이들은 추위를 두려워하지 않는다.

자연놀이는 녹생성장교육이다.

계곡놀이

Story 1 "계곡에서 놀아요."

>>들어가기

"계곡에서 놀며 물의 소중함을 배워요."

계곡에서는 수·과학적인 탐구놀이가 활발하게 이루어진다. 계곡에서 흐르는 물과 물속에 있는 크고 작은 돌을 이용하여 댐을 만들거나, 흐르는 물살의 세기에 따라 다양한 놀이가 순간순간 창조된다. 아이들이 자발적으로 하는 즐거운 물놀이 경험은 자연에 대한 기초적인 이해를 돕고 친자연적인 성향을 길러준다. 그리고 물의 소중함을 알고 절약하는 것을 실천한다.

아이들이 계곡에서 놀다 보면 물이 소중하다는 것을 이해한다. 물이 소중하다는 것을 알면 물을 절약하는 실천을 해야 하지 않을까? 가정에서 물 절약하는 실천 프로그램과 연계한다. 아이들은 약속을 잘 지킨다. 양치 컵을 사용하는 것부터. 아이들 때문에 부모가 바뀌기도 한다. 그래서 교육이 무서운 것이다. 녹색성장교육을 어렸을 때부터 해야 하는 이유는 습관이 되기 때문이다.

활동계획안

<table>
<tr><td rowspan="2">누리과정 관련요소</td><td colspan="2">신체운동 • 건강</td><td>신체활동에 참여하기</td></tr>
<tr><td colspan="2">자연탐구</td><td>탐구하는 태도 기르기</td></tr>
<tr><td rowspan="4">어떻게 놀이할까?</td><td colspan="3">• 누구와 : 친구랑
• 어디서 : 여름 – 수락산 계곡
• 무엇을 가지고 : 계곡물</td></tr>
<tr><td>이렇게 놀아요</td><td colspan="2">(1) 시작 : 친구랑 계곡에 갔어요.
(2) 그리고 : 계곡에서 신나게 놀아요.
(3) 마무리 : 물을 아껴 쓰는 방법을 실천해요.</td></tr>
<tr><td colspan="3">누리과정과 연계되는 확장된 놀이</td></tr>
<tr><td>이렇게 놀아 보세요</td><td colspan="2">하나, 계곡에서 놀았던 경험을 그림으로 표현한다.
(예술경험 – 예술적 표현하기 – 미술활동으로 표현하기)
둘, 나뭇잎을 주워서 물에 띄워 뱃놀이를 한다.
(예술경험 – 예술적 표현하기 – 통합적으로 표현하기)
셋, 주변에서 주은 자연물로 물에 뜨는 것과 가라앉는 것을 실험한다.
(자연탐구 – 수학적 탐구하기 – 기초적인 측정하기)</td></tr>
<tr><td>유 의 점</td><td colspan="3">– 가정에서 물을 아껴 쓰는 실천 프로그램과 연계한다.
– 계곡에 쓰레기를 남기지 않는다.</td></tr>
</table>

Story 2 "계곡에서 놀며 배우는 아이들"

▼ 계곡에서 즐기는 물썰매 타기

▼ 유치원 수영장 놀이

▼ 유치원 뒷산 계곡놀이

▼ 계곡 생물 탐색 중

▼ 계곡에 사는 생물 표현

▼ 신나는 물놀이

놀이에 녹아 있는 누리과정 연령별 세부내용 엿보기

1. 자연탐구 - 탐구하는 태도 기르기 - 호기심을 유지하고 확장하기

3세	4세	5세
주변사물과 자연세계에 대해 호기심을 갖는다.	주변사물과 자연세계에 대해 지속적으로 호기심을 갖는다.	주변사물과 자연세계에 대해 지속적으로 호기심을 갖고 알고자 한다.
* 계곡 주위의 생물들을 관찰하며 호기심을 가지고 알고자 하는 태도를 기른다.		

2. 신체운동 • 건강 - 신체활동에 참여하기 - 바깥에서 신체 활동하기

3세	4세	5세
규칙적으로 바깥에서 신체 활동을 한다.	규칙적으로 바깥에서 신체 활동을 한다.	규칙적으로 바깥에서 신체 활동을 한다.
* 계곡에서 신나게 노는 경험을 통해 건강을 도모한다.		

Story 3 "계곡에서 신나게 논 이야기"

"계곡놀이"

유치원이 수락산 밑에 자리 잡고 있어 자연놀이를 하는 데 많은 이점이 있다.

뒷산에 올라가면 두 줄기의 큰 계곡을 만나는데, 물놀이 장소뿐만 아니라 계곡에 살고 있는 다양한 생물을 관찰하는 학습 장소로 아주 훌륭하다.

우리가 칭한 수락산의 '비선대'라고 부르는 계곡은 걸어서 십 분 정도 올라가면 있다. 넓고 편평한 바위와 굵은 모래가 있어 놀이 장소로 아주 적합하다. 가끔 장맛비가 내려 계곡을 청소해 주면 계곡물이 어찌나 맑고 깨끗한지 마음도 깨끗해진다.

이곳에는 송사리, 소금쟁이, 물방개, 가재, 물잠자리 등이 살고 있다. 봄에는 가끔 도롱뇽 알도 볼 수 있다.

여름방학이 끝나면 아이들은 계곡에서 3주간 즐거운 물놀이를 하며 '계곡의 식물', '계곡의 물고기', '계곡의 곤충'으로 연구 활동을 병행하며 논다.

계곡주변에 살고 있는 다양한 식물과 물고기, 곤충들이 아이들의 호기심을 불러일으킨다. 해마다 계곡에서 노는 이유가 바로 여기에 있다.

계곡놀이는 계획된 놀이와 놀잇감이 없어도 다양한 놀이가 활발히 이루어진다. 무형의 물을 가지고 주변에서 찾은 도구를 이용하여 놀이를 만든다. 놀이에 있어서는 아이들이 천재다.

친구와 협력하여 돌을 날라다 댐을 만드는 건축가 놀이를 하거나, 나뭇잎과 썩은 나무토막 배를 띄우는 바닷가 놀이, 모래로 떡 만드는 놀이, 물고기 잡는 놀이, 계곡을 탐험하는 놀이, 물살이 센 곳에서는 물 미끄럼을 신나게 타는 놀이 등 물의 깊은 곳과 얕은 곳을 번갈아다니며 스릴과 모험을 즐기기도 하며 신명나게 논다.

계곡에서 아이들의 놀이 창조는 끝이 없다.

물속에 있는 모래를 파내어 바위에 올려놓고 들꽃으로 장식하여 예쁜 케이크를 만들기도 한다. 물속에 엉덩이를 담그고 옹기종기 모여 앉아 행복한 얼굴로 생일 축하 노래를 부르는 것을 보면 절로 웃음이 난다.

계곡 이곳저곳에서 다양한 놀이를 하다 보면 시간가는 줄 모른다.

여러 가지 놀이 가운데 물속에 사는 송사리와 노는 것을 가장 좋아한다. 작은 크기에 귀엽게 생긴 송사리가 인기 최고다. 바위틈으로 이리저리 몰려다니는 송사리 떼는 아이들의 탐구 본능을 깨운다.

맑은 물에 송사리 떼가 줄지어 다니는 것을 발견하면 물속에 첨벙 들어가 송사리를 잡으려고 애를 쓴다. 송사리 떼가 깜짝 놀라 바위 밑으로 쏜살같이 숨으면 사라진 송사리를 잡겠다고 끈질기게 바위 밑을 샅샅이 찾아다니는 아이들의 집중력도 대단하다.

한참 송사리를 쫓아 따라다니다 보면 계곡물이 워낙 차갑기 때문에 추워서 입술이 새파래지고 온몸을 오들오들 떨기도 한다. 추위를 견디기 어려우면 스스로 따뜻한 햇볕을 찾아다닌다. 물이 뚝뚝 떨어지는 옷을 입은 채 햇살이 내리쬐는 바위를 찾아 걸터앉아서 친구들의 놀이를 관찰하기도 한다.

3주간 계곡에서 놀다 보면 아이들의 피부가 검게 탄다. 산골 아이들처럼 얼굴이 새까맣다. 건강한 피부 빛이다.

점심시간에 맞춰 산에서 내려가는 아이들의 배에서 꼬르륵 소리가 난다. 걸음을 재촉하며 숲을 내려온다. 점심식사가 꿀맛이다. 계곡에서 놀다 오는 날은 점심 식사량이 많이 늘어난다.

그 만큼 운동량이 많았다는 증거다. 기본 운동능력을 기르는 데 숲이 주는 효과는 엄청나다.

내리막길과 오르막길

어려운 상황을 극복하며 자신감을 기른다.

Story 1 "오르막길과 내리막길에서 놀아요."

>>들어가기

"오르막길과 내리막길에서 자신감을 길러요."

숲에 있는 가파른 경사로에서 아이들은 자신을 실험한다. 아이들은 난이도가 있는 놀이에서 자신의 능력을 실험하는 것을 무척 즐긴다. 오르막길과 내리막길 놀이에서 성공을 경험한다. 어렵다고 좌절하지 않고 놀이를 완주하며 아이들은 자신을 신뢰하고 믿음을 다진다.

어른들은 아이들이 어려운 상황에 부딪히면 최선을 다해서 성공하기를 바란다. 그렇다면 어려운 상황에서 포기하지 않고 노력하면 성공할 수 있다는 믿음을 어디서 길러 줄 것인가? 말로 되는 것이 아니라 놀이를 통한 다양한 경험을 통해서 배우지 않을까?

>> 활동계획안

<table>
<tr><td rowspan="2">누리과정 관련요소</td><td colspan="2">신체운동 • 건강</td><td>신체조절과 기본운동하기</td></tr>
<tr><td colspan="2">사회관계</td><td>신체 인식하기</td></tr>
<tr><td rowspan="4">어떻게 놀이할까?</td><td colspan="3">• 누구와 : 친구랑
• 어디서 : 가을 – 수락산 숲
• 무엇을 가지고 : 오르막길과 내리막길</td></tr>
<tr><td>이렇게 놀아요</td><td colspan="2">(1) 시작 : 친구랑 숲에 갔어요.
(2) 그리고 : 오르막길과 내리막길에서 놀아요.
(3) 마무리 : 난 할 수 있다는 믿음을 배워요.</td></tr>
<tr><td colspan="3">누리과정과 연계되는 확장된 놀이</td></tr>
<tr><td>이렇게 놀아 보세요</td><td colspan="2">• 내리막길에서 공을 굴려 보고 주워 오는 놀이를 한다.
(자연탐구 – 수학적 탐구하기 – 공간과 도형의 기초개념 알아보기)
• 자신의 생각과 느낌을 이야기한다.
(의사소통 – 말하기 – 느낌, 생각, 경험 말하기)
• 모둠으로 협동해서 올라오는 놀이를 한다.
(신체운동 • 건강 – 신체활동에 참여하기 – 자발적으로 신체활동에 참여하기)</td></tr>
<tr><td>유 의 점</td><td colspan="3">– 아이들과 위험성을 예측하고 충분히 이야기한다.
– 경사진 곳에 도우미를 배치한다.</td></tr>
</table>

Story 2 "오르막길과 내리막길에서 놀며 배우는 아이들"

▼ 즐거운 숲 나들이

▼ 비탈진 길을 좋아하는 아이들

▼ 수락산 숲

▼ 궁금증이 많은 아이들

▼ 숲과 함께 생활하는 아이들

▼ 정상에 올라서 "야호!"

놀이에 녹아 있는 누리과정 연령별 세부내용 엿보기

1. 신체운동·건강 - 신체조절과 기본운동하기 - 신체조절하기

3세	4세	5세
신체 각 부분의 움직임을 조절해 본다.	신체 각 부분이 협응하여 움직임을 조절한다.	신체 각 부분이 협응하여 움직임을 조절한다.

* 자신의 신체를 잘 조절하여 내리막길을 안전하고 빠르게 내려오는 방법을 통해 신체조절 능력을 향상한다.

2. 사회관계 - 나를 알고 존중하기 - 나를 알고 소중히 여기기

3세	4세	5세
나를 소중하게 여긴다.	나에 대해 긍정적으로 생각하고 나를 소중하게 여긴다.	나에 대해 긍정적으로 생각하고 나를 소중하게 여긴다.

* 오르막길과 내리막길을 오가며 내가 할 수 있는 한계를 실험해 보고, 신체 능력을 통한 자신감을 기르고 나를 소중히 여기는 마음을 기른다.

Story 3 "오르막길과 내리막길 이야기"

"오르막길과 내리막길"

수락산 숲길을 걷다 보면 오르막길과 내리막길을 만난다.

호기심과 모험심이 강한 아이들은 안전하고 편평한 길보다 경사가 있는 험난한 길을 탐험하는 것을 더 즐긴다. 그래서 교사들은 타고난 아이들의 호기심을 미리 예측하고 안전에 늘 신경을 쓴다. 안전을 지나치게 강조하다 보면 아이들의 행동을 통제하게 된다. 그렇게 되면 자유놀이가 확장되지 못하고 멈추게 되는 것을 볼 수 있다. 이 둘 사이를 잘 조절하여야 두 마리 토끼를 잡을 수 있다.

아이들이 선천적으로 타고난 호기심을 왕성하게 유지하면서도 즐겁고 안전한 놀이가 되도록 해야 한다.

유치원 입학 적응 시기가 끝나가는 오월이 되면 유치반 남자 아이들의 에너지가 교실 안에 넘친다. 이 넘치는 에너지를 쏟아 낼 수 있는 장소로는 숲이 안성맞춤이다.

경사가 가파른 길을 오르내리는 놀이를 하면 펄펄 뛰는 힘을 발산할 뿐만 아니라, 자신의 한계를 실험하는 기회도 된다.

오르막길과 내리막길 놀이에 아이들이 참여한다. 먼저 안전을 위해 내리막길 아래에 도우미를 배치하고, 몇 가지 주의 사항을 아이들과 협의한다.

"친구를 밀지 않는 것, 천천히 걸어가는 것, 나뭇가지 조심하기 등…."

약속을 정하자 아이들은 환호성을 지르며 내리막길을 향해 출발한다.

그러나 막상 내리막길에 다다르니 아이들이 바짝 긴장한다. 경사진 내리막길이 무서운 모양이다. 자신의 신체를 구부려 낮추고 조절하여 몸의 균형을 잡으며 준비한다.

어떤 친구는 양손을 바위와 나뭇가지나 땅바닥에 의지하고 네 발로 기어 내려간다. 그리고 엉금엉금 다시 기어오르기를 반복한다. 포기하지 않고 끝까지 내려갔다가 힘들게 다시 올라오는 아이들에게 하이파이브를 해 준다.

아이들은 작은 격려에도 즐거워하며 이마에 흐르는 땀을 닦고 다시 내려갔다 올라오기를 반복한다. 한두 번에 끝날 줄 알았던 놀이가 시간가는 줄 모르게 이어진다. 처음에 겁을 먹고 도전하지 않던 아이들도 서서히 합류하기 시작한다.

내려가고 올라올 때마다 아이들은 숫자를 큰 소리로 센다.

"저 한 번 성공했어요."

"저는 두 번 성공이에요."

몸으로 하는 반복적인 놀이가 지겨울 것 같은데 아이들은 전혀 지루한 기색이 없다.

아이들은 오르고 내려가는 힘든 상황에서 자신을 실험하고 그 한계를 극복하는 자신의 능력을 발견하는 듯싶다. 자신감이 충만하다. 한두 번에 끝날 것 같은 놀이가 재미있어 다시 도전하기를 반복한다.

처음은 경사진 곳을 내려갈 때 걱정과 불안한 마음에 더듬더듬 손이 발이 되어 내려갔는데 몇 번을 반복하더니 두 발로 신체의 균형도 잘 잡고 요령이 생겼는지 시간도 점점 단축된다.

이제는 내리막길 어느 지점이 위험한지, 어떻게 신체를 조절해야 하는지 그리고 안전한지, 어떻게 속도를 조절해야 하는지 스스로 터득한 것 같다.

대부분의 아이들이 열 번씩 성공하더니 다리에 힘이 풀렸는지 땅바닥에 주저 앉아서 가쁜 숨을 고른다. 몸은 힘들지만 마음은 유쾌하다는 표정들이다.

내리막길 놀이에서 성공을 경험한 아이들은 자신을 긍정적으로 인식하는 기회가 된다. 얼굴에 무엇이든 할 수 있다는 자신감을 읽을 수 있다. 어려운 상황에 물러서지 않고 도전하는 아이들의 미래가 경사진 언덕에서 길러진 것이다.

창의력과 공간 지각력이 발달한다.

바닷가에 있는 집

Story 1 "집지으며 놀아요."

>>들어가기

"집을 지으며 상상력을 키워요."

숲 놀이는 아무도 예측할 수 없는 상상력이 발현되고 실현되는 장소다. 숲에 오면 아이들은 자연의 변화에 민감하게 반응하며 상상력이 풀가동된다. 확 트인 숲에서 기발한 상상력으로 꿈을 창조한다. 숲 놀이를 통해 상상력과 창의력을 동시에 기른다. 친구와 더불어 자아를 실현하는 아이들이 행복하다.

유아기의 아이들은 상상력이 풍부하다. 아이들의 상상력을 어디서 키울 수 있을까? 기발한 상상력으로 첨단의 창조물들이 세상을 놀라게 하는데…. 아이들의 엉뚱함이 자극받을 수 있는 곳은 어디일까? 상상력의 불을 지피는 환경을 고민해 봐야 하지 않을까?

>> 활동계획안

<table>
<tr><td rowspan="2">누리과정 관련요소</td><td>자연탐구</td><td>수학적 탐구하기</td></tr>
<tr><td>사회관계</td><td>다른 사람과 더불어 생활하기</td></tr>
<tr><td rowspan="4">어떻게 놀이할까?</td><td colspan="2">• 누구와 : 친구랑
• 어디서 : 겨울 – 낙엽이 수북하게 쌓여 있는 숲
• 무엇을 가지고 : 여러 가지 보자기</td></tr>
<tr><td>이렇게 놀아요</td><td>(1) 시작 : 숲에서 자유롭게 집짓는 놀이를 해요.
(2) 그리고 : 숲의 여러 가지 자연물을 이용하여 집의 구조를 만들어요.
(3) 마무리 : 친구들을 초대하여 즐거운 시간을 가졌어요.</td></tr>
<tr><td colspan="2">누리과정과 연계되는 확장된 놀이</td></tr>
<tr><td>이렇게 놀아 보세요</td><td>하나, 친구를 초대하는 초대장을 써 본다.
(의사소통 – 쓰기 – 쓰기에 관심가지기)
둘, 즐거웠던 순간을 그림으로 표현한다.
(예술경험 – 예술적 표현하기 – 미술활동으로 표현하기)
셋, 집의 설계도면을 그려 본다.
(예술경험 – 예술적 표현하기 – 미술활동으로 표현하기)</td></tr>
<tr><td>유 의 점</td><td colspan="2">– 나뭇가지를 훼손하지 않도록 지도한다.
– 옷이 많이 더럽혀질 수 있기 때문에 헌옷을 입고 온다.</td></tr>
</table>

Story 2 "집 짓는 놀이에서 배우는 아이들"

▼ 집의 구조를 설계해요.

▼ "이게 부엌입니다."

▼ 낙엽 물고기를 낚아요.

▼ 집으로 초대했어요.

▼ "우리 집으로 오세요."

▼ 즐거운 집짓기 놀이

놀이에 녹아 있는 누리과정 연령별 세부내용 엿보기

1. 자연탐구 - 수학적 탐구하기 - 공간과 도형의 기초개념 알아보기

3세	4세	5세
없음	기본 도형을 사용하여 여러 가지 모양을 구성해 본다.	기본 도형을 사용하여 여러 가지 모양을 구성해 본다.

* 나뭇가지를 이용해 다양한 집의 모양을 구성해 본다.

2. 사회관계 - 다른 사람과 더불어 생활하기 - 친구와 사이좋게 지내기

3세	4세	5세
친구와 함께 놀이한다.	친구와 협동하며 놀이한다.	친구와 협동하며 놀이한다.

* 친구와 함께 협동하여 집을 만들어 본다.

Story 3 "숲에서 집 지은 이야기"

"여기는 바닷가에 있는 집이야."

숲에 올라온 아이들이 덥다고 하나둘씩 겉옷을 벗는다.

"선생님 어디에다 옷을 놓을까요?"

"글쎄… 어디에다 놓을까?"

주변을 둘러본 아이들은 나뭇가지에 옷을 걸어 놓으면 좋겠다고 하며 하나, 둘 옷들을 걸어 놓더니 갑자기 집짓는 놀이가 시작된다.

숲에서는 아이들이 어떤 놀이가 전개될지 아무도 예측하지 못한다. 숲에 올 때 집 짓는 놀이를 해야겠다는 계획을 세우고 온 것도 아닌데, 아이들은 눈에 보이는 현상을 보고 즉흥적으로 상상력이 풀가동된다. 나뭇가지에 옷들이 걸린 모습이 집의 지붕처럼 보인 것이다. 그러더니 집에 들어가는 문을 만들어야 한단다.

문을 만들 재료를 구하려고 사방을 둘러본 아이들은 교사가 가져 온 보자기를 발견하고 그것을 가져다가 나뭇가지 양쪽에 묶어 놓는다. 아이들의 상상력으로 펄럭이는 보자기가 출입문이 된 것이다. 펄럭이는 보자기를 들치고 들어온 아이들은 또 무언가를 생각하더니 방도 있어야 한다며 점점 집의 구조를 표현하기 시작한다.

"여기는 안방, 여기는 부엌,"

"화장실도 있어야 해."

자기들만의 가상의 집을 설계한다. 아이들은 집의 여러 공간을 정하고 난 후 영역에 알맞은 가구들을 설치한다. 아이들은 큰 돌을 낑낑대며 끌어다 놓고 부엌 싱크대란다. 화장실은 나무막대기로 선을 그어 놓고 여기서 용변을 보면 된단다. 안방은 자신들의 옷들을 벗어서 바닥에 넓게 펼쳐 놓으며 앉아서 쉬거나 누워도 된다고 설명한다. 그러더니 몇 명은 아예 드러눕더니 '까르르 까르르…' 웃으며 정말 재밌어한다.

아이들이 자신들의 목표를 재구성하며 서로 역할을 분담하면서 집을 완성해 가는 과정이 어른들 못지 않다.

나뭇가지를 주워 와서 집의 담을 완성해가는 아이들, 낙엽을 주워 와 각 공간의 영역을 표시하는 아이들도 있다. 이전 자신의 경험에 비추어 나뭇가지, 낙엽, 돌을 이용하여 상상의 집을 현실처럼 짓는다. 놀이에 참여한 아이들이 상상의 공간에서 서로 이해하고 소통하며 즐거워한다.

한참을 그렇게 집짓는 놀이를 계속 하더니 숲이 갑자기 바다로 변한다.

아이들의 상상력은 어디까지일까? 누군가가 이렇게 말한다.

"여기는 바닷가에 있는 집이야."

자신들이 지은 집이 바닷가에 있는 집이란다. 남자 아이들은 어디서 주워 왔는지 기다란 나뭇가지를 상상의 집 옆에 있는 낙엽 쌓인 웅덩이에 걸쳐 놓고 휘젓고 있다. 어느새 집짓는 건축가에서 고기를 잡는 어부로 변신한다.

"지금 우리 물고기를 잡고 있어요."

"물고기를 많이 잡아서 음식을 만들 거야."

웅덩이에 많이 쌓여 있는 낙엽이 물고기 떼로 보인 것이다. 아이들 상상력은 끝이 없다.

수북하게 쌓인 낙엽을 물고기로 상상하는 아이들의 마음이 보인다.

수많은 물고기가 떼로 몰려 있는 바다에 낚시줄을 던져 놓은 어부의 흐뭇한 미소가 아이의 표정에서 그대로 묻어난다.

아이들은 물고기를 잡아서 요리를 하고 친구들을 초대한단다. 덕분에 나도 초대된다.

펄럭이는 보자기 문을 지나 안방에 들어가니 원장님이 자신들의 집에 오셨다고 얼마나 감격하는지 나 자신도 상상과 현실을 구분하지 못하고 함께 감동을 나눈다.

아이들과 한바탕 깔깔대며 웃는 웃음이 햇살처럼 쏟아진다. 행복하다. 상상 속의 집은 보이는 벽은 없지만 우리만이 아는 상상의 벽 안에서 만찬을 즐기며 꿈 같은 시간을 경험한다.

숲은 아이들을 꿈꾸게 하는 상상력 공장이다. 바닷가에 집을 짓고 물고기를 잡아서 음식을 만들어 친구들을 초대하여 만찬을 즐기며 행복한 시간을 보냈다. 대부분의 사람들이 소망하는 꿈을 아이들은 숲에서 경험했다. 이것이 상상 속에서 발현되었지만 감동은 현실처럼 느껴진다. 어른들의 눈에는 순간의 착각이지만 아이들은 충분히 행복을 경험한다. 판타지아 세계에 살고 있는 아이들의 특권이다. 이 시기의 아이들은 돌 하나라도 상상력을 불어넣으면 도깨비 방망이처럼 무엇이든 다 된다. 상상력 하나만으로 무엇이든 원하는 대로 다 되는 경험은 아이들의 자아실현 욕구를 돕는 동기가 될 것이다. 숲은 아이들의 행복을 실현하는 꿈의 공간이다.

* 이 글은 유아교사 전문잡지 '폴라리스'에 기재된 것임(2014).

보고 느낀 것을 예술적으로 표현한다.

새소리 듣기

Story 1 "새소리를 들으며 놀아요."

>>들어가기

"새소리를 들으며 예술성을 키워요."

일반적으로 실내에서 하는 미술놀이는 하얀 도화지 위에 크레파스, 색연필, 물감을 재료로 사용한다. 숲은 자연스럽게 흙바닥이 화지가 되고 재료는 주변에 흩어져 있는 자연물이다. 나뭇가지, 나무토막, 솔잎, 나뭇잎, 돌멩이, 굵은 모래, 마른 식물의 줄기 등이다. 자연에 대한 친숙한 경험이 풍부한 아이들은 자신이 표현하려는 특징에 따라 크기, 색깔, 모양, 질감, 공간 등 미술적 요소를 숲에서 탐색하는 능력이 뛰어나다.

자연에서 보고 느낀 것을 바로 표현하는 놀이는 자연스러운 현상이다. 새소리를 들으면 새를 그리고 애벌레를 만나면 나뭇잎을 가지고 애벌레를 표현한다. 장소를 옮겨서 교실로 이동하면 아이들의 생각과 느낌이 끊어진다. 자연에서 느낀 감동을 그 자리에서 표현한다면 더 큰 예술성을 키울 수 있지 않을까?

활동계획안

<table>
<tr><td rowspan="2">누리과정 관련요소</td><td>자연탐구</td><td>탐구하는 태도 기르기</td></tr>
<tr><td>예술경험</td><td>아름다움 찾아보기</td></tr>
<tr><td rowspan="4">어떻게 놀이할까?</td><td colspan="2">• 누구와 : 친구랑
• 어디서 : 여름 – 수락산 숲
• 무엇을 가지고 : 숲 속에 사는 새</td></tr>
<tr><td>이렇게 놀아요</td><td>(1) 시작 : 친구랑 숲에 갔어요.
(2) 그리고 : 숲에서 새소리를 들어요.
(3) 마무리 : 자연물로 새를 표현해요.</td></tr>
<tr><td colspan="2">누리과정과 연계되는 확장된 놀이</td></tr>
<tr><td>이렇게 놀아 보세요</td><td>하나. 새의 울음 소리를 흉내 내며 무슨 새인지 알아본다.
(자연탐구 – 과학적 탐구하기 – 생명체와 자연환경 알아보기)
둘. 새 소리를 듣고 동서남북의 위치를 알아본다.
(신체운동 • 건강 – 신체 인식하기 – 감각능력 기르고 활용하기)
셋. 새와 관련된 그림책을 읽어 준다.
(의사소통 – 읽기 – 읽기에 흥미 가지기)</td></tr>
<tr><td>유 의 점</td><td colspan="2">– 땅에 누워서 새 소리를 감상한다.
– 도시의 잡음이 들리지 않는 조용한 숲이어야 한다.</td></tr>
</table>

Story 2 "새소리를 들으며 배우는 아이들"

▼ 새를 상상해요.

▼ 아카시아 잎이 새의 날개가 되었어요.

▼ 집중력이 대단해요.

▼ 누워서 새소리를 들어요.

▼ 쉿! 새소리를 들어 보자.

▼ 고사리 잎으로 표현한 새의 모습

놀이에 녹아 있는 누리과정 연령별 세부내용 엿보기

1. 예술경험 - 아름다움 찾아보기 - 통합적으로 표현하기

3세	4세	5세
예술활동에 참여하여 표현 과정을 즐긴다.	예술활동에 참여하여 표현과정을 즐긴다.	예술활동에 참여하여 창의적으로 표현하는 과정을 즐긴다.
* 새를 주제로 한 다양한 활동에 참여한다.		

2. 자연탐구 - 탐구하는 태도 기르기 - 호기심을 확장하고 유지하기

3세	4세	5세
주변 사물과 자연세계에 대해 호기심을 갖는다.	주변 사물과 자연세계에 대해 지속적으로 호기심을 갖는다.	주변 사물과 자연세계에 대해 지속적으로 호기심을 갖고 알고자 한다.
* 주변에서 들리는 새소리에 호기심을 가지고 새에 대해 더 알아본다.		

Story 3 "새소리 이야기"

"무슨 새일까?"

숲이 여름을 준비하고 있다. 숲에 들어서니 진한 초록색이 얼마나 상큼한지 머리가 맑고 가슴이 시원하다.

어느새 숲의 나무들이 빼곡하게 우거져 새들의 보금자리가 만들어졌다.

수락산에는 까치, 참새, 산비둘기, 박새 등이 산다. 숲을 산책할 때마다 참새와 까치, 산비둘기를 가장 많이 본다.

숲에서 듣는 경쾌한 새소리를 듣노라면 참 기분이 좋아진다. 청명한 새소리에는 우리의 마음을 맑고 평온하게 만드는 힘이 있다.

아이들이 새소리에 귀를 기울이며 키 큰 떡갈나무 아래에서 숨을 죽이고 앉아 있다. 몇 명의 아이들이 숲길 흙바닥에 그냥 드러눕는다. 흙 위에 자연스럽게 누워서 새소리를 듣는 아이들의 모습이 자연 속으로 녹아든다. 이런 현상은 지속적으로 숲 활동을 경험한 아이들에게 나타나는데 그동안 숲과 친해졌기 때문이다.

침묵의 시간이 흐르자 새소리가 들리기 시작한다.

'무슨 새일까?' 궁금하다. 가까운 곳과 아득히 먼 곳에서 들려오는 새소리가 전혀 다른 느낌이다. 가까운 곳에서 들리는 새소리는 맑고 기운차게 들리고, 귀를 기울여야만 들을 수 있는 먼 곳의 새소리는 그 여운이 길면서 슬픈 것 같기도 하고 아기 새처럼 느껴지기도 한다.

아이들은 '꾸르르꾸르륵, 찌르찌르, 짹짹짹…, 끼륵끼륵….' 들려 오는 새소리를 흉내 내기도 하며 새의 생김새가 어떻게 생겼는지 상상하기도 한다. 아이들은 상상한 새를 창의적으로 표현한다.

"엄마 새를 만들어야지, 아니 아빠 새를 만들까?"

"나는 아기 새를 만들고 싶어."

"난 새 둥지를 만들고 있어요."

아이들은 주변의 자연물을 주워 상상하는 새를 독특한 방법으로 생각과 느낌을 표현한다. 주변에 흩어져 있는 자연물에 아이들은 생명을 불어넣는다.

큰 모래는 새의 눈이 되고, 나뭇가지는 새의 다리가 되고, 참나무 잎은 작은 새의 날개가 되고, 숲에 있는 잔가지와 식물의 마른 풀은 새들의 둥지를 표현하는 재료가 된다. 도토리와 작은 열매들은 새의 알이 된다.

처음에는 새의 몸통, 부리, 날개, 다리 등 새의 기본적인 특징을 표현하더니 시간이 갈수록 자연물의 수집 반경이 넓어지며 다양한 재료를 이용하여 구체적으로 표현한다.

고사리 잎으로 새의 날개를 정교하게 표현하고, 크기와 색깔이 다른 나뭇잎으로 새의 꽁지와 날개를 섬세하게 표현한다.

숲에 흩어진 풍부한 자연물 조각은 창의적인 미술재료다. 아이들이 이 재료를 가지고 상상한 아름다운 새들을 작품으로 탄생시킨다.

숲에서 '새'가 주제가 되어 깜짝 전시회가 열린다. 새의 표상을 감상하며 아름다움을 느끼고 즐긴다. 풍부한 감성이 자라는 시간이다.

아름다운 숲 속의 새 작품을 감상한 아이들은 자신의 느낌대로 새가 된다. 춤을 추는 것과 날아가는 표현을 하며 매우 즐거워한다.

숲은 어떤 활동이 일어날지 아무도 모른다. 아이들의 느낌대로 놀이 주제가 발현되기 때문이다. 이것은 숲 놀이를 아이들이 주도하기 때문이다.

오월의 숲은 아이들의 감각을 깨운다. **오월의 숲 이야기**

Story 1 "오월의 숲에서 놀아요."

>> 들어가기

"오월 숲에서 놀며 호기심을 확장해요."

오월은 아이들이 교실 밖으로 나와야 한다. 초록색 숲으로 가야 한다. 오월의 숲은 식물과 동물이 왕성하게 살아가는 것을 직접 경험하여 아이들의 감각을 깨워주기 때문이다. 아이들은 숲에 숨어 있는 생명체를 만날 때마다 탐구하고 싶은 호기심이 생긴다. 숲에서의 즐거운 탐구경험은 아이들의 정서를 즐겁게 표현하게 하기도 하며, 아주 작은 생명체도 소중히 여기는 태도를 길러준다.

오월에 아이들은 어디서 무엇을 하고 노나? 이렇게 푸르고 아름다운 꽃이 피어 있는 봄을 얼마나 느끼고 있을까? 한두 번의 견학으로 봄의 아름다움을 즐겼다고 만족하고 있지는 않은지? 오월에는 매일 숲 나들이가 필요하다. 숲에서 아이들은 감각을 깨우고 지각하기 때문이다. 숲에서는 무엇을 하였느냐가 중요한 것이 아니라, 얼마나 많은 시간을 숲에서 보냈느냐가 중요하다.

>> 활동계획안

누리과정 관련요소	자연탐구	탐구하는 태도 기르기
	자연탐구	과학적 탐구하기
어떻게 놀이할까?	• 누구와 : 친구랑 • 어디서 : 봄 – 수락산 숲 • 무엇을 가지고 : 숲에서 발견한 애벌레, 사슴벌레, 청개구리	
	이렇게 놀아요	(1) 시작 : 친구랑 숲에 갔어요. (2) 그리고 : 숲에서 여러 가지 생물을 발견해요. (3) 마무리 : 생물들과 놀고 난 후 안전하게 숲에 놓아 주어요.
	누리과정과 연계되는 확장된 놀이	
	이렇게 놀아 보세요	하나, 청개구리 헤드 캡을 만들어 머리에 쓰고 극 놀이를 한다. (예술경험 – 예술적 표현하기 – 통합적으로 표현하기) 둘, 사슴벌레를 4B 연필로 표상해 본다. (예술경험 – 예술적 표현하기 – 미술활동으로 표현하기 셋, 친구 여러 명이 한 줄로 애벌레가 되어 기어가는 놀이를 한다(신체운동 • 건강 – 신체활동에 참여하기 – 바깥에서 신체활동하기
유 의 점	– 숲에 살아 있는 생물을 관찰하고 소중히 다루도록 한다. – 벌레 중 쐐기 같은 생물은 알러지 반응이 있을 수 있으니 함부로 손으로 만지지 않도록 주의한다.	

Story 2 "오월의 숲에서 배우는 아이들"

▼ 애벌레 알입니다.

▼ "사슴벌레 같아요."

▼ 사슴벌레 놀이 중

▼ 아름다운 수락산 숲

▼ "애벌레가 짜잔."

▼ 관찰경으로 탐색놀이 중

놀이에 녹아 있는 누리과정 연령별 세부내용 엿보기

1. 자연탐구 - 과학적 탐구하기 - 생명체와 자연환경 알아보기

3세	4세	5세
생명체를 소중히 여기는 마음을 갖는다.	생명체를 소중히 여기는 마음을 갖는다.	생명체를 소중히 여기는 마음을 갖는다.
* 숲에 있는 다양한 생물을 소중히 여기는 마음을 갖는다.		

2. 자연탐구 - 탐구하는 태도 기르기 - 호기심을 확장하고 유지하기

3세	4세	5세
주변 사물과 자연세계에 대해 호기심을 갖는다.	주변 사물과 자연세계에 대해 지속적으로 호기심을 갖는다.	주변 사물과 자연세계에 대해 지속적으로 호기심을 갖고 알고자 한다.
* 숲에서 발견하는 다양한 자연세계에 대해 호기심을 가지고 확장하는 활동을 한다.		

Story 3 "오월의 숲 이야기"

"오월의 숲 이야기"

오월의 숲은 눈부신 초록색 나무들의 향연이다.

따스한 봄 햇살이 나무 사이로 내리쬐는 숲길을 걷노라면 내가 숲이고 숲이 나인 것처럼 착각이 들 정도로 아름답다.

숲길을 시작하는 길목 양지바른 곳에는 노란 양지꽃이 군데군데 피어 반갑게 맞이해 준다. 군락으로 피어 있는 지칭개도 기다란 줄기를 힘껏 키우고 자주색 꽃망울을 피우고 인사한다.

오월의 숲은 사계절 중에서 가장 아름답다. 연초록색 나무들과 군데군데 피어 있는 야생화들이 숲을 더 아름답게 장식해 주기 때문이다.

숲길을 걸으며 올라가는 아이들의 발걸음이 신나고 유쾌하다. 아이들도 초록색이 주는 평화로움과 아름다움의 기운을 온몸으로 느끼는 것 같다. 숲에서 내뿜는 생기가 분명히 있다. 건강한 숲에서 맑은 정신으로 하루를 시작하는 기분이 참 좋다.

오월에는 숲에서 지내는 시간이 많다. 일 년 중 가장 아름다울 뿐만 아니라 다양한 생물들도 출현하기 때문이다.

숲에 도착한 아이들은 가방을 내려놓고 자유롭게 흩어져서 자유롭게 노는 것을 즐긴다.

한 남자 아이가 사슴벌레 한 마리를 발견했다고 달려온다. 아이의 손에 잡힌 나뭇가지에 사슴벌레 한 마리가 매달려 있다.

사슴벌레는 큰 턱이 특징인데 사슴뿔처럼 생겼다. 참나무가 많은 곳에서 생활하는데 가끔 나타나서 호기심 많은 아이를 위해 자기 한몸을 희생한다.

긴 나뭇가지에 올라타고 서커스 하는 것 같다. 앞뒤로 방향을 바꿔 기어가지만 그만 낭떠러지를 발견하고 다시 돌아서 기어온다. 아이들은 이런 사슴벌레에서 눈을 떼지 못하고 움직임을 하나도 놓치지 않고 관찰한다.

숲에서 좀처럼 보기 힘든 사슴벌레를 발견하는 날에는 숲이 온통 시끌벅적하다. 오늘도 예외는 아니다. 사슴벌레를 발견한 아이는 친구들의 인기를 한몸에 받는다. 사슴벌레를 한 번이라도 더 보고 싶어 애원하지만 그것이 어렵다는 것으로 판단한 아이들은 자신이 직접 사슴벌레가 되어 버린다.

자기 키와 맞먹는 큰 턱처럼 생긴 나뭇가지를 머리에 이고 사슴벌레가 되어 상상놀이를 한다. 나뭇가지가 벌어진 쪽을 머리에 대니 그럴듯한 사슴벌레처럼 보인다. 한 명이 놀이를 시작하자 다른 녀석들도 어디서 구해왔는지 커다란 나뭇가지를 머리에 이고 자기들도 사슴벌레란다. 숲을 요란스럽게 만드는 사슴벌레 집단 놀이가 한동안 계속하며 사슴벌레 나라를 만든다.

한 여자 아이가 나뭇잎 하나를 가져 온다.

"있잖아요. 내가 애벌레가 알을 낳은 것을 찾았어요."

나뭇잎 뒷면에 노랗게 알이 붙어 있는 것을 들고 와서 엄마애벌레가 알을 낳았다고 한다. 알에서 애벌레가 잘 깨어나도록 조용한 숲에 놓아 주겠다고 하며 조용한 숲으로 가지고 간다. 작은 벌레를 배려하는 아이들의 마음씨가 사랑스럽다.

숲 한쪽이 시끌벅적해서 가 보니 청개구리 한 마리가 아이의 손바닥에 놓여 관찰의 대상이 되고 있다. 몸을 움직이지도 못하고 앉아 있는 청개구리에서 아이들은 눈을 떼지 못한다.

"개구리 발이 너무 귀엽게 생겼어요. 속이 다 보여요."

"정말 귀엽게 생겼어요."

아기 손가락만 한 작은 크기의 청개구리에게 아이들이 사랑을 느낀다. 사람 손의 온도가 청개구리에게는 뜨겁다는 것을 알려주자 나뭇잎 위에 올려놓고 관찰한다.

가느다란 다리와 엷은 피부를 가진 청개구리가 불쌍하다고 여자 친구들이 흥분한다.

그러자 남자 아이가,

"아니야, 나도 알아! 아직 못 본 친구들한테 보여 주고 살려 줄 거야."

라며 자기 자신도 개구리를 살려 줄 생각이라고 자신 있게 말을 한다.

생명을 소중히 여기는 아이들이다.

이런 아이들에게 오월의 숲은 새로운 보물을 만날 수 있는 기회를 자주 선물로 준다.

보고, 만지며, 들은 이야기 〈4〉

2 보고, 만지며, 들은 이야기 〈4〉

교육은 예술이다. 수락산 아트밸리

Story 1 "수락산 아트밸리"

>>들어가기

"흙과 놀며 예술적 소양을 길러요."

과학적 사고와 미술적 표현이 융합하여 아름다운 표현예술로 탄생시키는 숲놀이의 주인공은 아이들이다. 숲이 아이들을 품는다. 그리고 창조를 돕는다. 아이들은 숲에서 표현의 자유와 숲이 주는 넉넉함으로 행복까지도 경험한다. 숲교육은 예술이다. 자연과 아이들이 만들어낸 종합 예술이다.

아름다움을 표현하고 창조하는 일이 얼마나 감동적인가! 우리가 애써 준비하지 않았는데 창조의 결과가 크면 더 큰 감동이 되지 않을까? 아이들은 무에서 유를 창조하는 능력을 갖고 있다. 숲에 가면 흔히 볼 수 있는 볼품 없는 자연물 조각이라도 그들의 창의력이 날개를 펴면 예술적으로 표현된다. 그렇다면 창의적인 아이들을 어디에서 예술을 경험하게 할 것인가?

>> 활동계획안

<table>
<tr><td rowspan="2">누리과정 관련요소</td><td>자연탐구</td><td>과학적 탐구하기</td></tr>
<tr><td>예술경험</td><td>예술적 표현하기</td></tr>
<tr><td rowspan="4">어떻게 놀이할까?</td><td colspan="2">• 누구와 : 친구와
• 어디서 : 가을 – 수락산 숲
• 무엇을 가지고 : 여러 가지 자연물</td></tr>
<tr><td>이렇게 놀아요</td><td>(1) 시작 : 엄마랑 숲에 갔어요.
(2) 그리고 : 흙 속에 생물을 표현해요.
(3) 마무리 : 내가 만든 작품을 친구와 감상해요.</td></tr>
<tr><td colspan="2">누리과정과 연계되는 확장된 놀이</td></tr>
<tr><td>이렇게 놀아 보세요</td><td>하나, 흙벽돌을 만들어 놀이 집을 만든다.
(예술경험 – 예술적 표현하기 – 통합적으로 표현하기)
둘, 흙 속의 생물을 재활용 재료를 사용하여 만들기 놀이를 한다.
(예술경험 – 예술적 표현하기 – 미술활동으로 표현하기)
셋, 흙물로 그림을 그린다.
(예술경험 – 예술적 표현하기 – 미술활동으로 표현하기)</td></tr>
<tr><td>유 의 점</td><td colspan="2">– 아이들의 작품은 꼭 전시하여 감상하는 시간을 갖는다.
– 작품을 감상하는 시간을 충분히 갖는다.</td></tr>
</table>

Story 2 "땅속의 생물을 표현하며 배우는 아이들"

▼ 달팽이입니다.

▼ 땅속에 사는 깡총거미 표현

놀이에 녹아 있는 누리과정 연령별 세부내용 엿보기

1. 자연탐구 - 과학적 탐구하기 - 생명체와 자연환경 알아보기

3세	4세	5세
생명체를 소중히 여기는 마음을 갖는다.	생명체를 소중히 여기는 마음을 갖는다.	생명체를 소중히 여기는 마음을 갖는다.

* 수락산에 사는 다양한 생명체를 부모님과 함께 보며 생명체를 소중히 여기는 마음을 갖는다.

2. 예술경험 - 예술적 표현하기 - 통합적으로 표현하기

3세	4세	5세
예술 활동에 참여하여 표현 과정을 즐긴다.	예술활동에 참여하여 표현과정을 즐긴다.	예술 활동에 참여하여 창의적으로 표현하는 과정을 즐긴다.

* 흙을 가지고 자연물을 표현하며 즐거운 활동을 경험한다.

Story 3 "수락산 아트밸리 이야기"

"땅속에는 누가 살고 있을까?"

흙을 주제로 프로젝트를 하는 아이들은 흙에 사는 생물에 대해 관심이 많다.

흙을 파면 만나는 개미, 땅거미. 땅강아지, 애벌레 등 흙에 사는 생물을 날마다 탐색하며 새로운 지식이 구성되어 가는 것을 알 수 있다.

수락산 숲길을 걷다 보면 언덕이나 길가에 크고 작은 구멍들을 볼 수 있다. 수많은 생물들이 살아가는 서식처다. 두더지 집처럼 보이는 큰 구멍에 고개를 들이밀고 한참을 들여다보며 어떤 생물이 살고 있는지 매우 궁금해한다. 아이들은 작은 구멍이라도 발견하면 우르르 달려가 왁자지껄하며 즐겁게 이야기를 나눈다. 누가 시켜서 하면 이렇게 즐거워하지 않을 것이다. 호기심은 아이들의 타고난 본능인 것 같다.

오늘은 부모와 숲에서 노는 날이다.

'땅속에는 누가 살고 있을까?'라는 활동 주제로 흙 속의 생물을 탐구하고 표현한다.

첫 번째 활동으로는 아이들이 부모와 숲을 걸으며 흙에서 살고 있는 생물들을 직접 탐구하는 시간을 충분히 갖는 것이다. 숲에 자유롭게 흩어져서 흙을 탐색하고 무언가를 발견하면서 서로 상호작용한다. 아이들은 이미 흙 프로젝트 활동을 하며 흙에 대한 지식과 땅속에 살고 있는 생물에 대한 지식이 기초가 되어 부모와 상호작용이 더 활발하게 일어나는 것을 볼 수 있다. 숲에서 부모와의 상호작용은 새로운 경험이 되어 더 넓은 사고로 이어진다.

두 번째 활동은 흙에 사는 생물을 자연물로 표현한다.

나무 씨앗이 개미의 머리가 되기도 하고, 작은 돌멩이가 개미의 몸통이 되기도 한다. 기다란 풀잎이 지렁이가 되기도 하고, 둥근 모양 나뭇잎은 달팽이가 되기도 한다. 숲에 흩어져 있는 다양한 자연물은 여러 종류의 예술로 표현된다.

세 번째 활동은 모둠별로 협력하여 공동 작품을 한다.

한 모둠씩 동그랗게 둘러서서 '흙에 사는 생물' 중 어떤 생물을 선택할 것인지 협의한다. 모둠에서 한 생물이 결정되면 무엇을 가지고 어떻게 표현하면 좋은지 창의적인 생각을 모은다. 숲에 광목천이 캔버스가 된다. 그 위에 숲에 흩어져 있는 자연물로 창의적인 표현 놀이를 시작한다. 부모들은 아이들의 창의적인 생각이 최대한 반영될 수 있도록 존중한다. 아이들의 창의성에 부모의 미적인 감각이 합쳐서 아주 훌륭한 입체적인 작품이 탄생된다. 어느 유명작가도 흉내 낼 수 없는 창의적인 예술작품이다.

완성된 작품을 숲길을 따라 전시하니 어느 미술관보다 훌륭한 전시장이 된다. '수락산 아트밸리'라고 칭하며 즐겁게 감상한다.

아이들은 부모의 손을 잡고 숲에서 자연스럽게 열린 자신의 작품을 감상한다. 여기저기서 감탄사가 터진다. 참여한 모든 이들은 숲에서 예술적인 아름다움을 충분히 느끼고 즐긴다. 모두 함께 참여하여 이뤄낸 성취감에 더 행복하다.

크레파스와 물감도 사용하지 않았는데 이런 훌륭한 예술작품이 나오다니 모두가 놀라지 않을 수 없단다. 무에서 유를 창조한 기쁨이다. 우리 눈에 잘 보이지도 않았던 자연물, 관심도 없었던 자연조각들이 모여서 훌륭한 작품이 된다는 사실에 모두가 놀란다.

활동에 참가한 부모들은 활동 평가에 이렇게 기술한다.

부모 1 : '자연물로 만들어 보는 것이 막막했으나 아이들과 함께 창의성을 발휘하여 창작활동한 것이 생각의 틀을 깨는 활동이었다.'

부모 2 : 자연에서 습득한 자연물로 다양한 표현이 가능하다는 것과 아이의 호기심이 매우 커서 자신의 손으로 꼭 만들고 싶어 하는 것을 알았다.'

숲은 예술적인 감각을 키우는 아주 훌륭한 선생님이다.

아이들의 심미감이 발달한다.

숲속 만다라

Story 1 "만다라를 그리며 놀아요."

>> 들어가기

"만다라를 그리며 심미감을 키워요."

아이들은 숲에 있는 자연의 색을 찾아보고 표현하며 심미감이 발달한다. 아름다운 본질을 추구하는 아이들의 정서를 숲에서 그대로 실현하며 행복해한다. 초가을 숲은 자연의 아름다움을 느끼기에 충분하다. 아이들은 숲에서 놀며 아름다운 이미지를 마음속에 그린다.

아이들은 아름다움의 본질을 추구하고 싶은 욕구를 어디서 무엇을 가지고 실험할까? 아이들은 아름다운 것을 무척 좋아한다. 그리고 추구한다. 아름다움을 느끼고 경험할 때 비로소 아이들은 심미감이 발달한다. 어렸을 때 경험한 아름다운 정서는 아름다운 마음을 만든다. 그리고 더 나아가 아름다운 세상을 만드는 기초가 된다.

>> 활동계획안

<table>
<tr><td rowspan="2">누리과정 관련요소</td><td colspan="2">예술경험</td><td>아름다움 찾아보기</td></tr>
<tr><td colspan="2">예술경험</td><td>예술적 표현하기</td></tr>
<tr><td rowspan="5">어떻게 놀이할까?</td><td colspan="3">• 누구와 : 친구랑
• 어디서 : 가을 – 수락산 숲
• 무엇을 가지고 : 여러 가지 자연물</td></tr>
<tr><td>이렇게 놀아요</td><td colspan="2">(1) 시작 : 친구랑 숲에 갔어요.
(2) 그리고 : 숲에서 아름다운 자연물로 만다라활동을 해요.
(3) 마무리 : 내가 만든 작품을 친구와 감상해요.</td></tr>
<tr><td colspan="3">누리과정과 연계되는 확장된 놀이</td></tr>
<tr><td>이렇게 놀아 보세요</td><td colspan="2">하나, 여러 색깔의 크레파스와 닮은 색을 숲에서 찾아보는 활동을 한다.
(예술경험 – 아름다움 찾아보기 – 미술적 요소 탐색하기)
둘, 모둠별로 협동하여 만다라 꾸미기를 한다.
(예술경험 – 예술적 표현하기 – 미술활동으로 표현하기)
셋, 자신의 만다라를 소개하는 시간을 갖는다.
(의사소통 – 말하기 – 상황에 맞게 바른 태도로 말하기)</td></tr>
<tr><td>유 의 점</td><td colspan="3">– 접착제를 사용할 때 손에 묻지 않도록 주의한다.
– 활동시간을 충분히 주어 주변의 자연색을 감상하도록 한다.</td></tr>
</table>

Story 2 "만다라와 놀며 배우는 아이들"

▼ "참 아름다워요."

▼ 내가 만든 만다라

▼ 꽃송이 모양 만다라

▼ 큰 꽃 모양 만다라

▼ 숲에서 색을 찾았어요.

놀이에 녹아 있는 누리과정 연령별 세부내용 엿보기

1. 예술경험 - 아름다움 찾아보기 - 미술적 요소 탐색하기

3세	4세	5세
자연과 사물의 색, 모양, 질감 등에 관심을 갖는다.	자연과 사물의 색, 모양, 질감 등에 관심을 갖는다.	자연과 사물에서 색, 모양, 질감, 공간 등을 탐색한다.

* 숲의 아름다운 요소를 사용하여 만다라 활동을 하며 자연을 탐색하는 시간을 갖는다.

2. 예술경험 - 예술적 표현하기 - 통합적으로 표현하기

3세	4세	5세
예술 활동에 참여하여 표현 과정을 즐긴다.	예술 활동에 참여하여 표현 과정을 즐긴다.	예술 활동에 참여하여 창의적으로 표현하는 과정을 즐긴다.

* 만다라를 만들며 창의적으로 표현하는 과정을 즐긴다.

Story 3 "만다라 이야기"

"예쁜 꽃 같아요."

시월 초순이다. 숲을 걸으니 가을이 오는 속도가 조금씩 느껴진다. 나뭇잎 색의 변화와 여름에 보지 못했던 열매들이 조금씩 눈에 띈다.

노르스름한 아카시아잎, 주황색으로 물든 신갈나뭇잎, 붉은색을 띄는 개옻나뭇잎 등 어김없이 가을 숲은 아름다운 옷으로 갈아입고 있다. 열매들도 예외는 아니다. 진주알처럼 생긴 보랏빛 열매가 다닥다닥 붙어 있는 좀작살나무와 붉은색으로 변해가는 찔레나무 열매 등 빠르게 가을을 준비한 자연의 색들이 아이들을 즐겁게 마중나온 것 같다.

이 외에도 숲의 여기저기서 자기들이 가을색의 주인공이라고 손짓한다.

시월 초순이라서 가을색이 완연하지는 않지만 노랗고 붉은 가을 색을 발견할 때마다 잔잔한 행복을 경험한다. 숲을 빠르게 걷다 보면 이런 느낌을 놓칠 수 있다. 그러나 천천히 숲길을 걷다 보면 수많은 자연색의 변화에서 계절을 준비하고 있는 시간의 속도를 느낀다. 우리를 위해 숲은 늘 자신의 모든 것을 내주는 고마움이 느껴진다. 아이들도 아는지 흥얼흥얼 콧노래를 부른다.

아이들은 숲에서 발견한 가을 색으로 만다라활동을 한다.

만다라는 '완전한 세계, 또는 치유능력을 가진 원 모양'이라는 의미를 가지고 있다. 원을 그림으로 형상화해서 마음속의 생각을 다양한 재료와 색으로 표현한다.

아이들은 만다라 문양에 크레파스로 색칠하듯이 나뭇잎과 열매 등을 붙인다. 자유롭게 흩어져서 온전히 자신의 일에만 집중한다.

숲에 있는 여러 종류의 나뭇잎과 열매로 규칙적인 패턴을 만들기도 하고, 자유롭게 구성놀이를 즐기기도 한다. 자신의 계획에 맞는 자연물을 주우러 숲을 이리저리 배회하는 모습이 제법 진지하다. 주워 온 나뭇잎을 가지고 한참을 고민하다가 나름대로의 공간을 나눠 가며 표현하는 아이들은 서두르지 않고 천천히 자신의 생각과 느낌을 잘 표현하려고 애쓴다. 활동에 집중하는 아이들의 생각 지도가 궁금하다.

숲에서 여러 종류의 색을 발견하는 기쁨도 크지만 화지에 직접 생각을 표현하는 과정을 무척 즐기기 때문이다.

화지에 표현된 자연스럽게 물든 나뭇잎 하나하나가 참 아름답다. 아이들은 자신이 표현한 것을 보고 스스로 감동을 크게 받은 모양이다.

"예쁜 나뭇잎을 붙여서 정말 재밌어요."

"이거, 좋은 마음을 만들어요."

"사랑하는 마음이에요."

"예쁜 꽃 같아요."

"내가 주운 빨간색을 친구에게 나눠 줄 거예요."

등… 아름다운 자연색에 동화된 예쁜 마음을 서로 나누며 즐거운 시간을 만들어 간다. 울긋불긋 나뭇잎과 열매, 돌, 풀 등이 아이들의 마음을 잘 표현하도록 도와준다. 숲에서 주운 자연물은 물감이나 크레파스처럼 정교함은 없지만 전혀 어색하지 않고 오히려 정겹고 아름답다.

아마도 직접 보고 경험해 봐야지만 이 진실을 알 것 같다.

숲길에 아이들이 활동한 만다라를 전시한다. 자연스러움과 가공되지 않은 색의 조화가 감상하는 이의 마음을 사로잡는다.

아이들은 밝고 현란한 색을 좋아할 것이라는 통념을 지우게 한다. 숲에서 발견한 자연색으로 표현한 작품이 참 아름답다고 좋아한다.

여러 친구의 생각을 감상하는 아이들이 행복에 푹 빠졌다.

"정말 아름다워요."

"최고예요."

"진짜, 예뻐요."

등… 아이들은 최고라는 단어를 수없이 사용하며 감동을 나눈다.

아이들이 자신의 마음을 표현하고 감동받는 일이 얼마나 있을까? 가을 숲이 아름다움을 발견할 수 있도록 든든한 미술관이 되었다.

아이들은 가을 숲에서 자연의 아름다움을 닮아간다.

아이들은 자연에서 지혜를 배운다.

참나무와 도토리거위벌레

Story 1 "도토리거위벌레와 놀아요."

>> 들어가기

"엄마거위벌레에게서 사랑을 배워요."

아이들은 무엇과 상호작용을 하는지에 따라 언어와 태도가 사뭇 다르게 나타난다. 숲에서 참나무와 도토리거위벌레와의 상호작용은 아이들의 생각을 깊게 하고 아름다운 언어로 표현하는 것과 동시에 바람직한 태도로 스스로 변화를 이끌어낸다. 언어는 곧 마음을 짓는 도구이기 때문이다. 아이들이 말하는 언어와 태도가 아이들의 미래를 만든다.

영유아기는 감각활동을 통해 사물에 대한 지식을 습득하는 시기이다. 이 시기에 감각활동은 어디서 이루어져야 바람직할까? 창문은 닫혀 있고, 바람 한 점 없이 사방이 벽으로 막힌 교실에서의 감각활동은 한계가 있지 않을까? 살아 있는 생명체들이 꿈틀대는 숲, 햇볕도 있고 도토리가 톡톡 떨어지는 나무 아래서 온몸의 감각이 깨어나지 않을까?

>> 활동계획안

<table>
<tr><td rowspan="2">누리과정 관련요소</td><td colspan="2">자연탐구</td><td>탐구하는 태도 기르기</td></tr>
<tr><td colspan="2">자연탐구</td><td>과학적 탐구하기</td></tr>
<tr><td rowspan="4">어떻게 놀이할까?</td><td colspan="3">• 누구와 : 친구랑
• 어디서 : 가을 – 도토리가 떨어져 있는 참나무 주변
• 무엇을 가지고 : 관찰 상자, 확대경</td></tr>
<tr><td>이렇게 놀아요</td><td colspan="2">(1) 시작 : 참나무 밑에서 떨어진 나뭇가지를 발견해요.
(2) 그리고 : 도토리에서 거위벌레를 발견해요.
(3) 마무리 : 거위벌레 알을 관찰하고 도토리를 숲에 놓아 주어요.</td></tr>
<tr><td colspan="3">누리과정과 연계되는 확장된 놀이</td></tr>
<tr><td>이렇게 놀아 보세요</td><td colspan="2">하나, 도토리거위벌레를 확대경으로 관찰하며 세밀화를 그려 본다.
(예술경험 – 예술적 표현하기 – 미술활동으로 표현하기)
둘, 참나무 잎으로 물감을 찍어서 도토리 나무를 표현한다.
(예술경험 – 예술적 표현하기 – 미술활동으로 표현하기
셋, 도토리거위벌레가 되어 나뭇가지를 자르는 흉내 내기 놀이를 한다(신체운동 • 건강 – 신체 인식하기 – 신체를 인식하고 움직이기</td></tr>
<tr><td>유 의 점</td><td colspan="3">– 도토리거위벌레의 크기가 작기 때문에 핀셋을 이용하여 확대경에 넣고 관찰한다.
– 도토리를 관찰한 후 숲에 두고 온다.</td></tr>
</table>

Story 2 "도토리거위벌레와 놀며 배우는 아이들"

▼ 도토리 속 애벌레

▼ 거위벌레 표상해요.

▼ 거위벌레가 떨어뜨린 가지

▼ 거위벌레에 푹 빠졌어요.

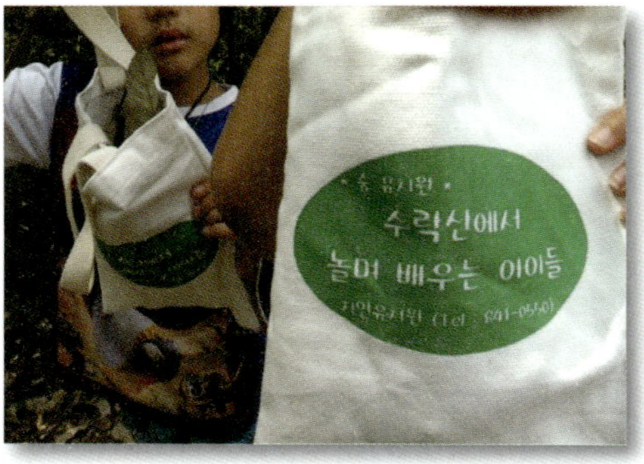

▼ 숲 가방

▼ 거위벌레를 찾아요.

놀이에 녹아 있는 누리과정 연령별 세부내용 엿보기

1. 자연탐구 - 과학적 탐구하기 - 생명체와 자연환경 알아보기

3세	4세	5세
생명체를 소중히 여기는 마음을 갖는다.	생명체를 소중히 여기는 마음을 갖는다.	생명체를 소중히 여기는 마음을 갖는다.
* 도토리거위벌레를 관찰하며 생명체를 소중히 하는 마음을 갖는다.		

2. 자연탐구 - 탐구하는 태도 기르기 - 호기심을 확장하고 유지하기

3세	4세	5세
주변 사물과 자연세계에 대해 호기심을 갖는다.	주변 사물과 자연세계에 대해 지속적으로 호기심을 갖는다.	주변 사물과 자연세계에 대해 지속적으로 호기심을 갖고 알고자 한다.
* 도토리거위벌레 및 다양한 벌레에 대해 호기심을 가지고 확장하는 활동을 한다.		

Story 3 "참나무와 도토리벌레 이야기"

"누가 왜 이곳에 구멍을 뚫고 알을 낳았을까?"

늦여름 더위가 여전하다. 9월이 되었는데도 더위는 아직도 떠날 줄을 모른다. 오늘도 아이들은 유치원 뒷산 수락산 계곡으로 물놀이를 가기 위해 산길을 오른다.

수락산 계곡은 아이들의 놀이터다. 아이들은 오늘도 신나는 물놀이를 하려고 계곡에 올라간다. 계곡으로 가는 길 중간에 커다란 참나무들이 많이 있다. 그런데 커다란 참나무 밑에 나뭇가지들이 양탄자를 깔아 놓은 것처럼 즐비하게 떨어져 있다. 아이들은 항상 다니는 숲길이라서인지 새로운 변화를 민감하게 알아차린다. 감각기관이 왕성하게 발달된 아이들은 미세한 변화에도 관심을 기울인다. 잠시 걸음을 멈춘다. 바로 그때 나무 위에서 도토리 나뭇가지가 헬리콥터처럼 빙글빙글 돌면서 떨어진다. 달려가 주워 보니 도토리가 달린 나뭇가지다.

"누가 이렇게 많은 나뭇가지를 잘라 놓았을까?"

아이들은 상상력을 발휘하기 시작한다.

"바람이 세게 불어서 가지가 잘라졌어요."

"아니면… 다람쥐가 그랬을까?"

아이들이 무척 궁금하다는 표정이다. 호기심 어린 눈길로 참나무와 떨어진 나뭇가지를 바라본다. 수시로 변하는 숲의 변화는 누군가의 삶의 흔적이다. 과연 누가 한 짓일까? 아이들은 이 흔적의 주인공에 호기심이 발동한다.

숲길에 떨어진 참나무 가지들을 주워서 이리저리 살펴본다. 나뭇가지에는 아직 덜 익은 초록색 아기도토리가 매달려 있는 것을 보고 귀엽게 생겼다고 만지며 좋아한다. 도토리를 가지고 이리저리 관찰한다. 점하나 찍은 정도의 아주 작은 미세한 구멍을 찾아 속을 파고 보니 무언가 들어 있는 것을 발견한다.

이 흔적을 발견하고 누군가가 한 일이 분명하다고 확신하는 아이들의 표정이 제법 진지하다.

'누가 왜 이곳에 구멍을 뚫고 알을 낳았을까?'

무척 궁금해하는 아이들에게 엄마거위벌레 이야기를 들려 준다.

긴 주둥이가 거위처럼 생겼다고 이름 붙여진 엄마거위벌레는 도토리에 구멍을 뚫고 알을 낳은 후 땅에 떨어뜨린다. 알에서 깨어난 애벌레는 도토리를 파먹으면서 자란 뒤 땅속에서 겨울 동안 지낸다. 엄마거위벌레는 알이 충격받지 않도록 나뭇가지를 잘라 땅에 떨어뜨려 애벌레가 땅속에서 잘 자라도록 하는데, 여기서 더 놀라운 것은 떨어진 도토리 나뭇가지의 두께다. 거위벌레 몸의 길이가 1센티 정도 되는 작은 곤충인 도토리 거위벌레의 두께와 비슷하다는 것이다. 아마 이 가지를 자르려면 엄마거위벌레는 오랜 시간이 걸렸을 것이다.

엄마거위벌레 이야기를 듣고 아이들은 잠시 생각에 잠긴 듯 커다란 눈망울을 깜빡거린다. 자식을 키우는 엄마의 마음을 간접적으로나마 느끼는 시간이 되었을까? 거위벌레가 살아가는 지혜와 엄마거위벌레의 사랑에 감동을 받았다는 눈빛이 역력하다.

도토리나무 아래서 아이들은 한 권의 따뜻한 실물동화를 읽는다. 참나무 숲이 도서관이 되었다.

엄마거위벌레의 이야기를 듣고 감동을 받은 아이는

"음… 그러면 엄마거위벌레가 알이 잘살 것으로 생각하겠죠? 내가 도토리를 잘 보고, 나무 아래로 가져다 줄 거예요."

라고 말하며 생명을 소중히 여기는 태도를 보인다.

아이들이 도토리거위벌레가 살아가는 환경을 이해하는 시간이 되었다.

작은 곤충에 불과하지만 거위벌레의 생활을 이해할 때 아이들은 친자연적인 태도가 된다. 작은 생명의 가치와 소중함을 배운 아이들은 거위벌레 알이 들어 있는 도토리를 주워서 사람이 걸어다니지 않은 숲으로 옮겨 준다. 아기거위벌레를 위해 안전하고 살기 좋은 환경을 만들어 주려고 노력하는 마음이 사랑스럽다. 이렇게 자연을 배려하는 모습이 우리 모두가 꿈꾸는 아이들의 모습이다.

계곡에서 물놀이를 하고 숲을 내려오는 길에 몇 명이 무리지어 돋보기로 도토리를 관찰하며 친구들과 상호작용한다. 아이들의 상상력은 끝이 없다.

"응, 그런데 다람쥐가 도토리를 좋아하잖아. 그런데 다람쥐가 거위벌레 알이 있는 도토리를 먹고 배가 아프면 어떻게 하지?"

숲에서 도토리를 먹고 살아가는 다람쥐를 걱정하자 한 아이가 이렇게 반응한다.

"응… 그러면 괭이밥을 먹으면 되지."

"아… 그렇겠네!"

아이들은 지난주에 괭이밥 먹어본 경험을 연결시킨다. 괭이밥은 어디서나 흔히 볼 수 있는 식물로 고양이가 배탈이 날 때 이 풀을 먹으면 나았다는 이야기가 있다. 이전 경험을 가지고 사고하고 정보를 사용하는 기술이 놀랍다. 직접 사물을 보고, 의미 있는 경험을 하지 않고는 이런 상호작용을 할 수가 없다.

아이들이 숲길을 다 내려오도록 도토리거위벌레 이야기는 계속된다. 거위벌레 이야기가 진한 감동으로 채워졌나 보다.

"음 있지… 엄마거위벌레가 아기애벌레는 도토리 속에다 두고 엄마거위벌레는 나뭇잎 타고 휙 하고 내려오려고 그러나 봐. 와!! 거위벌레는 재미있겠다. 나뭇잎도 타고…."

아이들은 동화 속에 나올 것 같은 언어를 표현하며 매우 즐거워한다.

* 이 글은 유아교사 전문잡지 '폴라리스'에 기재된 것임(2014).

숲에서 발견한 색깔 이야기

아이들은 직접 보고, 만지며 놀기를 원한다.

Story 1 "황토와 놀아요."

>>들어가기

"황토와 놀며 호기심을 확장해요."

아이들은 직접 보고, 만지며 자유롭게 놀고 싶어 한다. 숲에서 적극적으로 미술적 요소를 탐색하는 기회를 자주 접하며, 아이들은 예술적인 감각을 기른다. 숲에서 발견한 다양한 색들은 아이들의 호기심을 자극하고 확장시키기에 충분하다. 아이들을 자연에 내놓기만 하면 자연이 모든 것을 가르쳐 준다. 그것은 자연의 몫이다.

"안 돼, 만지지마. 위험해", "안 돼. 손이 더러워져, "안 돼, 시간 없어." 아이들은 이 말을 하루에 몇 번이나 들으며 자랄까? 이 시기의 아이들은 무엇이든 직접 보고, 만지며 놀고 싶어 하는데 말이다. 어쩌면 우리는 아이들의 손과 발을 꽁꽁 묶어 두고 있지는 않은지 생각해 봐야 하지 않을까? 호기심을 확장시키고 싶은 아이들에게 우리는 지금 어떻게 하고 있나?

>> 활동계획안

<table>
<tr><td rowspan="2">누리과정 관련요소</td><td colspan="2">자연탐구</td><td>탐구하는 태도 기르기</td></tr>
<tr><td colspan="2">예술경험</td><td>아름다움 찾아보기</td></tr>
<tr><td rowspan="4">어떻게 놀이할까?</td><td colspan="3">• 누구와 : 친구랑
• 어디서 : 가을 – 수락산 숲
• 무엇을 가지고 : 숲에서 발견한 다양한 색깔들</td></tr>
<tr><td>이렇게 놀아요</td><td colspan="2">(1) 시작 : 친구랑 숲에 갔어요.
(2) 그리고 : 숲에서 황토를 가져와요.
(3) 마무리 : 황토로 염색해요.</td></tr>
<tr><td colspan="3">누리과정과 연계되는 확장된 놀이</td></tr>
<tr><td>이렇게 놀아 보세요</td><td colspan="2">• 황토와 모래의 차이점을 알아본다.
(자연탐구 – 탐구하는 태도 기르기 – 탐구과정 즐기기)
• 한지 부채에 황토그림을 그려 본다.
(예술경험 – 예술적 표현하기 – 통합적으로 표현하기)
• 숲에서 발견한 다양한 색을 분류하는 놀이를 한다.
(예술경험 – 아름다움 찾아보기 – 미술적 요소 탐색하기)</td></tr>
<tr><td>유 의 점</td><td colspan="3">– 옷에 황토물이 들지 않도록 여름에 수영복을 입고 실외 활동으로 한다.
– 황토 염색 후 충분히 깨끗하게 헹군다.</td></tr>
</table>

Story 2 "황토와 놀며 배우는 아이들"

▼ 황토염색하기

▼ 황토로 캔들병 만들기

▼ 손으로 느끼며 발라요.

▼ 황토색으로 변했어요.

▼ 재미있는 황토놀이 시간

놀이에 녹아 있는 누리과정 연령별 세부내용 엿보기

1. 자연탐구 – 탐구하는 태도 기르기 – 탐구과정 즐기기

3세	4세	5세
궁금한 점을 알아보는 과정에 흥미를 갖는다.	궁금한 점을 알아보는 탐구 과정에 관심을 가지고 참여한다.	궁금한 점을 알아보는 탐구 과정에 참여하고 즐긴다.

* 황토를 관찰하며 탐구과정에 관심을 가지고 참여한다.

2. 예술경험 – 아름다움 찾아보기 – 미술적 요소 탐색하기

3세	4세	5세
자연과 사물의 색, 모양, 질감 등에 관심을 갖는다.	자연과 사물의 색, 모양, 질감 등에 관심을 갖는다.	자연과 사물애서 색, 모양, 질감, 공간 등을 탐색한다.

* 황토 고유의 색과 질감을 탐색하며 황토의 아름다움을 감상한다.

Story 3 " 황토 이야기"

"황토로 염색했으니까 아토피 피부에 좋지요?"

숲에서 놀다 보면 아이들은 숲에서 만나는 여러 가지 '색깔'에 대해 관심을 갖는다. 나무와 풀과 꽃과 열매 등에서 색을 발견하고 아름다움을 경험하며 자신들이 느낀 것을 다양한 방법으로 표현한다. 언어로 표현하기도 하고 땅바닥이 캔버스가 되어 사물을 그림으로 표현하기도 한다.

"초록색 애벌레가 나뭇잎에 붙어 있어요."

"물잠자리가 검은색이에요."

"산딸기가 빨갛게 익었어요. 맛있을 것 같아요."

"도토리가 초록색이었는데 밤색이 되었어요."

등… 아이들은 색을 통해서 사물을 이해한다. 봄, 여름, 가을, 겨울, 일 년 내내 숲에서 색을 찾고 즐긴다.

봄에는 연두색 나뭇잎을 비롯하여 여름에 진초록의 떡갈나무 잎, 가을에 볼 수 있는 붉은색 찔레 열매, 겨울의 초록색 소나무 잎 등 아이들은 숲에서 만나는 다양한 색을 경험하며 자란다.

비가 내린 뒤 소리 없이 돋아나는 하얀 버섯을 발견하고 우산 같다고 말하기도 하고, 노랗게 핀 양지꽃을 보고 하얀색 딸기 꽃 모양과 닮았다고 말하기도 한다.

가을에 도토리나무 밑에 떨어진 초록색 도토리 열매는 그냥 지나치는 법이 없다. 색깔은 아이들에게 사물에 관심을 갖도록 주의를 집중시킨다.

수락산 숲길에 붉은색 황토가 있는 곳이 있다.

선명한 색과 질감이 부드러워 아이들은 손으로 만져 보고 다른 흙과 비교하기도 하며 탐색하는데 '황토 실험실' 같다.

가끔 염색에 필요한 만큼 황토를 가져와 자연 염색을 하곤 한다.

큰 대야에 황토를 담고 소금을 조금 넣고 물을 부은 후 골고루 섞어 황토물을 만든 후, 면옷을 넣고 손으로 조물락 조물락 주무르면 흰색 천이 황토색으로 변해간다.

아이들은 이 과정을 얼마나 신기해하는지 모른다.

오늘도 함지박에 담긴 황토 염색물에 팔을 걷어붙이고 즐겁게 참여한다. 아이들의 손과 팔은 이미 황토에 물들어 버렸고, 얼굴도 황토물이 튀어서 얼룩이 졌다. 황토물이 붉게 물든 서로의 손을 바라보며 손에도 물이 들었다고 신기해하며 매우 즐거워한다.

황토물에 약 한 시간 정도 옷감을 담근 다음 맑은 물에 헹군 다음 바람이 잘 통하는 곳에 빨랫줄을 만들어서 널어 말린다. 빨랫줄에 앙증맞게 널려 있는 천연 염색 옷이 멋스럽다.

아이들은 빨랫줄에 널려 있는 자신들의 염색 옷을 바라보며,

"황토로 염색했으니까 아토피 피부에 좋지요?"

"잠잘 때 입고 잘 거예요."

아이들은 황토 염색을 하면 건강에 좋다는 것을 알고 벌써 입을 날만 기다린다.

숲에는 다양한 색이 존재하기 때문에 아이들은 숲에 가는 것을 더 즐거워하는지도 모른다.

숲은 다양한 색을 발견하고 놀이를 확장하는 창의적인 실험실 공간이다.

맛보고 먹은 이야기 〈6〉

3 맛보고 먹은 이야기 〈6〉

식물에 의미를 부여하면 호기심이 생긴다.

괭이밥

Story 1 "괭이밥을 따먹으며 놀아요."

≫들어가기

"괭이밥을 먹으며 다른 식물에도 호기심이 생겨요."

아이들은 주변의 식물이 우리생활과 밀접한 관계가 있다는 것을 알고, 그 유용성을 생활에서 적용하는 것을 즐겁게 여긴다. 우리 주변의 식물은 대부분 먹을 수 있는 것이 많기 때문이다. 계절마다 먹을 수 있는 식물을 중심으로 놀다 보면 자연스럽게 주변의 여러 식물에 관심을 갖게 된다. 샐러드나 차, 떡 등을 만들어 먹는다. 이런 생활이 아이들 삶 속에서 자연스럽게 경험되며 그 기술을 사용하는 능력이 탁월하다.

아이들에게 주변의 식물들에 대해 관심을 갖게 하는 방법은 무엇일까? 우리가 살고 있는 주변에서 자생하는 식물이 우리와 밀접한 관계가 있지만 요즘 아이들은 관심이 없다. 혹시 어른들도 그렇지 않을까? 잘 정돈되고 포장된 것을 편리하게 마트에서 사다 먹는 습관이 우리아이들이 생태적 환경을 이해하는 데 있어서 과정을 건너뛰고 있다는 것에 대해 한 번쯤 심각하게 생각해 본 적이 있는가?

>> 활동계획안

<table>
<tr><td rowspan="2">누리과정 관련요소</td><td colspan="2">나를 알고 존중하기</td><td>나의 일 스스로 하기</td></tr>
<tr><td colspan="2">탐구하는 태도 기르기</td><td>호기심을 유지하고 확장하기</td></tr>
<tr><td rowspan="4">어떻게 놀이할까?</td><td colspan="3">• 누구와 : 친구랑
• 어디서 : 늦여름 – 숲길
• 무엇을 가지고 : 괭이밥 풀</td></tr>
<tr><td>이렇게 놀아요</td><td colspan="2">(1) 시작 : 괭이밥을 따고 놀았어요.
(2) 그리고 : 괭이밥을 따서 먹어 봤어요.
(3) 마무리 : 친구들과 괭이밥 먹은 느낌을 즐겁게 이야기 나눠요.</td></tr>
<tr><td colspan="3">누리과정과 연계되는 확장된 놀이</td></tr>
<tr><td>이렇게 놀아 보세요</td><td colspan="2">• 괭이밥을 따서 끓여서 차로 마셔 보고 느낌을 이야기한다.
(의사소통 – 말하기 – 느낌, 생각, 경험 말하기)
• 괭이밥을 뜯어 다른 식물과 섞어서 샐러드를 해서 먹는다.
(신체운동 • 건강 – 건강하게 생활하기 – 바른 식생활하기)
• 괭이밥과 토끼풀의 같은 점과 다른 점을 비교해 본다.
(자연탐구 – 과학적 탐구하기 – 생명체와 자연환경 알아보기)</td></tr>
<tr><td>유 의 점</td><td colspan="3">– 괭이밥이 토끼풀과 비슷하기 때문에 구분하도록 지도한다.
– 괭이밥을 직접 따서 먹기 때문에 주변이 지저분하지 않은지 살펴 본다.</td></tr>
</table>

Story 2 "괭이밥을 따먹으며 배우는 아이들"

▼ "이게 괭이밥이죠?"

▼ 괭이밥에 호기심을 갖는 아이들

▼ 괭이밥을 맛보는 아이들

▼ 괭이꽃다발

▼ 이만큼 땄어요.

놀이에 녹아 있는 누리과정 연령별 세부내용 엿보기

1. 자연탐구 – 과학적 탐구하기 – 생명체와 자연환경 알아보기

3세	4세	5세
생명체를 소중히 여기는 마음을 갖는다.	생명체를 소중히 여기는 마음을 갖는다.	생명체를 소중히 여기는 마음을 갖는다.

* 괭이밥를 먹으며 자연의 소중함을 깨닫고 소중히 여기는 마음을 갖는다.

2. 신체운동 • 건강 – 건강하게 생활하기 – 바른 식생활하기

3세	4세	5세
몸에 좋은 음식에 관심을 갖는다.	몸에 좋은 음식을 알아본다.	몸에 좋은 음식을 선택할 수 있다.

* 괭이밥이 우리의 몸에 어떤 이로움을 끼치는지 알아보고, 몸에 좋은 음식을 골라 먹으며 자신의 몸을 소중히 여긴다.

Story 3 "괭이밥 이야기"

"아오리 사과 맛이에요."

수락산 계곡에서 물놀이를 하고 내려오다 보면 양지바른 길가에 괭이밥이 즐비하게 자라고 있다. 커다란 나무 밑에 가려서 무심코 지나칠 수 있지만 유심히 보면 눈에 쉽게 띈다.

연초록의 하트 모양 잎과 작은 크기의 노란색 꽃이 무리지어 핀다. 이 식물의 특징은 동물처럼 움직인다는 것이다. 저녁이 되면 이파리가 접히고 해가 뜨기 시작하면 이파리를 활짝 펼친다. 보기에는 가냘프지만 다른 식물에 비해 생명력이 강해서 전 세계에 분포되어 있다고 하니 놀랍다.

아이들은 괭이밥과 토끼풀을 구분하는 것을 어려워한다. 꽃이 피지 않으면 잎 모양이 비슷해서 구분하기가 어렵다. 어른도 가정에서 화분에 기르는 사랑초와 괭이밥을 구분하는 데 어려워하는데, 그것은 이 두 식물의 잎 모양이 비슷하기 때문이다.

괭이밥은 설사할 때 달여서 먹으면 효과가 있다고 한다. 그 외에 여러 효능이 널리 알려져 있어서 음식재료나 약용으로 사용된다.

괭이밥의 잎이나 꽃을 따서 먹어 보면 맛이 오묘하다. 어렸을 적 밖에서 놀다가 심심하면 친구들과 이 풀을 따서 먹곤 했었다.

요즘 아이들은 이 식물에서 어떤 맛을 발견할 수 있을까 궁금하다.

방금 계곡에서 놀다가 내려가던 길옆에 괭이밥이 눈에 띈다. 계곡 물이 뚝뚝 떨어지는 수영복을 입고 길옆에 쪼그리고 앉아 아이들이 괭이밥을 따서 한 잎씩 조심스럽게 먹어 본다. 잎뿐만이 아니라 아주 작게 핀 노오란 꽃도 먹어 본다. 아이들의 표정이 살아난다. 맛이 있다는 표정이다.

노란 꽃을 따먹은 여자 아이들은 더 맛있다고들 흥미로워한다. 소복하게 자라 있는 괭이밥이 한순간 쑥대밭이 된다. 아이들은 너나 할 것 없이 잎과 꽃을 따서 먹어 보며 친구들과 자신의 생각들을 이야기하는 모습이 활기차다.

"진짜 꽃도 먹을 수 있어. 신기하다. 꽃을 먹으니까…."

"새콤달콤 젤리 맛이야."

"포도 맛도 난다."

"아오리 사과 맛이 난다."

등… 괭이밥이 주는 여러 맛에 아이들의 여러 감각이 집중된다.

유치반 남자아이가 아오리 사과 맛이 난다는 말에 깜짝 놀랐다. 아오리 사과 맛하고 정말 흡사하다. 괭이밥의 신맛과 단맛이 아오리 사과 맛과 같다.

괭이밥의 신맛은 수산이라는 성분인데 벌레들을 방어하기 위해 내는 맛이란다. 그런데 사람들은 이 맛을 좋아서 괭이밥을 먹는다니 아주 흥미롭다.

아이들은 괭이밥이라고 불리게 된 유래를 듣는 것을 아주 재미있어한다.

괭이는 고양이의 사투리로 괭이(고양이)가 배탈이 나거나 설사를 할 때 이 풀을 먹으면 나았다고 해서 붙여진 이름이다. 아이들은 전해져 내려오는 괭이밥 이야기를 듣고 나면 이 식물에 더 관심을 갖고 찾아보기도 한다. 우리 주변에 자생하는 어느 식물이든 의미를 부여하면 아이들은 주변의 식물들에 호기심이 발동하는 것을 볼 수 있다.

가끔 친구들이 배가 아프다고 하면

"괭이밥을 먹으면 되잖아."

라고 알려 주기도 한다.

그러면서 아이들은 주변에서 볼 수 있는 식물이 우리에게 꼭 필요한 식물이라는 것을 차차 이해하기 시작한다.

자연에서 놀이는 교육이다.

아카시아 꽃 이야기

Story 1 "아카시아꽃과 놀아요."

>>들어가기

"아카시아꽃으로 고운 심성을 길러요."

아이들에게는 숲에 살고 있는 생명체의 아름다움을 찾고 즐기는 시간이 필요하다. 숲은 아름다운 요소들이 참 많다. 꽃, 풀, 나무, 곤충 등 이런 생명체들을 발견하고 놀다 보면 자연스럽게 고운 심성이 길러진다. 아이들을 위한 인성교육의 필요성을 느낀다면 숲이 한 방법일 수도 있다. 아이들이 몸과 마음이 건강하게 자라기를 바란다면 숲으로 데리고 가라.

아이들의 자연에서 놀이는 play일까? work일까? 자연에서 놀이를 play로 보는 시각 때문에 놀지 못하는 것을 아닐까? 아이들의 놀이가 work라고 생각한다면 과감하게 아이들을 숲으로 데리고 가야 하지 않을까? 그런데 우리는 왜 자연에서 놀이하는 시간을 많이 갖는 것에 대해 두려워할까? 많이 놀린다고 걱정하는 부모의 시선 때문에? 부모의 잘못된 생각이 있다면 아이들의 놀이 속에 통합적인 학습이 스스로 일어나는 것을 알려 주어야 하지 않을까?

>> 활동계획안

<table>
<tr><td rowspan="2">누리과정 관련요소</td><td colspan="2">나를 알고 존중하기</td><td>나의 일 스스로 하기</td></tr>
<tr><td colspan="2">탐구하는 태도 기르기</td><td>호기심을 유지하고 확장하기</td></tr>
<tr><td rowspan="4">어떻게 놀이할까?</td><td colspan="3">• 누구와 : 친구랑
• 어디서 : 봄 – 아카시아꽃이 활짝 핀 숲
• 무엇을 가지고 : 아카시아잎과 꽃</td></tr>
<tr><td>이렇게 놀아요</td><td colspan="2">(1) 시작 : 아카시아꽃이 피어 있는 곳에서 놀아요.
(2) 그리고 : 아카시아꽃을 따서 먹고, 잎을 가지고 놀이 해요.
(3) 마무리 : 아카시아꽃으로 튀김해서 친구들과 맛있게 먹어요.</td></tr>
<tr><td colspan="3">누리과정과 연계되는 확장된 놀이</td></tr>
<tr><td>이렇게 놀아 보세요</td><td colspan="2">• 아카시아잎 모양과 비슷한 나뭇잎을 찾아본다.
(자연탐구 – 수학적 탐구하기 – 기초적인 자료수집과 결과 나타내기)
• 숫자 카드를 보며 아카시아 잎을 떼어 보는 수 놀이를 한다.
(자연탐구 – 수학적 탐구하기 – 수와 연산의 기초개념 알아보기)
• 팝콘으로 아카시아꽃을 표현해 본다.
(예술경험 – 예술적 표현하기 – 미술활동으로 표현하기)</td></tr>
<tr><td>유 의 점</td><td colspan="3">– 아카시아 나무에는 가시가 많다. 가시에 찔리지 않도록 주의한다.
– 아카시아 잎 떼기 놀이 전에 '가위바위보'에 대한 이해를 돕는다.</td></tr>
</table>

Story 2 "아카시아꽃과 놀며 배우는 아이들"

▼ 소리까지 맛있는 아카시아꽃 튀김

▼ 가위바위보 놀이

▼ 아카시아꽃

▼ 아카시아꽃 튀김을 만들어요.

▼ 풀잎 떼기 놀이

▼ 아카시아 나무를 발견하는 아이들

놀이에 녹아 있는 누리과정 연령별 세부내용 엿보기

1. 자연탐구 – 탐구하는 태도 기르기

3세	4세	5세
주변 사물과 자연세계에 대해 호기심을 갖는다.	주변 사물과 자연세계에 대해 호기심을 갖는다.	주변사물과 자연세계에 대해 지속적으로 호기심을 갖고 알고자 한다.
* 아카시아꽃과 주변 생물에 대해 호기심을 갖고 확장하여 놀이한다.		

2. 사회관계- 나를 알고 존중하기- 나의 일 스스로 하기

3세	4세	5세
내가 할 수 있는 일을 알아본다.	내가 할 수 있는 일을 알아본다.	내가 할 수 있는 일을 스스로 한다.
* 아카시아꽃을 가지고 할 수 있는 다양한 놀이를 해 본다.		

Story 3 "아카시아꽃 이야기"

"꿀 향기가 많이 나요."

❖ 첫 번째 이야기 : 아카시아꽃 맛보기

오월이 되면 유치원 뒷산 수락산은 아카시아 꽃향기로 그윽하다. 봄바람이 살랑살랑 불 때마다 활짝 핀 아카시아 꽃향기가 향기롭게 퍼진다. 가장 꽃향기가 좋은 오월에는 아이들과 숲에 자주 오른다.

숲이 아카시아꽃으로 하얗게 덮여 있다. 아카시아꽃의 아름다움에 아이들의 표정이 햇살처럼 밝고 행복하다.

아이들은 꿀 냄새가 솔솔 나는 아카시아 꽃을 따서 먹어 보기도 한다. 부드러운 꽃잎의 감촉과 향기가 입 안 가득 전해 온다. 살아 있는 꽃향기는 아이들의 감각의 창문을 활짝 열게 하여 자연의 맛과 진하게 소통하게 한다. 꽃잎을 씹으며 자연의 맛을 찾는 아이들의 눈빛이 호기심으로 가득하다.

"정말… 꿀맛이 나요."

"꿀 향기가 많이 나요."

"부드러워요."

등… 감각을 통해서 알게 된 꽃의 특징을 즐겁게 이야기한다. 아카시아꽃을 따서 꽃잎의 꼬투리를 벌리고 어디에 꿀이 숨어 있는지 찾아 보기도 한다.

"꿀벌이 꽃에 있는 꿀을 모아 두면 사람들이 먹는 거야."

"내가 감기걸렸을 때 우리 할머니가 꿀물 주셨어."

"우리 엄마는 토마토에 꿀을 넣었어. 맛있다."

등… 생활 속에서 경험한 꿀 이야기를 한다.

꿀벌들이 꿀을 모으려고 이꽃저꽃을 부지런히 날아다니며 열심히 일하는 모습을 진지하게 관찰하며 꿀벌에게 고마움을 표현하기도 한다.

아이들은 아카시아꽃과 향기를 온몸으로 느끼며 봄을 즐긴다. 숲에서 꿀벌처럼 열심히 자연을 탐색하느라 바쁜 하루다.

아카시아 숲은 이런 아이들에게 훌륭한 실물교수자료를 제공한다. 아이들은 아카시아 꽃을 따 먹기도 하고, 꿀맛을 보며 사람과 꿀벌이 어떤 관계를 맺고 살아가는지 배운다.

❖ 두 번째 이야기 : 가위바위보 놀이

'가위바위보' 소리로 숲이 웅성거린다.

아카시아 잎을 따는 가위바위보 놀이가 한창이다. 이 놀이는 단순하지만 아이들이 무척 좋아한다. 두 명씩 한조가 되어 가위바위보를 해서 이기는 사람이 아카시아 잎을 먼저 딴다.

영아반 동생들은 형들이 하는 것을 보며 가위바위보 놀이를 흉내 낸다. 입과 손으로 가위바위보 흉내만 낼 뿐 이겨도 따고, 져도 따고, 둘이 같이 따기도 한다.

영아반 아이들은 가위바위보 놀이에 손가락을 움직이는 것이 미숙하다. 그래도 놀이를 하고 싶은 마음에 형들을 따라 하는 모습이 귀엽고 사랑스럽다.

반대로 유치반은 게임의 규칙도 잘 이해하고 질서를 지켜서 즐겁게 참여한다. 승부욕이 강한 아이는 게임에서 지면 속상해서 울상을 짓기도 한다. 게임의 승자는 순발력이 뛰어난 아이들이 차지한다.

아카시아 풀잎 떼기 놀이를 마무리하며 가정으로 아카시아 잎을 보낸다. 가족과 즐기는 자연놀이를 제공하는 것이다. 가족의 놀이문화에 자연 놀이를 제공하는 것도 교육적인 의미가 있다.

❖ 세 번째 이야기 : 아카시아꽃 튀김

아카시아꽃 튀김의 맛이 일품이다. 이제 갓 핀 아카시아꽃을 송이 채로 따서 물에 씻은 후 물기를 뺀다. 여기에 마른 튀김가루를 묻히고 튀김옷을 입혀서 기름에 튀기는데 맛뿐만이 아니라 색과 모양에서도 자연의 맛을 느낀다.

튀긴 꽃 한 송이를 들고 먹으면 자연을 통째로 먹는 느낌이다. 아이들은 이 별미에 맛있다고 아우성이다.

"엄마한테 꼭 해달라고 해야지."

자연의 맛에 좋은 느낌을 경험한 아이들은 자연을 좋아하게 된다. 아이들은 자연의 맛에 매료되어 좋은 생각을 많이 하고 예쁜 표정도 많이 짓는다.

이런 행복한 반응들은 활동에 참여한 교사들도 마찬가지다.

자연을 이해하는 가장 좋은 환경은 자연이다.

진달래 꽃 차 마시기

Story 1 "진달래꽃 차와 놀아요."

>>들어가기

"진달래꽃 차를 마시며 자연의 맛을 사랑해요."

자연을 이해하는 데 가장 좋은 환경은 자연이다. 아이들은 식물과 상호작용하며 자연을 좋아한다. 살아 있는 것들과 상호작용하며 배운 지식은 오랜 시간이 지나도 기억통장에 남는다. 이 기억은 저장되어 있다가 같은 상황이 생기면 언제든지 꺼내서 사용할 수 있는 지식이 된다. 진달래꽃 차를 마시며 주고받는 이야기 속에는 봄부터 지금까지 진달래꽃과 연계된 경험들이다. 추운 겨울 아이들은 진달래 차를 마시며 스스로 새로운 지식을 재구성한다. 내년에도 진달래꽃을 또 만나면 더 확장된 지식으로 재구성될 것이다.

자연을 이해하는 가장 좋은 환경은 어디일까? 그곳은 바로 자연이 아닐까? 그렇다면 자연을 경험하는 자극을 주어야 하지 않을까? 누리과정의 key 포인트는 자연존중, 인간존중인데 아이들이 자연을 이해해야 자연을 존중하고, 자연을 존중해야 인간을 존중하게 되지 않을까?

>> 활동계획안

누리과정 관련요소	자연탐구	탐구하는 태도 기르기
	신체운동 • 건강	신체 인식하기
어떻게 놀이할까?	• 누구와 : 친구랑 • 어디서 : 겨울 – 다도실 • 무엇을 가지고 : 진달래꽃 차와 다도잔	
	이렇게 놀아요	(1) 시작 : 진달래꽃 차를 준비하며 꽃 차를 만들었던 기억을 회상해요. (2) 그리고 : 진달래꽃 차를 마셔요. (3) 마무리 : 진달래꽃 차의 맛을 친구들과 나눠요.
	누리과정과 연계되는 확장된 놀이	
	이렇게 놀아 보세요	• 진달래꽃 차의 느낌을 그림으로 표현한다. (예술경험 – 예술적 표현하기 – 미술활동으로 표현하기) • 진달래꽃 차를 마시는 잔을 직접 만들어 가마에 구워서 잔으로 사용한다. (예술경험 – 예술적 표현하기 – 미술활동으로 표현하기) • 진달래꽃과 관련된 그림책을 읽어 본다. (의사소통 – 읽기 – 책읽기에 관심가지기)
유 의 점	– 차를 준비하며 뜨거운 물을 사용할 때 안전에 주의한다. – 차를 마시는 예절을 지도한다.	

Story 2 "진달래꽃 차를 마시며 배우는 아이들"

▼ 진달래꽃 따기

▼ 진달래 화전

▼ 내가 만든 진달래꽃 찻잔

▼ 유치원 마당에 퍼지는 화전 냄새

놀이에 녹아 있는 누리과정 연령별 세부내용 엿보기

1. 자연탐구 – 탐구하는 태도 기르기 – 탐구과정 즐기기

3세	4세	5세
궁금한 점을 알아보는 과정에 흥미를 갖는다.	궁금한 점을 알아보는 탐구과정에 관심을 가지고 참여한다.	궁금한 점을 알아보는 탐구과정에 참여하고 즐긴다.

* 진달래꽃에 관해 궁금한 것들을 알아보며 진달래꽃 차를 만드는 방법에 참여하고 즐긴다.

2. 신체운동 • 건강 – 신체 인식하기 – 감각능력 기르고 활용하기

3세	4세	5세
감각기관을 인식하고, 활용해 본다.	여러 감각기관을 협응하여 활용한다	여러 감각기관을 협응하여 활용한다

* 진달래꽃 차를 마시며 향과 맛을 음미하고, 자연이 주는 선물에 감사한 마음을 갖는다.

Story 3 "진달래꽃 차 이야기"

"꿀맛이 나는 진달래 차야."

유리병에 담긴 진달래꽃 차에 호기심이 집중된다. 아이들이 작년 봄에 수락산에서 딴 진달래꽃을 꿀에 담가 놓았기 때문이다. 유리병 속에 담긴 진달래꽃은 모양은 변하지 않았는데 분홍색 꽃 색깔은 약간 갈색으로 변해 버렸다.

차를 준비하는 동안 지난 사월의 봄 동산을 회상하는 아이들의 얼굴이 상기된다.

봄 동산에 오른 것처럼 꽃 이야기에 참새들이 재잘재잘거리는 것처럼 하고 싶은 말을 신나게 이야기하며 서로 공감한다.

산에서 진달래꽃을 땄던 이야기, 진달래꽃으로 화전을 만들어 먹었는데 그때 너무 맛있었다고 말하기도 하고, 집에 가서 엄마랑 진달래꽃을 따서 또 만들어 먹었다는 이야기 등 할 말이 아주 많다. 친구들과 이전 경험을 이야기하며 그렇게 즐거워할 수가 없다.

"진달래 화전이 진짜 예뻤어. 그리고 맛있었어… 진짜 맛있었어요."

"나 그때 진달래꽃 많이 땄는데… 우리 그때 먹었지 진달래꽃? 수술은 빼고 먹었어. 선생님이 수술을 먹으면 안 된다고 그랬어."

"그리고 철쭉은 잎이 먼저 나오고, 진달래꽃은 꽃이 먼저 핀다."

등 진달래꽃에 대한 정보가 그동안 몸속에 숨어 있다가 꿈틀꿈틀 기어나오듯 진달래꽃 이야기에 시간가는 줄 모른다.

작년 봄에 산에 올라가서 진달래를 보고, 느끼고, 따먹었던 경험을 생생하게 기억하는 아이들이 그날을 회상하며 무척 좋아한다,

친구들끼리 즐거웠었던 일을 회상한다는 것이 얼마나 기쁜가!

진달래 기억 중에 '진달래 화전'을 만들어 먹었던 활동은 아이들이 가장 많이 즐거워하고 행복해하는 추억이다.

아이들의 많은 이야기를 들으며 '만약 진달래꽃을 봄에 피는 꽃 중의 하나로 암기했다면 이렇게 즐겁게 회상할 수 있을까?'하는 생각이 스친다.

'진달래는 봄에 피는 꽃이고 색은 분홍색, 잎보다 꽃이 먼저 피고, 꽃으로 화전을 해 먹는단다.'라고 봄에 피는 꽃의 한 종류로 진달래꽃을 배웠다면 지금의 반응이 나올 , 가 없다.

사월의 숲에서 진달래와 놀았던 경험은 어제 일처럼 선명하게 살아 있다.

잘 가르치는 것이 중요한 것이 아니라 아이들이 호기심을 갖고 스스로 배울 수 있는 환경을 제공해 주는 것이 얼마나 중요한지를 새삼 공감한다.

꿀에 담근 진달래꽃 차는 물을 끓여 김이 한 번 나간 후 부어서 마신다. 찻잔 앞에 다소곳이 앉아 있는 아이들의 눈빛이 호기심으로 반짝반짝 빛난다. 봄에 담근 진달래꽃 차 맛이 무척 궁금한 모양이다.

아이들이 직접 만든 도자기 잔에 진달래 차를 한 잔씩 따라주자 평소와는 다른 예절을 갖추고 조용히 차를 음미하며 마신다. 차를 소중히 여기는 태도가 보인다.

기침하는 친구들에게

"넌 기침하니까 진달래꽃 차 많이 마셔야겠다."

친구에게 진달래꽃 차가 기침과 기관지에 좋다는 정보도 알려 준다.

아이들은 진달래꽃 차를 마시며 자신의 생각과 느낌을 구체적으로 표현한다.

"음… 달콤한 맛이야. 선생님 고맙습니다."

"꽃이 들어 있으니까 예쁘다."

"꿀맛이 나는 진달래 차야."

"진달래차 맛에서 건포도 냄새가 나네."

"매실 차 맛도 나요."

"진달래 향기가 있어요."

아이들의 미세한 감각은 다양한 맛을 찾아서 느낀다. 아이들이 표현한 언어가 진달래꽃 차에 고스란히 숨어 있다.

* 이 글은 유아교사 전문잡지 '폴라리스'에 기재된 것임(2014).

찔레꽃 차

자연의 맛에서 행복을 경험한다.

Story 1 "찔레꽃과 놀아요."

>> 들어가기

"찔레꽃 차를 마시며 자연의 맛을 사랑해요."

찔레꽃 차를 마시는 아이들! 어렸을 때 행복한 경험은 세상을 아름답게 볼 수 있는 시각을 만들어 준다. 세상을 보는 긍정적인 시각은 자신을 존중하고 다른 사람과 행복한 생활을 하는 기초가 된다. 아이들은 숲에서 행복하게 사는 방법을 배운다.

지금 아이들의 입맛은 어떤 맛에 길들여지고 있나? 혹시 인공적인 맛에 길들여지고 있지는 않은지? 편리한 가공식품이 점점 발달하면서 그 맛에 기준을 두지 않을까 걱정 된다. 자연의 맛에 아이들을 노출시키자. 아무 첨가물도 없는 순수한 자연의 맛을 즐기는 아이들이 되게 하자. 깨끗한 맛, 자연 그대로의 맛에 익숙하도록 더 늦기 전에 서둘러야 하지 않을까?

>> 활동계획안

<table>
<tr><td rowspan="2">누리과정 관련요소</td><td colspan="2">자연탐구</td><td>탐구하는 태도 기르기</td></tr>
<tr><td colspan="2">신체운동 • 건강</td><td>신체 인식하기</td></tr>
<tr><td rowspan="4">어떻게 놀이할까?</td><td colspan="3">• 누구와 : 친구랑
• 어디서 : 봄 - 수락산 찔레꽃이 피어 있는 곳
• 무엇을 가지고 : 찔레꽃</td></tr>
<tr><td>이렇게 놀아요</td><td colspan="2">(1) 시작 : 찔레꽃을 관찰해요.
(2) 그리고 : 찔레꽃을 따왔어요.
(3) 마무리 : 친구들과 찔레꽃 차를 마셔요.</td></tr>
<tr><td colspan="3">누리과정과 연계되는 확장된 놀이</td></tr>
<tr><td>이렇게 놀아 보세요</td><td colspan="2">• 떨어진 찔레꽃을 이용하여 점토로 꽃 떡을 만든다.
(예술경험 – 예술적 표현하기 – 미술활동으로 표현하기)
• 가을에 찔레꽃의 열매를 탐색한다.
(자연탐구 – 탐구하는 태도 기르기 – 탐구과정 즐기기)
• 찔레꽃 잎이 몇 장으로 이루어졌는지 세어 본다.
(자연탐구 – 수학적 탐구하기 – 수와 연산 기초개념 알아보기)</td></tr>
<tr><td>유 의 점</td><td colspan="3">– 찔레꽃 차를 준비하며 뜨거운 물을 사용할 때 안전에 주의한다.
– 찔레꽃에 가시가 많아서 가위로 안전하게 자른다.</td></tr>
</table>

Story 2 "찔레꽃 차를 마시며 배우는 아이들"

▼ 찔레꽃 차를 기다리는 아이들

▼ 찔레꽃을 따는 아이들

▼ 찔레꽃을 땄어요.

▼ 찔레꽃 차

▼ 찔레꽃 차를 마시는 아이들

놀이에 녹아 있는 누리과정 연령별 세부내용 엿보기

1. 자연탐구 - 탐구하는 태도 기르기 - 탐구과정 즐기기

3세	4세	5세
궁금한 점을 알아보는 과정에 흥미를 갖는다.	궁금한 점을 알아보는 탐구과정에 관심을 가지고 참여한다.	궁금한 점을 알아보는 탐구과정에 참여하고 즐긴다.
* 찔레꽃에 관해 궁금한 것들을 알아보며 찔레꽃 차를 만드는 방법에 참여하고 즐긴다.		

2. 신체운동·건강 - 신체 인식하기 - 감각능력 기르고 활용하기

3세	4세	5세
감각기관을 인식하고, 활용해 본다.	여러 감각기관을 협응하여 활용한다.	여러 감각기관을 협응하여 활용한다.
* 찔레꽃 차를 마시며 향과 맛을 음미하고, 자연이 주는 선물에 감사한 마음을 갖는다.		

Story 3 "찔레꽃 차 이야기"

"차 맛이 훌륭합니다."

수락산에 찔레꽃이 하얗게 피어 있다.

이 꽃은 화려하지는 않지만 수수한 매력이 있는 꽃이다. 어디서나 흔히 볼 수 있는 꽃이라서 친구처럼 다정하게 느껴진다. 하얗게 피어 있는 꽃잎을 따서 먹으면 약간 떫은맛이 나는데, 자연이 주는 싱그러움 때문에 봄이 되면 이 꽃잎을 따서 먹는 것이 습관이 되었다.

벌써 꽃이 활짝 피었다. 꽃이 피는 것을 보며 완연한 봄이 된 것을 느낀다.

찔레 순과 꽃을 먹어 본 아이들은 찔레나무와 친하다. 숲에 갈 때마다 인사도 하고 꽃 가까이 다가가 코를 대고 냄새를 맡아보기도 한다.

아이들도 찔레꽃을 잘 따서 먹는다.

꽃잎을 한 장 따서 친구에게 건네주기도 한다. 꽃은 수수한데 향기는 진하다.

아이들은 찔레꽃을 한 바구니 따서 내려온다. 찔레꽃을 맑은 물에 살짝 씻은 후 커다란 연지 그릇에 담고, 뜨거운 물을 부으면 연한 연두색 찔레꽃 차가 우러난다.

밖에 있는 탁자에서 차를 마실 수 있도록 차상을 준비한다. 탁자보도 깔아 놓고 하얀 도자기 연지 그릇과 잔 받침, 도자기 잔도 준비해 놓는다. 들꽃도 한 손 가득 다관에 꽂아 놓으면 전통찻집 부럽지 않다.

숲에서 내려오는 순서대로 아이들이 찔레꽃 차를 마신다. 맛은 부드럽고 진한 맛이 나는데, 마시고 나면 입 안 가득 상큼한 자연의 향이 오래도록 머물러 있는데, 그 맛이 독특하다. 아이들은 호기심을 갖고 찔레꽃 차의 향과 색, 그리고 그 맛을 음미한다.

"기분이 좋은 맛이에요."
"꽃 맛이에요."
"수박 맛, 녹차 맛이 나는 것 같아요."
"차 맛이 훌륭합니다."
"아니, 물 맛 같아요."
등… 어떤 아이는 의외로 물 맛 같다고 하여 물을 마시고 와서 다시 한 번 찔레꽃 차를 마셔보자고 했더니
"맛이 달라요. 찔레꽃 차는 신맛과 단맛이 나요."
라며 자신의 이전 생각을 수정한다.

아이들은 차 마시는 시간을 무척 좋아한다. 찔레꽃 차와 상호작용하며 맛을 탐색하고 표현하는 데 익숙하다. 한 잔의 꽃 차는 감각적으로 표현하는 아이들에게 심미감, 지각능력. 상상력, 감성을 길러준다.

살랑살랑 봄바람이 불어 오는 정원에서 친구들과 함께 꽃 차를 마시며 즐기는 행복한 경험은 자신이 사랑받고 있다는 것을 느낄 것이다. 자신을 사랑하는 긍정의 힘을 키우기에 충분한 시간이다. 행복한 경험은 자신을 가치 있게 인식하게 되며 긍정적인 자아개념을 형성하는 기초가 된다.

찔레꽃 차를 마시며 아이들은 한 걸음 더 자신을 좋은 사람으로 여기는 시간을 갖게 된다.

진달래 화전

행복한 경험은 사회, 정서 발달을 돕는다.

Story 1 "진달래꽃과 놀아요."

>>들어가기

"자연에서 하는 공부가 행복해요."

꽃피는 사월이다. 아이들이 교실에 있어야 할 이유가 없다. 숲에 가면 봄의 변화를 알 수 있고, 아름다움을 느끼며 즐길 수 있다. 교육현장에서는 '봄'이라는 주제에 흥미와 관심을 갖도록 교수전략을 세우고 다양한 매체를 연구하지만, 어떤 첨단 교수매체보다 진달래꽃 한 송이로 봄의 아름다움을 더 잘 배우는 아이들이다. 꽃잎을 따먹으며 손끝에 닿는 부드러움과 입 안의 새콤한 맛, 눈과 입으로 먹는 아름다운 화전으로 아이들은 행복하다.

아이들은 일상에서 행복한 경험을 하는 것이 필요하다. 그들의 안정된 사회, 정서발달을 위해 우리는 무엇을 하고 있나? 아이들은 아주 단순한 놀이에서 행복을 느낀다. 햇볕을 쬐며 따뜻하다고 표현하며 행복한 표정을 짓는다. 숲에 올라 손을 뻗어 나뭇가지를 기울여 진달래꽃을 따며 행복한 미소를 짓는다. 그리고 예쁜 진달래 화전을 만들어 먹으며 아이들은 행복을 경험한다.

활동계획안

<table>
<tr><td rowspan="2">누리과정 관련요소</td><td colspan="2">자연탐구</td><td>탐구하는 태도 기르기</td></tr>
<tr><td colspan="2">신체운동 • 건강</td><td>건강하게 생활하기</td></tr>
<tr><td rowspan="4">어떻게 놀이할까?</td><td colspan="3">• 누구와 : 친구랑
• 어디서 : 봄 – 진달래꽃이 피어 있는 산과 정원
• 무엇을 가지고 : 진달래꽃, 찹쌀가루, 식용유 등</td></tr>
<tr><td>이렇게 놀아요</td><td colspan="2">(1) 시작 : 숲에서 진달래꽃을 관찰하고 딴다.
(2) 그리고 : 찹쌀반죽을 동그랗게 만들어 진달래꽃을 위에 얹어 화전을 만든다.
(3) 마무리 : 진달래 화전을 가정으로 보내어 가족과 즐거운 시간을 갖는다.</td></tr>
<tr><td colspan="3">누리과정과 연계되는 확장된 놀이</td></tr>
<tr><td>이렇게 놀아 보세요</td><td colspan="2">• 진달래와 철쭉을 비교하며 차이점을 알아본다.
(자연탐구 – 탐구하는 태도 기르기 – 탐구과정 즐기기)
• 진달래꽃을 관찰하여 세밀화를 그려 본다.
(예술경험 – 아름다움 찾아보기 – 미술적 요소 탐색하기)
• 진달래꽃 차를 만들어 겨울에 맛을 보며 봄을 회상하는 시간을 갖는다.
(의사소통 – 말하기 – 느낌, 생각, 경험 말하기)</td></tr>
<tr><td>유 의 점</td><td colspan="3">– 진달래꽃을 필요한 만큼만 따며 자연을 소중히 여기는 태도를 기른다.
– 가족과 화전을 먹어 본 이야기를 나누며 가족의 소중함을 경험한다.</td></tr>
</table>

Story 2 "진달래꽃과 놀며 배우는 아이들"

▼ 진달래 화전

▼ 진달래 화전 앞에서 "찰칵"

▼ 진달래 화전 만들기

▼ 진달래꽃을 관찰해요.

▼ 화전이 완성되고 있어요.

놀이에 녹아 있는 누리과정 연령별 세부내용 엿보기

1. 자연탐구 - 탐구하는 태도 기르기 - 탐구과정 즐기기

3세	4세	5세
궁금한 점을 알아보는 과정에 흥미를 갖는다.	궁금한 점을 알아보는 탐구과정에 관심을 가지고 참여한다.	궁금한 점을 알아보는 탐구과정에 참여하고 즐긴다.

* 진달래 화전을 먹으며 자연이 주는 이로움을 다양하게 경험한다.

2. 신체운동・건강 - 건강하게 생활하기 - 바른 식생활하기

3세	4세	5세
몸에 좋은 음식에 관심을 갖는다.	몸에 좋은 음식을 알아본다.	몸에 좋은 음식을 선택할 수 있다.

* 진달래 화전을 직접 요리하고 먹어 보는 경험을 통해 자연과 더 친근해지는 경험을 한다.

Story 3 "진달래 화전 이야기"

"진짜 예뻐요."

사월 중순이 되면 수락산에는 진달래꽃이 피기 시작한다. 큰 나뭇가지에 분홍색 꽃들이 부끄러운 듯 수줍게 피어 있는 모습이 아름다움을 더해 준다. 꽃잎이 비단처럼 얇고 부드러워 손끝에 닿는 느낌이 가냘프다.

지난 겨울 유난히 추워서인지 봄 햇살에 화사하게 피어 있는 진달래꽃이 이렇게 반가울 수가 없다.

진달래꽃은 화전을 만들기도 하고 차로 만들기도 한다. 진달래꽃 차는 꿀을 부어 저장해서 겨울에 차로 마시면 차 맛이 일품이다.

아이들이 진달래꽃을 따서 바구니에 담는다. 진달래화전을 만들 기대에 부풀어 열심히 꽃을 딴다. 수락산에 자생하는 진달래 나무는 오래되어서인지 대부분 아이들의 키보다 크고 잔가지들이 많아 꽃을 따기가 쉽지만은 않다. 그래도 아이들은 요리조리 궁리하여 잔가지들을 피해 잘도 딴다. 꽃을 따는 표정들은 진달래꽃만큼이나 밝고 화사하다.

산에서 따 온 진달래꽃은 수술을 떼어 내고 살짝 씻어 바구니에서 물기를 뺀다.

방앗간에서 찹쌀가루를 빻아 반죽을 해서 가져 온다. 찹쌀과 멥쌀을 7대 3의 비율로 하면 손에 붙지 않고 만들기에 좋다. 처음에는 방앗간에서 반죽해 오는 것을 몰라서 원에서 직접 익반죽을 했는데 여간 힘들지 않았다. 쌀가루에 물의 양을 조절하는 것도 쉽지 않다. 반죽이 질면 아이들이 화전 만들기가 어렵다. 방앗간에서 반죽을 부탁하여 반 숫자대로 덩어리를 만들어오니 준비하는 과정이 훨씬 수월하다.

아이들은 찹쌀 반죽을 동전만 한 크기로 떼어서 화전을 만든다. 진달래 화전 만드는 솜씨는 서툴지만 즐겁게 참여한다.

아이들이 만든 화전을 들고 나오면 유치원 마당에서 부지런히 부친다. 아이들은 요리하는 주변에 둘러서서 화전이 완성되어가는 과정을 지켜본다.

"맛있을 것 같아요."
"빨리 먹고 싶어요."
"진짜 예뻐요."
등… 고소한 기름 냄새와 꽃이 음식으로 변하는 과정이 신기한 듯 호기심 어린 눈으로 지켜보며 군침을 삼킨다.

접시에 화사한 진달래꽃 화전이 가득 채워진다. 보는 사람 모두를 감동시킨다.

아름다운 화전을 먹는 아이들의 입가에는 행복이 가득하다. 하얀 떡에 분홍빛 꽃잎은 우리 한국 전통의 색감이 잘 표현된 것이기도 하다.

해마다 사월이 되면 진달래 화전을 하니 유치반 아이들은 진달래 화전에 대한 지식이 많다. 가정에서 부모와 함께 경험한 내용까지 확장되어 전문 요리사가 다 된 것 같다. 아이들이 만든 화전을 용기에 담아 가정으로 보낸다. 각 가정으로 보내려면 여러 가지 준비해야 할 것이 많다. 그러나 아이들이 진달래에 대한 지식을 확장하는 교육적인 효과가 있기 때문에 이 일을 매년 고집한다. 가정에서 화전을 먹으며 가족들에게 자신의 경험을 이야기하는 즐거운 시간이 될 뿐만 아니라 가족들의 느낌과 생각을 공유하며 새로운 지식과 태도가 재구성되는 효과가 있다.

가끔 진달래 화전의 감동스토리를 듣는다. 진달래 화전을 온 가족이 나누어 먹기 위해 몇 조각으로 나누어 먹었다는 이야기, 할머니를 드리기 위해 냉동실에 넣어 보관했다가 드렸다는 이야기, 아빠를 드리기 위해 늦게까지 기다리다 잠이 든 이야기 등등 가정으로 전달한 진달래 화전은 가족의 사랑과 행복을 경험하는 데 도움이 된다.

새순 관찰

직접 관찰은 유아 스스로 자연의 변화를 안다.

Story 1 "새눈을 관찰하며 놀아요."

>> 들어가기

"새순을 관찰하며 인내하는 것을 배워요."

자연의 변화를 직접 경험하며 아이들은 시간의 흐름을 짐작한다. 새순을 먹고, 만져 보며 계절의 변화를 이해하고 교훈도 배운다. 이것은 자연이 알려주는 힘이다. 입학 초기에 숲에 오르면 몸을 조절하지 못해 넘어지기도 한다. 그러나 울퉁불퉁 고르지 못한 길이 오히려 아이들 신체의 각 부분을 협응하여 균형 있게 몸을 조절하도록 돕는다. 친구들의 걷는 속도를 따라가며 기본운동이 자연스럽게 이루어져 건강하고 튼튼하게 자란다.

식물이 살아가는 생태적 환경을 교실에서 교재와 언어만으로 가능할까? 봄, 여름, 가을, 겨울 식물의 변화과정을 사진을 보며 이해를 도울 수 있다고 안심해도 될까? 겨울동안 추위와 맞선 나무의 새순을 직접 관찰하는 아이들의 눈빛을 보지 않으면 잘 모른다. 나무의 새순처럼 인내하는 교훈을 배우지 않을까? 자연을 직접 만지며 사고하는 아이들을 상상해 보라.

>> 활동계획안

<table>
<tr><td rowspan="2">누리과정 관련요소</td><td colspan="2">자연탐구</td><td>탐구하는 태도 기르기</td></tr>
<tr><td colspan="2">예술경험</td><td>아름다움 찾아보기</td></tr>
<tr><td rowspan="5">어떻게 놀이할까?</td><td colspan="3">• 누구와 : 친구랑
• 어디서 : 봄 – 유치원 주변
• 무엇을 가지고 : 여러 가지 나무의 새순</td></tr>
<tr><td>이렇게 놀아요</td><td colspan="2">(1) 시작 : 숲에 갔어요.
(2) 그리고 : 봄을 알려 주는 새순을 발견해요.
(3) 마무리 : 새순을 만져 보며 이야기를 나눠요.</td></tr>
<tr><td colspan="3">누리과정과 연계되는 확장된 놀이</td></tr>
<tr><td>이렇게 놀아 보세요</td><td colspan="2">하나, 새순이 꽃이 되는 것과 잎이 되는 것을 관찰하여 구분한다.
(자연탐구 – 탐구하는 태도 기르기 – 호기심을 유지하고 확장하기)
둘, 새순에게 이야기하고 싶은 것을 말하고 동시로 구성한다.
(의사소통 – 듣기 – 동요, 동시, 동화를 듣고 이해하기)
셋, 하나의 새순을 정하여 사계절 나무의 변화를 관찰한다.
(자연탐구 – 탐구하는 태도 기르기 – 탐구과정 즐기기)</td></tr>
<tr><td>유 의 점</td><td colspan="3">– 새순을 함부로 따지 않도록 주의한다.
– 입학 초기이기 때문에 처음 숲에 가는 친구들을 위하여 함께 응원하며 오를 수 있도록 지도한다.</td></tr>
</table>

Story 2 "새순을 보고 배우는 아이들"

▼ 봄을 알려주는 새순

▼ 봄을 알리는 노란 산수유나무

▼ 새순을 관찰해요.

▼ 봄을 찾아 숲으로 가는 아이들

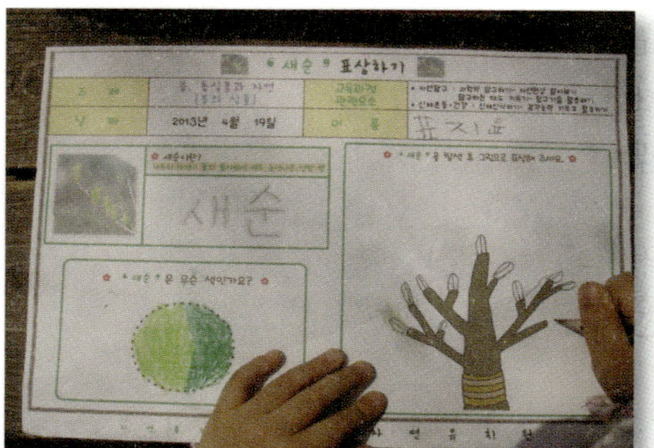

▼ 새순을 표현해요.

▼ 새순

놀이에 녹아 있는 누리과정 연령별 세부내용 엿보기

1. 예술경험 - 아름다움 찾아보기 - 미술적 요소 탐색하기

3세	4세	5세
자연과 사물의 색, 모양, 질감 등에 관심을 갖는다.	자연과 사물의 색, 모양, 질감 등에 관심을 갖는다.	자연과 사물에서 색, 모양, 질감, 공간 등을 탐색한다.
* 새순의 아름다움을 보며 미술적 요소를 탐색한다.		

2. 자연탐구 - 탐구하는 태도 기르기 - 호기심을 확장하고 유지하기

3세	4세	5세
주변 사물과 자연세계에 대해 호기심을 갖는다.	주변 사물과 자연세계에 대해 지속적으로 호기심을 갖는다.	주변 사물과 자연세계에 대해 지속적으로 호기심을 갖고 알고자 한다.
* 새순의 아름다움과 새순 주변의 자연물에 대해 호기심을 갖고 탐색한다.		

Story 3 "새순을 발견한 이야기"

"이것 봐. 나무가 안 죽었어."

수락산으로 봄을 만나러 가는 아이들의 발걸음이 신난다.

숲을 올라가는 초입에 커다란 산수유나무 한 그루에 꽃이 노랗게 피었다. 아이들은 "와!" 하고 함성을 지르며 한동안 걸음을 멈추고 봄 풍경의 아름다움을 감상한다. 일주일 전만 해도 노란 꽃이 피지 않았는데 활짝 개화한 꽃을 보니 시간의 흐름을 알 수 있다.

가시가 잔뜩 나 있는 두릅나무 새순도 도톰하게 올라온다.

찔레나무 가지에도 새순이 삐죽 고개를 내밀었다. 어렸을 적 찔레 순을 먹었던 기억이 생각나서 새순을 따서 씹어 보니 옆에서 지켜보던 아이들도 먹고 싶다고 한다. 새순을 따서 주었더니 조심스럽게 입에 넣고 꼭꼭 씹어 본다. 찔레 순 먹는 것을 처음 본 아이들은 고개를 절레절레 흔들며 어떻게 나무에서 순을 따서 먹는지 이상하다는 듯 두 눈을 동그랗게 뜨고 쳐다 본다.

한참을 친구들이 먹는 것을 보더니 스스로 맛보기를 시도한다. 새순을 입에 넣고 얼굴표정이 일그러지는 것을 보니 잔뜩 겁을 먹고 있는 듯하다. 그도 그럴 것이 새순이지만 찔레 순은 약간 꺼칠꺼칠한 느낌이다. 그러나 생각했던 것보다 맛이 괜찮은지 이내 표정이 밝아지고 먹을 수 있겠다는 눈치다.

숲에서 봄마다 따서 먹었던 경험이 있는 아이들은 찔레 순 맛이 토마토 맛, 오이 맛이 난다고 하며 직접 따서 먹는다.

찔레나무 어린 순을 꼭꼭 씹으며 자연이 주는 신선한 맛에 한 발짝 가까이 다가가는 아이들의 표정이 찔레 순 맛과 똑 닮았다.

아이들에게 찔레꽃이 하얗게 피면 꽃 차를 만들기로 약속하고 숲길을 따라 계속 오른다. 숲길을 걸으며 새순을 먹고 맛을 경험한 이야기를 친구와 나누며 봄의 변화를 이야기하는 아이들이 무척 행복해 보인다.

숲이 참 고맙다. 아이들에게 계절의 변화를 가장 잘 알려 주니 말이다. 떡갈나무도 어느새 물이 올라 새순이 돋아나 봄이 왔음을 말해 준다.

나뭇가지마다 삐죽삐죽 나온 통통한 새순을 아이들이 손으로 만져 본다.

"춥겠다."

"이것 봐, 나무가 안 죽었어."

추운 겨울을 이겨낸 나무를 대단하다고 느낀다.

진달래도 금방이라도 터질 듯 통통한 꽃눈으로 아이들을 반긴다.

겨울눈에 대해서 사전 경험이 있는 아이들은 여러 가지 나뭇가지를 찾아 다니며, 나무마다 모양이 다른 새순을 관찰하며 계절의 변화와 살아 있는 생명의 힘을 온몸으로 느낀다. 새순이 돋아난 것을 관찰하다 보면 절로 힘이 난다. 이른 봄 자연이 주는 힘이다.

산 중턱에 오르자 바람이 쌩쌩 분다.

T: "봄에 부는 바람은 무슨 바람일까?"

C: "봄바람."

T: "겨울에 부는 바람은?"

C: "겨울바람."

봄바람과 겨울바람이 계절을 두고 서로 씨름하는 듯 쌩쌩 분다.

봄에 부는 바람이 겨울 동안 잠자고 있는 나무들을 깨우고 새순으로 인사하는 것 같다.

바람부는 날 씩씩하게 올라오는 친구들에게 서로 잘했다고 좋아한다. 울퉁불퉁한 길을 걷기는 쉽지 않다. 아이들은 서로서로

"힘내라, 힘내라."

라고 응원하면서 용기를 준다.

친구들의 응원이 힘이 되어 한 명도 낙오자 없이 목적지까지 모두 오른다.

돕고 나눈 이야기 〈4〉

4 돕고 나눈 이야기 〈4〉

생명과 환경의 중요성을 안다. **도토리 이야기**

Story 1 "도토리와 놀아요."

>>들어가기

"도토리와 놀며 사회적 가치를 배워요."

숲에서 도토리와 놀다 보면 자연스럽게 자연생태계를 아이들의 눈 높이로 이해한다. 도토리를 먹고 사는 동물을 말하고 그들의 필요를 챙긴다. 그리고 동물을 사랑하는 마음을 언어로 즐겁게 이야기하며 친구들과 맞장구치며 공감한다. 그리고 동물들과 더불어 살아가야 한다고 자신의 목소리를 내어 세상을 향해 외치며 동물을 보호하는 태도를 기른다.

아이들은 자연생태계를 어떻게 이해할까? 사람과 자연이 어떻게 공존하는지 이 어려운 것을 쉽게 이해하는 방법은 없을까? 숲에서 지내는 시간이 많을수록 자연생태계를 이해하는 데 도움이 되지 않을까? 사람들이 자연과 함께 살아가는 생활을 경험하며 일상생활에서 느껴야 하지 않을까?

>> 활동계획안

<table>
<tr><td rowspan="2">누리과정 관련요소</td><td colspan="2">신체운동 • 건강</td><td>바깥에서 신체활동하기</td></tr>
<tr><td colspan="2">자연탐구</td><td>탐구하는 태도 기르기</td></tr>
<tr><td rowspan="4">어떻게 놀이할까?</td><td colspan="3">• 누구와 : 친구랑
• 어디서 : 가을 – 도토리 나무 아래
• 무엇을 가지고 : 도토리</td></tr>
<tr><td>이렇게 놀아요</td><td colspan="2">(1) 시작 : 도토리 나무 아래서 도토리를 주워서 놀아요.
(2) 그리고 : 도토리 맛을 직접 체험하며 도토리를 먹고 사는 동물에 대해 이야기해요.
(3) 마무리 : 도토리를 보호하는 의견을 게시판으로 만들어 숲에 걸어요.</td></tr>
<tr><td colspan="3">누리과정과 연계되는 확장된 놀이</td></tr>
<tr><td>이렇게 놀아 보세요</td><td colspan="2">• 아이들이 다람쥐가 되어 도토리를 숨기고 찾아보는 놀이를 한다.
(사회관계 – 다른 사람과 더불어 생활하기 – 친구와 사이좋게 지내기)
• 도토리를 이용하여 묵을 만들어 먹는다.
(자연탐구 – 탐구하는 태도 기르기 – 탐구과정 즐기기)
• 도토리를 바구니에 담으며 수를 세어 본다.
(자연탐구 – 수학적 탐구 – 수와 연산의 기초개념 알아보기)</td></tr>
<tr><td>유 의 점</td><td colspan="3">– 도토리 맛을 볼 때 거위벌레 알이 들어 있는지 확인한다.
– 도토리 열매를 줍다가 밤 가시에 손이 찔리지 않도록 주의한다.</td></tr>
</table>

Story 2 "도토리와 놀며 배우는 아이들"

▼ 내가 찾은 도토리

▼ 도토리묵 만들어요.

▼ 도토리를 주웠어요.

▼ 모자에 도토리 가득

놀이에 녹아 있는 누리과정 연령별 세부내용 엿보기

1. 자연탐구 - 과학적 탐구하기 - 생명체와 자연환경 알아보기

3세	4세	5세
생명체를 소중히 여기는 마음을 갖는다.	생명체를 소중히 여기는 마음을 갖는다.	생명체를 소중히 여기는 마음을 갖는다.

* 도토리가 다람쥐의 주 먹이인 것을 알고, 다람쥐를 소중히 여기는 마음으로 도토리를 남겨둔다.

2. 자연탐구 - 과학적 탐구하기 - 호기심을 유지하고 확장하기

3세	4세	5세
주변 사물과 자연세계에 대해 호기심을 갖는다.	주변 사물과 자연세계에 대해 지속적으로 호기심을 갖는다.	주변 사물과 자연세계에 대해 지속적으로 호기심을 갖고 알고자 한다.

* 주변에 있는 도토리를 관찰하며 자연세계에 대한 호기심을 확장한다.

Story 3 "도토리 이야기"

"다람쥐가 도토리 못 먹으면 배고프죠?"

수락산은 참나무 종류들이 많아서 귀엽게 생긴 도토리를 어디서든 쉽게 볼 수 있다. 이 열매는 아이들이 좋아하는 열매로 숲에서 즉석 놀잇감이 된다.

졸참나무의 열매는 길쭉한 타원형으로 생겨서 팽이가 되기도 하고 굴참나무나 떡갈나무 깍정이는 털 모양의 포들이 있어서 인형 모자로 사용하기도 한다. 털 모양의 포들이 인형의 머리카락처럼 보인다.

아이들은 숲에서 열매들을 발견할 때마다 그냥 지나치는 법이 없다. 걸음을 멈추고 만져 보며 스스로 관찰하는데 그 모습이 진지한 꼬마 과학자다. 자연의 변화에 민감하게 반응하며 열매의 모양과 색, 맛 등을 탐구한다. 나무에서 금방 떨어진 도토리를 주워서 맛을 보기도 한다. 먹어 보면 입 안이 떫고 텁텁한데도 맛보는 것을 아주 흥미로워한다.

도토리 열매를 맛보며 미각을 통해서 자연을 이해하는 아이들이다.

가을 숲 나들이는 계절의 변화를 온몸으로 느끼고 사람들의 일상 생활을 자연스럽게 이해하는 견학장소가 되기도 한다.

한참 도토리가 나오는 가을 무렵이면 배낭을 메고 도토리를 줍는 사람들을 종종 만난다. 배낭이 불쑥 튀어나올 만큼 주워 가는 것을 볼 수 있다.

도토리는 가정에서 쉽게 묵을 만들어 먹을 수 있는 음식재료가 되기 때문에 많은 사람이 숲에서 주워간다. 숲에 사는 야생동물의 먹잇감이 자연적으로 줄어들게 되어 걱정이다. 아이들도 다람쥐가 배고플까 봐 걱정이란다.

"사람들이 도토리 다 주워가면 안 되죠?"

알면서도 묻는다. 정말 주워 가면 안 된다는 뜻을 말하고 싶어 하는 말이다.

"다람쥐가 도토리 못 먹으면 배고프죠?"
"다람쥐가 불쌍하다…."
"너 도토리 집에 가지고 가지마. 여기다 다시 두고 가."
도토리를 주머니에 넣었던 아이들도 숲에 꺼내 놓는다. 집에 가서 엄마도 보여 주고 동생도 보여 주며 도토리 자랑을 실컷 하고 싶은데 숲에 두고 가려니 무척 아쉬운 모양이다. 미련이 남는지 숲에 떨어진 도토리를 뒤돌아보며 걸어간다.
아이들은 도토리를 많이 주워가는 사람들로부터 도토리를 보호하자는 의견이 나온다.
도토리를 줍는 사람들이 볼 수 있도록 표지판을 만든다. 글자를 적어서 나무에 걸어두면 사람들이 그것을 보고 도토리를 줍지 않을 거란다.
"안 돼요... 도토리 줍지 마세요."
"다람쥐가 배고프니까 도토리 줍지 마세요."
"경찰에 신고해요."
등… 아이들의 의견을 정리해서 '다람쥐가 배고파요 조금만 주워가세요.'라는 문장으로 결정하여 표지판에 적어서 나무에 걸어 놓는다. 산에 사는 동물을 위해서 자연보호에 참여한 아이들의 표정이 살아난다. 동물을 사랑하는 마음을 실천한 자부심으로 꽉 차 있다. 스스로 약속을 지키며 다람쥐가 먹을 수 있도록 도토리를 남겨두고 내려오는 발걸음이 신난다.

* 이 글은 의정부시 월간지 '행복소식'에 기재된 것임(2014).

친자연적인 성향은 자연에서 보내 시간만큼 비례한다.

동물 먹이주기

Story 1 "동물에게 먹이를 주며 놀아요."

>> 들어가기

"동물의 먹이를 주며 동물을 사랑하는 태도를 길러요."

친자연적인 성향은 자연에서 놀다 보면 자연스럽게 길러진다. 봄, 여름, 가을, 겨울 사계절을 숲에서 지내다 보면 자연스럽게 동물들을 가족처럼 여기는 따뜻한 말들이 오고 간다. 추운 계절 어려움에 처한 동물을 생각하고 그들의 필요를 준비하여 실천하며 동물에 대한 사랑이 생긴다. 이러한 작은 경험들이 모여서 긍정적인 자아개념을 형성하고 자신의 일을 스스로 주도하는 사람이 된다.

동물이 살아가는 환경에서 놀아 보지 않은 아이들에게 동물을 사랑하라고 언어로 전달하면 과연 얼마만큼 그 의미가 전달될까? 동물이 살아가는 자연환경에서 놀다 보면 그들의 생활을 이해하고 자연스럽게 그들의 필요를 알게 되지 않을까? 머리로 이해한 것을 직접 실천하며 생각과 느낌, 경험을 통해 동물을 사랑하는 태도가 길러지지 않을까?

>> 활동계획안

<table>
<tr><td rowspan="2">누리과정 관련요소</td><td>자연탐구</td><td>탐구하는 태도 기르기</td></tr>
<tr><td>사회관계</td><td>나를 알고 존중하기</td></tr>
<tr><td rowspan="4">어떻게 놀이할까?</td><td colspan="2">• 누구와 : 친구랑
• 어디서 : 겨울 – 눈 덮인 숲 속
• 무엇을 가지고 : 땅콩, 쌀, 콩 등</td></tr>
<tr><td>이렇게
놀아요</td><td>(1) 시작 : 동물의 겨울나기에 관련된 도서를 보며 이야기한다.
(2) 그리고 : 동물의 먹잇감을 모은다.
(3) 마무리 : 눈 덮인 숲으로 가서 동물의 먹잇감을 나눠 준다.</td></tr>
<tr><td colspan="2">누리과정과 연계되는 확장된 놀이</td></tr>
<tr><td>이렇게
놀아
보세요</td><td>하나. 어떤 동물들이 먹잇감을 먹는지 상상해서 그림으로 표현한다.
(예술경험 – 예술적 표현하기 – 미술활동으로 표현하기)
둘. 동물들이 먹잇감을 먹으며 무슨 생각을 할까 말풍선 채우기 놀이를 한다.
(의사소통 – 쓰기 – 쓰기에 관심가지기)
셋. 동물들의 먹잇감의 종류를 알아본다.
(자연탐구 – 수학적 탐구 – 기초적인 자료 수집과 결과 나타내기)</td></tr>
<tr><td>유 의 점</td><td colspan="2">– 동물의 먹잇감을 흩어 뿌리지 않고 모아서 길가에 놓는다.
– 숲에 갈 때 겨울방한화 착용한다.</td></tr>
</table>

Story 2 "동물에게 먹이를 주며 배우는 아이들"

▼ 우리가 주는 사랑입니다.

▼ 내가 준비한 동물먹이

▼ 누가 먹을까?

▼ 먹이를 주러 가는 아이들

▼ 춥지만 즐거워요.

놀이에 녹아 있는 누리과정 연령별 세부내용 엿보기

1. 자연탐구 – 탐구하는 태도 기르기 – 탐구과정 즐기기

3세	4세	5세
궁금한 점을 알아보는 과정에 흥미를 갖는다.	궁금한 점을 알아보는 탐구과정에 관심을 가지고 참여한다.	궁금한 점을 알아보는 탐구과정에 참여하고 즐긴다.

* 동물을 관찰하며 동물의 생김새와 특성 등을 다양하게 경험한다.

2. 사회관계 – 나를 알고 존중하기 – 나의 일 스스로 하기

3세	4세	5세
내가 할 수 있는 일을 알아본다.	내가 할 수 있는 일을 해 본다.	내가 할 수 있는 일을 스스로 한다.

* 내가 스스로 동물에게 먹이를 주는 일을 하며 동물의 소중함을 느낀다.

Story 3 "동물에게 사랑을 실천한 이야기"

"새들이 숨어서 보고 있어."

유치원 생활주제가 겨울이다. 아이들은 겨울철 날씨와 자연의 변화, 겨울 풍경 즐기기, 사람들의 겨울나기, 다양한 동식물의 겨울나기 등 겨울 생활에 관심을 갖고 활동을 한다.

아이들은 동물의 겨울나기에 관심이 많다.

올겨울은 유난히 눈이 많이 내렸다.

'추운 겨울 동물들은 어떻게 겨울을 지내고 있을까?'

'숲 속에 새들은 어떻게 지내고 있지?'

'숲 속의 다람쥐는 배고프지 않을까?'

'다람쥐는 가을에 도토리를 모아 땅속에 숨겨 두고 먹는다는데 이렇게 눈이 많이 내리면 잘 찾아서 먹을 수 있을까?'

동물들의 겨울나기를 이야기 나누다 보면 숲에 사는 동물들이 배고플까 봐 걱정이다. 눈이 많이 내리면 먹이를 못 찾을까 봐 불쌍하다고 하며 먹잇감을 갖다 주고 싶어 한다.

아이들은 동물의 먹이가 되는 쌀, 보리, 콩, 땅콩, 아몬드 등을 모은다.

동물의 입장에서 보면 폭설로 인해 자연재해가 난 것이다.

사람들이 재해가 나면 구호현장에 달려가듯이 아이들도 동물들의 먹이를 들고 숲으로 간다.

숲길이 순백색 도화지처럼 보인다. 온통 하얀 눈에 덮여 있다. 하얀 숲길이 얼마나 깨끗한지 발로 밟기가 미안할 정도다. 아이들도 이 아름다운 겨울 숲 풍경에 감동한다. 하얀 눈이 덮인 겨울 숲에서 자연의 아름다움에 푹 빠졌다. 자연이 만들어 준 하얀 선물을 만끽한다.

며칠 전부터 내린 눈이 녹지 않고 쌓이고 또 쌓여서 만들어진 작품이다. 눈이 너무 많이 쌓여서 어른이 걷기도 힘들다. 아이들도 눈에 발이 푹푹 빠지니 신체의 균형 잡기가 어려울 수밖에 없다. 그래도 새로운 경험에 신이 나 눈길을 헤치고 산길을 오른다.

날씨는 춥고 손과 발도 시리다. 그러나 아이들의 얼굴 표정을 보면 배고픈 동물들을 생각하며 인내해야 한다는 굳은 각오가 보인다.

자신의 추위보다는 배고픈 동물을 더 생각하는 것 같다.

동물들이 잘 다닐 수 있는 숲에 도착하여 먹이를 준다. 하얀 눈밭에 동물들이 잘 보일 수 있도록 길가에 먹이를 흩어 뿌리지 않고 한 주먹씩 잘 놓는다.

"여기 먹이가 있는 것을 다람쥐가 어떻게 알지?"

"다람쥐들이 오늘 저녁에 파티하겠네."

"새들이 숨어서 보고 있어."

"다람쥐가 잘 볼 수 있도록 여기다 놓자."

눈에서 새 발자국을 발견한 아이들은

"여기 새가 사나 봐. 여기다 많이 놓자."

"얘들아, 자연유치원 친구들이 우리 먹으라고 맛있는 것을 놓았다고 하겠지."

동물의 먹이를 즐겁게 나누며 상호작용하는 아이들이 무척 행복하게 보인다.

아이들은 누군가에게 도움이 되는 것을 매우 자랑스럽게 여긴다. 오늘 동물의 먹이를 나누며 행복이 무엇인지를 배우고 있다. 아이들이 표현하는 언어나 몸짓, 표정 속에서 읽을 수 있다.

추운 날씨지만 배고픈 동물들을 배려하는 마음을 실천하다 보니 잠시 추위도 잊는다.

숲에 사는 동물과 함께 살아가야 한다는 것을 깨달으며 협력자가 되기를 자처한 아이들이 대견하다. 이런 의미 있는 경험은 자신을 긍정적으로 인식하며 자신의 가치관을 형성하는 데 기초가 된다.

서로 돕고 나누는 성향을 계발한다.

외나무다리

Story 1 "외나무다리에서 놀아요."

>>들어가기

"외나무다리에서 놀며 더불어 사는 것을 배워요."

대부분의 아이들은 문제를 만나면 자신의 모든 신체기관을 이용하여 스스로 문제를 해결하려는 주도적인 성향을 갖고 있다. 문제는 성인이다. 조금만 도와주면 빠른 시간 안에 문제를 해결하기 때문에 아이들에게 생각할 수 있는 시간을 주지 않는다. 도움을 주고 싶은 마음을 절제하자. 외나무다리를 건너지 못하는 문제를 스스로 해결하며 즐거워하는 아이들이다. 서로 돕고 살아가는 기술을 시도하여 친구와 즐거운 시간을 보내며 다른 사람과 더불어 생활하는 태도를 기른다.

유아기의 친사회적 행동발달이 중요하기 때문에 교사는 성심을 다해 가르친다. '나와 다른 사람의 행복을 위해 서로 돕고 살아가는 것'이라고. 이것을 숲에서 놀며 놀이 상황 속에서 배울 수 있도록 기회를 주면 어떨까? 숲 놀이를 하며 만나는 문제를 친구들과 사이좋게 해결하며 도움을 주고받는 경험을 통해 좋은 감정을 맛보아야 하지 않을까? 그 맛을 알면 친사회적인 성향으로 자라지 않을까?

>> 활동계획안

<table>
<tr><td rowspan="2">누리과정 관련요소</td><td>신체운동 • 건강</td><td>신체조절과 기본운동하기</td></tr>
<tr><td>사회관계</td><td>나를 알고 존중하기</td></tr>
<tr><td rowspan="4">어떻게 놀이할까?</td><td colspan="2">• 누구와 : 친구랑
• 어디서 : 이른 봄 - 숲 속 고사목 주변
• 무엇을 가지고 : 외나무다리</td></tr>
<tr><td>이렇게 놀아요</td><td>(1) 시작 : 숲에서 즐겁게 자유놀이를 한다.
(2) 그리고 : 고사목 위에서 신체를 조절하여 건너는 놀이를 한다.
(3) 마무리 : 친구와 사이좋게 노는 방법을 알고 실천한다.</td></tr>
<tr><td colspan="2">누리과정과 연계되는 확장된 놀이</td></tr>
<tr><td>이렇게 놀아 보세요</td><td>• 고사목 주변에는 어떤 생물이 살고 있는지 탐색하는 놀이를 한다.
(자연탐구 – 과학적 탐구하기 – 생명체와 자연환경 알아보기)
• 나무의 성장과정에 대해 알아본다.
(자연탐구 – 탐구하는 태도 기르기 – 탐구과정 즐기기)
• 나뭇가지를 주워서 고사목을 두들기며 리듬에 맞춰 노래를 부른다.
(예술경험 – 예술적 표현하기 – 음악으로 표현하기)</td></tr>
<tr><td>유 의 점</td><td colspan="2">– 고사목이 너무 썩어서 위험하지 않은지 점검한다.
– 고사목 아래에 위험한 것이 없는지 확인한다.</td></tr>
</table>

Story 2 "외나무다리에서 놀며 배우는 아이들"

▼ 친구야 내가 손잡아 줄 게.

▼ 양팔을 뻗고 건너요.

▼ 외나무다리 놀이

놀이에 녹아 있는 누리과정 연령별 세부내용 엿보기

1. 신체운동•건강 - 신체조절과 기본운동하기 - 신체조절하기

3세	4세	5세
신체 각 부분의 움직임을 조절해 본다.	신체 각 부분을 협응하여 움직임을 조절한다.	신체 각 부분을 협응하여 움직임을 조절한다.
* 자신의 신체를 잘 조절하여 외나무다리 건너기를 통해 신체조절 능력을 향상한다.		

2. 사회관계 - 다른 사람과 더불어 생활하기 - 친구와 사이좋게 지내기

3세	4세	5세
친구와 함께 놀이한다.	친구와 협동하여 놀이한다.	친구와 협동하여 놀이한다.
* 외나무다리를 친구와 함께 건너며 협동의 소중함을 경험한다.		

Story 3 "외나무다리 이야기"

"내가 손잡아 줄 게. 너 건널래?"

사월의 숲은 아직도 앙상한 나뭇가지만이 하늘을 향해 서 있다.

지난겨울 거센 찬바람을 잘 이겨내고 우뚝 서서 산을 지키고 있는 나무들이 듬직하다. 커다란 참나무와 나무껍질이 흰색인 자작나무가 하늘을 향해 쭉쭉 뻗어 있고, 밑에는 마른 풀과 잡목들이 숲을 채우고 있다. 어서 빨리 따뜻한 봄바람이 초록색 옷으로 갈아 입혀 주기를 기다리고 있는 듯하다.

숲 속 여기저기에 그동안 나뭇잎에 가려져 잘 보이지 않았던 고사목들이 드문드문 눈에 띈다. 숲이 오랫동안 살아 온 흔적들이다.

숲에 쓰러져 있는 고사목은 아이들에게 즐거운 놀이터가 된다. 움푹 파인 곳에 고사목이 걸쳐 있는 것을 발견하고 외나무다리 건너는 놀이를 한다. 고사목의 두께가 작아서 아이들은 발을 몇 번 옮기지도 못하고 나무 밑으로 떨어진다. 뒤 따라오는 아이도 역시 떨어진다.

외나무다리에서 몸의 균형 잡기가 어려운 모양이다.

처음에는 주머니에 손을 넣고 건너더니 다음에는 주머니에서 손을 빼고 양팔을 날개처럼 펴서 수평이 되도록 몸을 조절하며 건넌다. 그래도 통나무 끝까지 걸어가는 것을 성공하지 못하고 나무 중간에서 떨어지기를 반복한다.

한참을 고심하더니 아이들 중의 한 여자 아이가 문제를 해결하려고 친구에게 도움을 주려고 말을 건넨다.

"내가 손잡아 줄 테니 너 건널래?"

그러자 그 말을 들은 친구도 기다렸다는 듯이 이렇게 말을 한다.

"그래, 나도 너 도와줄 게."

이 아이들이 모델이 되어 다른 친구들도 서로 번갈아 가며 손을 잡아 주며 즐겁게 외나무다리 건너는 놀이를 한다.

한쪽 손을 잡아 주어도 신체의 균형을 잡지 못하고 떨어지는 아이들은 두 명의 친구들이 양쪽에서 손을 잡아 주며 건너가도록 도움을 준다.

이 단순한 놀이를 얼마나 즐거워하며 오랫동안 지속하는지 정말 순수한 아이들이다.

교사가 문제를 해결해 주지 않고 기다려 준 것이 오히려 아이들의 친사회적인 성향을 계발하는 기회로 연결된다.

숲에 쓰러져 있는 고사목이 아이들의 훌륭한 인성을 기르는 학습도구가 된다.

숲에서 일어나는 문제들을 친구와 서로 협력해서 해결하도록 교사는 인내심을 갖고 기다려야 한다는 것을 새삼 느낀다. 교사의 기다림은 아이들이 창의적인 생각의 문을 여는 시간이기 때문이다.

아이들의 인성을 기른다.

우리가족 행복 만들기

Story 1 "가족과 놀아요."

>>들어가기

"가훈을 쓰며 가족의 소중함을 배워요."

영유아기에 가정에서의 역할은 매우 중요하다. 가정이 건강해야 아이들이 건강하게 자라기 때문이다. 숲에서 가족과 함께 우리 집 가훈을 정하고 써 보는 활동은 큰 의미가 있다. 가족과 얼굴을 마주하고 앉아 아빠의 생각, 엄마의 생각을 듣고 나의 생각도 말하며 가족애를 경험하는 시간이다. 가족이 지켜야 하는 덕목을 정하여 자연의 도구로 직접 써 보며 인성이 바른 아이로 자란다.

오월 가정의 달에 가족이 모여서 서로 얼굴을 맞대고 즐겁게 이야기 나누는 시간을 갖는다면 아빠의 기분은 어떨까? 또 엄마의 기분은? 아이는? 요란한 이벤트가 아니어도 가족이 서로 얼굴을 바라보며 이야기에 공감하고 서로 인정하며 같은 주제로 이야기를 나눈다면 건설적인 가족초청행사가 되지 않을까? 그것도 잔잔히 흘러가는 계곡물 소리를 듣는 숲에서 한다면?

>> 활동계획안

<table>
<tr><td rowspan="2">누리과정 관련요소</td><td colspan="2">자연탐구</td><td>과학적 탐구하기</td></tr>
<tr><td colspan="2">신체운동 • 건강</td><td>신체 인식하기</td></tr>
<tr><td rowspan="5">어떻게 놀이할까?</td><td colspan="3">• 누구와 : 친구랑
• 어디서 : 봄 – 숲속 계곡
• 무엇을 가지고 : 먹물, 한지로 만든 부채</td></tr>
<tr><td>이렇게 놀아요</td><td colspan="2">(1) 시작 : 가족이 모여서 가훈에 대하여 충분히 이야기하고 정한다.
(2) 그리고 : 숲에 있는 자연물로 글자를 쓸 수 있는 도구를 찾는다.
(3) 마무리 : 자연의 도구를 사용하여 가훈을 한지 부채에 먹물로 써 본다.</td></tr>
<tr><td colspan="3">누리과정과 연계되는 확장된 놀이</td></tr>
<tr><td>이렇게 놀아 보세요</td><td colspan="2">• 숲에 가훈을 전시하고 감상하며 이야기한다.
(의사소통 – 말하기 – 느낌, 생각, 경험 말하기)
• 부채를 자연물로 아름답게 꾸민다.
(예술경험 – 예술적 표현하기 – 미술활동으로 표현하기)
• 이웃가족과 서로 가훈을 이야기하는 시간을 갖는다.
(사회관계 – 다른 사람과 더불어 생활하기 – 사회적 가치를 알고 지키기)</td></tr>
<tr><td>유 의 점</td><td colspan="3">– 사전에 '좋은 가훈'을 선정하여 부모가 참고하도록 제시한다.
– 자녀의 의견을 반영하도록 지도한다.
– 먹물이 옷에 묻지 않도록 지도한다.</td></tr>
</table>

Story 2 "가족과 놀며 배우는 아이들"

▼ 부모 참여 수업

▼ 숲에서 쓰는 도구를 찾았어요.

▼ 우리 집 가훈을 이야기해요.

▼ 가족이 모여 의논해요.

▼ 우리집 가훈을 써 봐요.

▼ 수락산 계곡에서 행복한 시간

놀이에 녹아 있는 누리과정 연령별 세부내용 엿보기

1. 자연탐구 – 과학적 탐구하기 – 간단한 도구와 기계 활용하기

3세	4세	5세
도구와 기계의 편리함에 관심을 갖는다.	도구와 기계의 편리함에 관심을 갖는다.	변화하는 새로운 도구와 기계에 관심을 갖고 장단점을 안다.
* 자연의 도구를 사용하여 가훈을 한지부채에 쓰는 경험을 갖는다.		

2. 사회관계 – 가족을 소중히 여기기 – 가족과 화목하게 지내기

3세	4세	5세
가족의 소중함을 안다.	가족의 소중함을 안다.	가족의 의미와 소중함을 안다.
* 가족과 함께하는 활동을 통해 가족의 소중함을 새롭게 느끼는 경험을 한다.		

Story 3 "풀뿌리로 쓴 가훈 이야기"

"우리 가족이 어떻게 살아야 할지 생각했어요."

오월이 되면 학부모를 초청하여 숲에서 활동한다.

학기 초 숲 활동의 이해를 돕는 시간이 되기도 하고, 자녀들의 놀이 장소인 숲을 직접 경험하며 즐거운 시간을 갖는다. 행사의 주제는 교육주제와 연계된 확장 활동으로 한다.

아이들의 활동주제가 '소중한 가족'이다. '가족이 하는 일', '가족에 대한 고마움', '가족에 대한 예절', '웃어른에 대한 공경' 등 유아기에 가족의 소중함을 알고, 가족의 일원으로 협력하고 배려하는 태도를 기르는 활동들이 진행 중이다.

행복한 가족을 생각하며 오월의 숲에서 '우리 집 가훈 만들기' 활동을 계획하고 실천해 본다.

요즘 가족 구조가 대가족에서 핵가족으로 변화하며 한집안의 어른이 자손에게 전해 내려오는 가르침이 소원해지고 있다. 이런 현실에서 가족의 생활지침이 되는 가훈을 만들면서 각 가정의 삶의 지표가 되어 건강한 가정으로 다지는 시간이다.

아이들은 부모의 손을 잡고 즐겁게 숲길을 걷는다. 이른 아침 오월의 숲은 더 상쾌하고 싱그럽다. 오월의 숲에서 볼 수 있는 하얀 아카시아 꽃길이 가족들을 반겨준다.

봄의 초록빛 향연에 가족들은 마냥 행복한 표정들이다.

아빠의 무등을 타고 신나게 오르기도 하고, 자신이 놀았던 숲의 이곳저곳을 부모에게 설명하면서 걸어가기도 한다. 목적지까지 도착한 가족들은 계곡 주변에 자유롭게 흩어져서 앉는다.

준비한 간식을 먹는다. 그리고, 가족들이 모여 오늘의 주제를 가지고 이야기들을 나눈다. 아빠 목소리도 들리고 중간에 엄마 목소리도 들리고 아이들 목소리도 들린다. 집을 떠나왔으니 가족이 대화하는 데 걸림돌이 없다. 각 가정마다 서로 얼굴을 바라보며 자신의 생각을 말하고 이유를 설명하는 모습이 정겨워 보인다.

부모들은 자신의 의견보다는 자녀들의 의견을 최대한 존중하며 가훈을 만들어 가는 모습이 훌륭하다. 칭찬을 아끼지 않고 격려한다.

가족의 의견을 잘 조율하며 가훈을 만든다.

'최고보다는 최선을 다하는 사람이 되자.'

'때리지 말자.', '예수만 섬기는 우리집', '항상 웃는 화목한 가정', '꼭 필요한 사람이 되자.' 등 각 가정에서 생활의 목표가 되는 가훈이다.

가훈이 만들어진 가정은 먹물을 사용하여 한지로 만든 부채에 옮겨 적어야 한다. 유치원에서는 한지부채와 먹물을 제공하고 붓은 제공하지 않았다.

붓은 자연에서 찾아야 한다. 숲에서 가족이 서로 협력하여 문제를 해결하도록 미션을 준다.

어느 문제 상황이 닥쳤을 때 창의적으로 문제를 해결하는 능력과 태도를 기르는 것이 교육이 목표하는 것 중의 하나이다. 이 난관에 부딪힌 가족들은 어떻게든 해결하려고 다시 모여서 생각을 모은다.

"손가락으로 먹물을 묻혀서 쓸까?"

"아빠, 나뭇가지로 쓰면 돼요."

"음… 나뭇잎을 돌돌 말아서 할까?"

"풀뿌리로 할까?"

가족들은 의견이 나온 것을 직접 실험하며 문제를 해결하려고 노력한다. 풀을 뽑아서 뿌리를 계곡물에 깨끗하게 씻어서 물기를 제거하고 먹물을 묻혀 쓰기도 한다.

잔가지를 모아서 꼭꼭 묶어서 써보기도 한다. 숲에서 만든 다양한 재료만큼이나 글씨 모양이 다 다르다.

정형화된 붓을 사용하는 것보다 숲에서 찾은 쓰기 도구로 쓴 글자가 훨씬 자연스럽다고 참여한 가족들이 이구동성으로 말한다.

도구가 없다고 불평하지 않고 숲에서 슬기롭게 해결하는 가족의 미래가 밝다.

이 활동을 마무리 하며 학부모들의 긍정적인 평가가 격려의 힘이 된다.

"우리 가족이 어떻게 살아야 할지 생각해 본 시간이 되었습니다." -○○ 아빠-

"가족의 소중함과 단결, 우리 가족이 하나 됨을 배웠습니다. 또한 우리 아이가 어느덧 이렇게 컸고, 아이와 할 수 있는 것이 많아졌다는 것을 느끼며, 우리 가족! 사랑합니다."

-○○ 엄마-

"○○이가 항상 가는 숲길을 걷게 되어 너무 기뻤습니다. ○○이가 설명도 해주고 이것저것 알려 주는 게 참 신기했어요. 계곡에서 딸과 가훈을 쓰면서 앞으로도 이렇게 행복하게 살았으면 좋겠다는 생각을 해 보았습니다." -○○ 아빠-

숲도 크게 보면 우리의 가족이다. 숲과 사람은 유기적인 관계로 지금까지 공존하며 살아 왔고 앞으로 그럴 것이다. 그러므로 숲은 가족 같은 존재이다. 고마운 숲에서 가족이 하나가 된다.

들에서 놀며 배운 이야기 30

신나게 논 이야기 〈8〉

1 신나게 논 이야기 〈8〉

잘 노는 아이가 건강한 아이다. **겨울 바깥놀이**

Story 1 "겨울 바깥놀이"

>> 들어가기

"잘 노는 아이가 건강한 아이다."

바깥놀이는 성장기의 아이들에게 꼭 필요한 활동 중의 하나다. 잘 노는 아이들은 기초체력과 기본적인 운동능력도 발달하지만 인지 발달을 비롯하여 사회·정서발달에도 좋은 영향을 미친다. 잘 노는 아이, 자신의 생각을 잘 표현하는 아이가 몸과 마음이 건강한 아이다.

건강한 아이로 키우기 위해 우리는 추운 겨울 어떻게 생활하나? 몸과 마음이 건강한 아이들을 키운다고 하면서도 밖에서 실컷 놀 수 있는 시간보다 실내에서 보내는 시간이 많지는 않은지 생각해 보자. 겨울에 눈이 내리는 풍경을 창문 너머로 지켜보기만 할 뿐 막상 밖으로 아이들을 내보내지 못하는 이유는 무엇인가? 추위를 모르는 아이들에게 춥다고 밖에 나가지 못하게 한다면 밖을 향하는 아이들의 호기심 창문이 영영 닫혀 버리는 것은 아닌지 고민해 봐야 하지 않을까?

>> 활동계획안

<table>
<tr><td rowspan="2">누리과정 관련요소</td><td colspan="2">신체운동 • 건강</td><td>신체활동에 참여하기</td></tr>
<tr><td colspan="2">의사소통</td><td>말하기</td></tr>
<tr><td rowspan="4">어떻게 놀이할까?</td><td colspan="3">• 누구와 : 친구랑
• 어디서 : 겨울 – 바깥놀이터
• 무엇을 가지고 : 눈사람</td></tr>
<tr><td>이렇게 놀아요</td><td colspan="2">(1) 시작 : 밖에서 신나게 자유놀이를 한다.
(2) 그리고 : 눈을 굴려서 눈사람을 만들고 자연물을 이용하여 얼굴을 꾸민다.
(3) 마무리 : 눈사람을 전시하고 감상하며 자신의 생각을 친구와 즐겁게 이야기한다.</td></tr>
<tr><td colspan="3">누리과정과 연계되는 확장된 놀이</td></tr>
<tr><td>이렇게 놀아 보세요</td><td colspan="2">• 온도계를 바깥에 걸어놓고 바깥 날씨를 측정해 본다.
(자연탐구 – 수학적 탐구하기 – 기초적인 측정하기)
• 작은 눈사람을 만들어 냉동실에 보관한 후 여름에 꺼내서 겨울을 회상하며 이야기한다.
(의사소통 – 말하기 – 느낌, 생각, 경험 말하기)
• 노래 '펄펄 눈이 옵니다'를 친구들과 즐겁게 부른다.
(예술경험 – 예술적 표현하기 – 음악으로 표현하기)</td></tr>
<tr><td>유 의 점</td><td colspan="3">– '겨울철 바깥놀이의 교육적인 효과' 통신문을 가정에 보내어 부모가 협력하도록 한다.</td></tr>
</table>

Story 2 "겨울철 밖에서 놀며 배우는 아이들"

▼ 하얀 눈에 덮인 유치원 전경

▼ 유치원 마당이 썰매장입니다.

▼ '울라프' 눈사람

▼ 눈을 굴려요.

▼ 눈사람 전시회

▼ 겨울왕국

놀이에 녹아 있는 누리과정 연령별 세부내용 엿보기

1. 자연탐구 – 과학적 탐구하기 – 자연현상 알아보기

3세	4세	5세
날씨에 관심을 갖는다.	날씨와 기후변화에 관심을 갖는다.	날씨와 기후변화 등 자연현상에 대해 관심을 갖는다.

* 유아가 날씨의 변화에 대해 느끼고 날씨의 변화에 맞게 즐겁게 놀이하는 경험을 가진다.

2. 신체운동・건강 – 신체활동에 참여하기 – 바깥에서 신체 활동하기

3세	4세	5세
규칙적으로 바깥에서 신체 활동을 한다.	규칙적으로 바깥에서 신체 활동을 한다.	규칙적으로 바깥에서 신체 활동을 한다.

* 규칙적으로 바깥에서 신체활동에 참여함으로써 건강함을 유지할 뿐 아니라 신체의 움직임을 통한 신체적, 정서적 발달을 도모한다.

Story 3 "겨울바깥놀이 이야기"

"겨울 바깥놀이"

"여기는 아이들이 밖에서 많이 논다고 하는데 추운 겨울에도 바깥에서 노나요?"

"아이들이 바깥에서 놀면 감기 걸리지 않나요?"

한겨울에 유치원을 방문하는 사람들은 이런 질문들을 많이 한다. 추운 날씨에도 어떻게 아이들이 바깥에서 놀이를 하는지 궁금해한다.

우리가 어렸을 때는 방 안에서 놀 거리가 없어서인지 추운 겨울에도 밖에서 신나게 놀았다. 옛날에는 왜 그렇게 겨울이 되면 콧물을 많이 흘렸는지! 옷소매에 콧물을 쓱쓱 닦으며 추운 줄도 모르고 놀았다. 그래도 지금처럼 병원도 다니지 않고 건강하게 자랐는데 말이다.

요즘은 아이들을 잘 놀게 하지 못해서 그런지 잘 노는 유치원이라고 소문을 듣고 찾아온다. 정말 아이들이 잘 노는지 확인도 할 겸 물어 보지만 밖에서 놀다 보면 겨울철 잦은 감기에 걸릴까 봐 걱정이 돼서 그러시는 것 같다.

매서운 추위에도 바깥에서 놀고 있는 아이들을 볼 때면 더 놀라워한다.

"아니… 엄마들이 뭐라고 안 하세요? 이렇게 추운 날씨에 놀면 감기에 걸릴까 봐 싫어하실 텐데…."

이런 질문을 받으면 식물을 비유로 설명하기도 한다.

따뜻한 온실에서 자란 식물을 겨울철에 갑자기 밖에 내 놓으면 날씨에 적응하지 못하고 곧바로 얼어 죽지만 봄부터 밖에서 기른 식물은 어느 정도 날씨가 추워도 바깥 온도에 잘 적응하는 것을 볼 수 있다. 아이들도 마찬가지다. 삼월 입학 초기부터 쌀쌀한 꽃샘추위를 잘 이겨내고 적응하다 보면 추운 날씨에도 면역력이 생겨서 웬만한 추위에도 건강하게 잘 지낸다.

오히려 날씨가 춥다고 실내에서만 지내면 추운 날씨에 대한 적응력과 면역력이 점점 떨어진다. 전문가들은 겨울철 호흡기질환은 밖의 찬 공기에 노출되었을 때보다는 실내의 과다한 높은 온도가 문제를 일으키는 원인이라고 한다.

올 겨울은 유난히 춥고 눈도 많이 왔다. 오늘도 여전히 춥다. 그러나 아이들은 앞마당 이편과 저편에서 스스로 놀이를 만들어 신나게 논다. 눈이 내리는 날이면 아이들의 놀이는 신이 난다.

하얀 눈을 커다랗게 굴려 눈사람을 만든다.

"눈사람 눈을 만들어야 해. 솔방울로 할까?"

"입은 어떻게 하지?"

아이들은 주변을 살피며 어울리는 재료를 찾기에 여념이 없다.

친구와 서로 의견을 조율하며 눈사람의 형태가 만들어진다. 나무막대기가 코가 되기도 하고 쥐똥나무 가지가 입이 되기도 한다. 솔가지와 마른 풀들을 주워와 머리카락을 표현한다.

눈사람을 탁자 위에 나란히 세워놓자 전시장이 된다.

"와! 눈사람 가족이다. 뚱뚱한 것은 아빠이고, 여기 작은 것은 아기 같다."

눈사람을 감상하는 아이들의 입가에 웃음이 떠나지 않는다. 자신들이 만든 눈사람이 나란히 서 있으니 신기한 모양이다.

"눈사람이 우릴 쳐다보고 있어. 우리가 만들어서 고마워서 그런가 봐."

아이들은 눈사람 앞에 모여서 친구들과 저마다 느낀 점과 감정을 서로 주고받느라 추위를 느끼지 못한다. 서로 공감하고 즐거워하는 아이들의 표정에서 행복이 전해진다.

눈사람과 찍은 아이들 사진을 보면 아이들과 눈사람의 표정이 닮은 것을 발견한다. 눈사람의 재미있는 표정들이 장난기 많은 아이들 얼굴에서도 그대로 묻어난다.

마당 한쪽에선 며칠 전 내린 눈이 녹지 않고 얼어 있어서 눈썰매를 타며 재미있게 놀고 있다. 겨울철은 앞마당이 눈썰매장으로 자주 변한다. 산 밑이어서 한 번 눈이 내리면 잘 녹지 않기 때문에 겨울 동안 눈썰매를 타는 시간이 꽤 많다. 장갑이 없는 아이들은 주머니에 손을 넣다 뺐다하기를 반복하거나, 따뜻한 입김으로 손을 호호 녹여가며 추위는 아랑곳하지 않고 눈썰매를 탄다. 이 추위에도 온몸을 사용해서 노는 아이들은 덥다고 겉옷을 벗는 아이들도 있다.

잘 노는 아이가 건강하다는 것을 실감한다. 이것을 알면서 날씨가 춥다고 아이들을 실내에만 있으라고 할 수가 없다. '잘 놀지 못하는 아이들'은 어른들의 책임이라는 생각이 든다.

따뜻한 교실에서 플라스틱 놀잇감에 익숙한 아이보다 날씨가 추워도 바깥에서 신나게 뛰어 노는 아이로 길러야 한다. '건강한 아이'는 교육이 목표하는 것 중의 최상의 목표이기 때문이다. 햇빛이 부족한 겨울에 밖에서 신나게 놀고 있는 아이들이 건강하고 행복한 아이들이다.

* 이 글은 유아교사 전문잡지 '폴라리스'에 기재된 것임(2014).

자연에서 놀다 보면 생명의 귀중함을 안다.

나비를 죽였어요

Story 1 "나비를 죽였어요."

들어가기

"자연에서 놀며 생명의 귀중함을 배워요."

아이들은 나비가 생명이 있다는 것에 소중하다는 것을 잘 인식하지 못하는 경우도 있다. 나비를 잡아서 죽이면 왜 안 되는지 잘 모른다. 자연에서 놀다 보면 다양한 생물이 생명을 가지고 살아가는 것을 알고 소중히 여기는 태도를 보인다. 아주 작은 생물이라도 함부로 죽이지 않아야 한다고 책임감을 갖는다.

"나비를 죽이면 안 돼! 나비가 죽으면 날아다닐 수가 없어. 알았지?" 우리는 나비의 생명이 소중하다는 것을 아이들에게 무척 강조한다. 그러나 생명의 소중함을 강조하기 전에 나비가 하는 일을 말해 주면 어떨까? 나비가 수분하여 열매를 맺게 해서 우리가 맛있는 과일을 먹을 수 있다든지, 나비가 날아다니는 아름다움을 감상할 수 있다든지, 나비의 날개를 잡지 않아야 되는 이유를 부지런히 아이들에게 설명해 주어야 하지 않을까?

>> 활동계획안

<table>
<tr><td rowspan="2">누리과정 관련요소</td><td colspan="2">자연탐구</td><td>과학적 탐구하기</td></tr>
<tr><td colspan="2">사회관계</td><td>나와 다른 사람의 감정 알고 조절하기</td></tr>
<tr><td rowspan="4">어떻게 놀이할까?</td><td colspan="3">• 누구와 : 친구랑
• 어디서 : 사시사철 – 수락산 숲과 유치원 주변
• 무엇을 가지고 : 나비</td></tr>
<tr><td>이렇게 놀아요</td><td colspan="2">(1) 시작 : 유치원 마당에서 친구랑 놀아요.
(2) 그리고 : 죽은 나비를 발견해요.
(3) 마무리 : 나비를 소중하게 다루는 것을 배워요.</td></tr>
<tr><td colspan="3">누리과정과 연계되는 확장된 놀이</td></tr>
<tr><td>이렇게 놀아 보세요</td><td colspan="2">• 아름다운 음악에 맞춰 나비처럼 훨훨 날아 본다.
(예술경험 – 예술적 표현하기 – 움직임과 춤으로 표현하기)
• 나비의 생김새와 그 기능을 알아본다.
(자연탐구 – 탐구하는 태도 기르기 – 탐구과정 즐기기)
• 나비의 종류에 대해서 알아본다.
(자연탐구 – 과학적 탐구하기 – 생명체와 자연환경 알아보기)</td></tr>
<tr><td>유 의 점</td><td colspan="3">– 아이들이 나비를 장난감처럼 다루지 않도록 설명해 준다.
– 나비와 관련된 책을 보도록 도서 영역에 비치한다.</td></tr>
</table>

Story 2 "나비와 놀며 배우는 아이들"

▼ 꽃향기가 가득한 꽃밭

▼ 유치원 화단에 원추리꽃

▼ 아이들에게 아름다움을 선물해요.

▼ 나비를 기다리는 꽃들

▼ 초록별반 화단

▼ 하얀색 수국이 피었어요.

놀이에 녹아 있는 누리과정 연령별 세부내용 엿보기

1. 자연탐구 – 과학적 탐구하기 – 생명체와 자연환경 알아보기

3세	4세	5세
생명체를 소중히 여기는 마음을 갖는다.	생명체를 소중히 여기는 마음을 갖는다.	생명체를 소중히 여기는 마음을 갖는다.

* 나비도 생명을 가진 자연의 선물임을 알고 소중히 여기는 마음을 갖는다.

2. 사회관계 – 나와 다른 사람의 감정을 알고 조절하기 – 나의 감정 조절하기

3세	4세	5세
자신의 감정을 조절해 본다.	자신의 감정을 조절해 본다.	자신의 감정을 상황에 맞게 조절한다.

* 나비를 보면 아직 다듬어지지 않은 공격성으로 죽이고 싶거나 해치고 싶은 마음이 들지만 나비의 소중함을 느끼고 자신의 감정을 조절하는 경험을 한다.

Story 3 "나비가 죽었어요."

"나비가 죽었어요."

"선생님 ○○가 나비를 죽였어요."

얼굴이 온통 땀으로 범벅된 ○○이가 달려와 말한다.

○○의 뒤를 따라오는 아이는 불안한 자세로 마지못해 걸어온다. 무언가 큰 잘못을 한 것 같은데 해명이 간절히 필요한 눈빛이다.

씩씩대며 화가 난 ○○는 뒤따라오는 친구의 간절한 마음을 읽지 못하고 화가 난 큰 목소리로 말을 한다.

C1 "얘가 나비를 죽였어요."

C2 "아니야, 내가 안 죽였어."

C1 "네가 나비를 죽였잖아."

C2 "아니야. 내가 안 죽였어."

그들의 논쟁이 쉽게 끝날 것 같지 않다.

잔뜩 화가 난 ○○의 마음을 읽어 준다.

"○○는 나비가 죽어서 굉장히 속상하구나. 그렇지?"

C1 "네."

"그런데 ○○아, ○○가 무슨 말을 하고 싶은 것 같은데 들어 볼까."

마침내 ○○는 주저하며 말문을 연다.

C2 "있잖아요. 내가 나비를 죽인 게 아니에요. 나는 줄넘기만 하고 있었는데 나비가 와서 죽었어요."

아이의 말을 들어 보니 줄넘기를 하고 있었는데 나비가 날아와서 줄넘기에 부딪혀서 죽었다는 것이다. 줄넘기를 하느라 나비가 날아오는지 몰랐다며 나비가 죽은 것이 자기도 속상하지만 어떻게 할 수 없는 상황이었다고 호소를 하는 것이다. 그런데 ○○가 자기한테 나비를 죽였다고 하니 무척 억울하다는 뜻이다.

나비가 죽었다는 사실을 자신도 믿을 수 없다는 듯 잔뜩 겁을 먹고 있다. 금방이라도 눈물이 왈칵 쏟아질 것 같은 표정으로 조심스럽게 자신의 상황을 변호하고 있다. 그 표정을 보니 자기도 어쩌다 이런 사태가 벌어졌는지 모르겠다며 안절부절못한다.

친구의 설명을 듣고 나니 화가 난 ○○이 얼굴표정이 조금씩 바뀌기 시작한다. 치켜졌던 눈꼬리가 내려오고 얼굴에 화가 난 근육들이 풀리기 시작한다.

그러더니 한숨을 푹 쉬며 허리 위에 올려졌던 양팔을 툭 떨어뜨린다.

"알았어. 그러니까 조심해야지."

나비가 죽은 것은 속상하지만 이 상황을 받아들일 수밖에 없다는 듯 체념하면서 마음이 슬픈지 나비가 죽어 있는 곳으로 다시 걸어간다.

아이를 뒤따라 가 보니 모래 놀이장 한쪽에 나비를 묻어 놓고 풀과 나뭇가지로 꽃과 십자가를 만들어 꽂아 놓았다. 아이의 마음이 얼마나 슬픈지 짐작이 간다.

꼭 안아 준다.

"많이 슬프겠구나."

위로의 말에 고개만 끄덕인다.

한동안 그곳을 떠나지 못하고 친구와 앉아 있는 아이들이 사랑스럽다.

아이들은 나비를 참 좋아한다. 나비가 나타나면 나비를 관찰하거나 뒤쫓아가며 한참을 지켜본다. 그런데 가끔씩 호기심 많은 개구쟁이 녀석들이 나비를 잡곤 한다.

이럴 때 나비의 날개에 대해서 설명한다. 나비의 날개를 오랫동안 손으로 잡고 있으면 날개의 선이 접혀 날 수 없게 된다는 사실을 알려 주면 나비를 함부로 잡지 않는다들은 아이들의 시청각 교실이다.

논둑을 걸어요

Story 1 "들판에서 놀아요."

>> 들어가기

"논둑을 걸으며 자연현상을 이해해요."

가을철 들에서 놀다 보면 다양한 곤충을 만나게 된다. 아이들은 들에서 만나는 곤충들의 느낌이나 생각, 이전 경험들을 친구들과 수다스럽게 이야기하며 자연을 이해한다. 본 대로 말하는 아이들, 움직이는 것을 그대로 말로 묘사하며 눈에 보이는 현상을 이해한다. 가을 들판에서 자신의 느낌을 친구들과 충분히 상호작용하며 자연환경을 통합적으로 구성한다.

아이들은 가을이 오는 것을 어떻게 이해할 수 있을까? 아이들과 함께 가을 들녘으로 몇 번만이라도 나들이간다면 이해하지 않을까? 가을 들판에서 살고 있는 곤충들을 보며 어떻게 날아다니는지, 무엇을 먹고 사는지, 생태적인 환경을 통합적으로 이해하며 가을을 이해하지 않을까? 들판으로 아이들을 데리고 나가 보자. 푸른 가을 하늘 아래 아이들의 지적이고 감성적인 수다는 끝이 없다.

>> 활동계획안

<table>
<tr><td rowspan="2">누리과정 관련요소</td><td colspan="2">자연탐구</td><td>탐구하는 태도 기르기</td></tr>
<tr><td colspan="2">예술경험</td><td>아름다움 찾아보기</td></tr>
<tr><td rowspan="4">어떻게 놀이할까?</td><td colspan="3">• 누구와 : 친구랑
• 어디서 : 가을 – 논
• 무엇을 가지고 : 가을 곤충들</td></tr>
<tr><td>이렇게 놀아요</td><td colspan="2">(1) 시작 : 유치원 주변의 논둑을 산책해요.
(2) 그리고 : 가을 곤충을 발견해요.
(3) 마무리 : 자신의 느낌과 생각을 친구와 즐겁게 이야기해요.</td></tr>
<tr><td colspan="3">누리과정과 연계되는 확장된 놀이</td></tr>
<tr><td>이렇게 놀아 보세요</td><td colspan="2">하나. 가을철 곤충의 종류에 대해서 알아본다.
(자연탐구 – 과학적 탐구하기 – 생명체와 자연환경 알아보기)
둘. 참새를 쫓는 허수아비를 만든다.
(예술경험 – 예술적 표현하기 – 미술활동으로 표현하기
셋. 메뚜기처럼 뛰어서 반환점을 돌아오는 게임을 한다.
(신체운동 • 건강 – 신체활동에 참여하기 – 바깥에서 신체활동하기)</td></tr>
<tr><td>유 의 점</td><td colspan="3">– 농사지은 논에 아이들이 들어가지 않도록 주의하며 논둑을 걷는다.
– 위험한 것이 없는지 잘 살피며 논둑을 걷는다.</td></tr>
</table>

Story 2 "논에서 놀며 배우는 아이들"

▼ 벼 이삭을 감상해요.

▼ 벼 이삭을 관찰하는 아이들

▼ 논생물이 궁금해요.

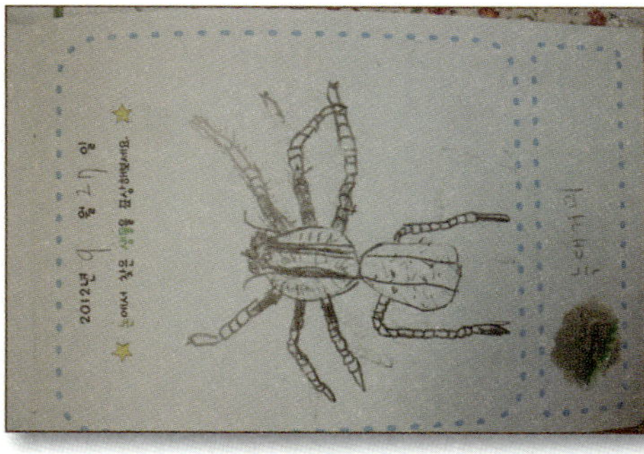

▼ 늑대거미 표상

▼ 벼메뚜기 표상

▼ 벼가 익었어요.

놀이에 녹아 있는 누리과정 연령별 세부내용 엿보기

1. 예술경험 - 아름다움 찾아보기 - 미술적 요소 탐색하기

3세	4세	5세
자연과 사물의 색, 모양, 질감 등에 관심을 갖는다.	자연과 사물의 색, 모양, 질감 등에 관심을 갖는다.	자연과 사물에서 색, 모양, 질감, 공간 등을 탐색한다.
* 논의 아름다운 색을 보며 감수성을 기르고, 논에 있는 다양한 곤충을 관찰한다.		

2. 자연탐구 - 탐구하는 태도 기르기- 호기심을 확장하고 유지하기

3세	4세	5세
주변 사물과 자연세계에 대해 호기심을 갖는다.	주변 사물과 자연세계에 대해 지속적으로 호기심을 갖는다.	주변 사물과 자연세계에 대해 지속적으로 호기심을 갖고 알고자 한다.
* 논둑 주변의 다양한 생물에 대해 호기심을 가지고 관찰한다.		

Story 3 "논에 사는 곤충 이야기"

"메뚜기도 멀리 뛰려고 개구리처럼 뒷다리가 더 긴가 봐요."

벼가 누렇게 익어가는 들판이 가을이 왔음을 알려 준다. 아이들은 들길을 걸으며 계절의 변화를 이해하고 곡식이 익어가는 가을을 즐긴다.

벼 추수를 앞두고 논둑을 걸어가니 벼 이삭에 숨어 있던 메뚜기 떼가 깜짝 놀라 후두둑 후두둑 날아간다. 아이들의 발소리에 놀라 메뚜기 떼가 달아나는 소리다. 아이들은 메뚜기 날아가는 소리에 더 놀라서 뒤로 달음질치기도 한다. 그러나 이내 그 소리가 메뚜기였음을 알고 논둑을 자유롭게 거닌다. 메뚜기가 날아갈 때마다 환호성을 지르며 소리 나는 쪽으로 달려가 메뚜기를 잡는 즐거움에 푹 빠진다. 들에 나오면 아이들은 마냥 즐거워하는데 껑충껑충 뛰는 모습이 메뚜기를 닮았다.

어렸을 적 논에서 놀았던 경험이 생각난다. 옛날에는 들판에 메뚜기가 정말 많았다. 가을이 되면 논에서 메뚜기를 잡아서 풀대에 기다랗게 끼워 집에 돌아와 냄비에 넣고 달달 볶아서 먹었던 경험이 있다. 들판에서 놀았던 어릴 때 추억을 회상하며 다시 재경험하는 이 순간이 행복하다.

논둑을 걷는 아이들은 모든 신체의 감각기관이 활짝 열린다. 아주 작은 자극에도 민감하게 반응한다. 감각기관에 전달되는 미세한 자극은 호기심이 되어 한순간도 그냥 지나치는 법이 없다. 논에서 살고 있는 생물에 직접 반응하며 즐거워한다. 폴짝폴짝 뛰어다니는 메뚜기를 잡아서 생김새를 관찰하며 그 특징을 알아가는 즐거움과 말하는 재미에 푹 빠진다.

"메뚜기는 다리가 여섯 개나 있어요."

"선생님 제가 지나가니까 메뚜기들이 다 뛰어요."

"메뚜기도 멀리 뛰려고 개구리처럼 뒷다리가 더 긴가 봐요."

"늑대거미는 해로운 생물일까?"

"아니야. 이로운 생물이야. 벼멸구가 벼가 잘 자라지 못하게 방해하는데 늑대거미가 벼멸구를 다 잡아먹어."

'메뚜기도 한철'이라는 속담이 있듯이 메뚜기는 가을에 보는 대표적인 곤충으로 아이들이 무척 좋아한다. 몸길이가 3센티미터 정도이고 몸빛은 황록색이며 머리와 가슴은 노란 갈색의 외줄이 있는데 뒷다리가 길어서 잘 뛰는 것이 특징이다.

벼메뚜기를 먹어 봤다고 하는 아이들도 있다. 요즘 과학자들이 지구상의 마지막 미개발자원인 곤충자원에 관심이 많아서 메뚜기 연구가 활발하다고 하니 메뚜기를 좋아하는 이 아이 중에 누군가는 여기에 한몫할 것 같다.

논둑을 한참 걷다가 벼와 벼 사이에 집을 짓고 사는 거미를 발견한다. 거미줄에 잠자리 한 마리가 걸렸는데 거미가 잠자리를 반쯤 먹은 상태다. 잠자리를 생각하면 너무 애처롭고 불쌍하다. 대부분 여자 아이들은 잠자리가 불쌍하다고 난리다. 그러나 남자 아이들은 잠자리를 먹는 거미에게 더 호기심이 많다. 생물의 치열한 삶의 현장을 목격하더니 그 자리를 떠날 줄 모른다. 자연의 법칙과 질서를 이해하는 시간이다. 집중해서 관찰하는 모습이 과학자의 모습이다.

생물들이 살아가는 현장을 직접 관찰하는 것은 아이들이 생태계를 이해하고 학습이 일어나는 절호의 기회다. 유치반 아이들은 쌀 프로젝트를 하며 특히 먹이 사슬과 천적에 관심이 많은데 그 먹이사슬을 직접 관찰한 것이다.

논은 살아 있는 과학실이다. 자연을 선물 받은 아이들이다.

아이들이 서점이나 도서관에 가면 논에 살고 있는 생물과 관련된 그림책이나 자연관찰 책을 관심 있게 본다고 가끔 부모들이 말씀해 주신다. 생각해 보면 실제로 경험한 생물책에 관심이 갈 수밖에 없다. 논에서 직접 경험한 것을 책에서 보니까 호기심이 생기고, 책에서 본 것을 실제로 논에서 보니까 관심이 더 집중될 수밖에 없다.

자연에서 오랜 시간 놀다 보면 저절로 학습이 되어 아이들의 지식이 점점 많아지는 것을 볼 수 있다. 교사가 가을철 생물에 대해 반복적으로 가르치지 않아도 자연스럽게 생물에 대한 지식이 방대하게 늘어간다.

세상을 감각으로 지각하는 아이들에게 들은 선물이다. 아이들이 만나는 생물들은 자연환경을 이해하는 보물 같은 존재들이다. 들에서 아이들은 자연의 세계를 행복하게 공부한다.

* 이 글은 유아교사 전문잡지 '폴라리스'에 기재된 것임(2014).

놀이에서 사회적인 규범과 질서를 배운다.

느티나무 종치기

Story 1 "느티나무에서 놀아요."

>> 들어가기

"외줄을 타며 친구와 사이좋게 노는 방법을 배워요."

아이들은 정형화된 놀이보다는 비정형화된 놀이에 무척 흥미 있어 한다. 비정형화된 놀이는 아이들의 생각을 많이 요구하기 때문이다. 자신의 신체기관을 사용하여 상황에 맞게 움직이는 것을 조절하여 그렇게 되었을 때 무척 좋아한다. 또한 놀이는 아이들의 기본적인 사회적응을 돕는다. 즐거운 놀이는 놀이의 규칙이 지켜졌을 때 가능하다. 놀이를 훼방하는 아이들은 놀이 아웃을 경험하며 질서를 배운다. 놀이에서 아이들은 민주시민의 소양을 기른다.

아이들은 어렸을 때 사회적인 규범과 질서를 배우고 몸에 익히는 것이 필요하다. 나뿐만이 아니라 모두가 행복하게 잘 살기 위해서다. 그렇다면 이런 사회성을 기르는 가장 좋은 방법은 무엇인가? 많이 놀아 봐야 하지 않을까? 놀이는 민주적인 방법을 사용하지 않으면 즐겁게 진행되지 못하기 때문이다. 많이 노는 아이들은 사회성이 잘 발달한다.

>> 활동계획안

<table>
<tr><td rowspan="2">누리과정 관련요소</td><td>사회관계</td><td>다른사람과 더불어 생활하기</td></tr>
<tr><td>신체운동 • 건강</td><td>신체활동에 참여하기</td></tr>
<tr><td rowspan="4">어떻게 놀이할까?</td><td colspan="2">• 누구와 : 친구랑
• 어디서 : 느티나무
• 무엇을 가지고 : 동아줄</td></tr>
<tr><td>이렇게 놀아요</td><td>(1) 시작 : 느티나무의 동아줄을 발견해요.
(2) 그리고 : 동아줄을 잡고 올라가서 종을 치고 내려와요.
(3) 마무리 : 놀이의 규칙을 지키고 사이좋게 놀아요.</td></tr>
<tr><td colspan="2">누리과정과 연계되는 확장된 놀이</td></tr>
<tr><td>이렇게 놀아 보세요</td><td>하나, 느티나무 동아줄을 타고 올라간 느낌을 말해 본다
(의사소통 – 말하기 – 느낌, 생각, 경험 말하기)
둘, 동아줄을 사용하여 줄다리기를 한다.
(신체운동 • 건강 – 신체활동에 참여하기 – 바깥에서 신체활동하기)</td></tr>
<tr><td>유 의 점</td><td colspan="2">– 동아줄이 풀어지지 않도록 주의한다.
– 놀이 규칙을 잘 지키도록 약속을 정하고 지키도록 지도한다.</td></tr>
</table>

Story 2 "느티나무에서 놀며 배우는 아이들"

▼ 유치원 마당에 있는 느티나무

▼ 느티나무 그늘에서 쉬는 아이들

놀이에 녹아 있는 누리과정 연령별 세부내용 엿보기

1. 사회관계 – 다른 사람과 더불어 생활하기 – 공동체에서 화목하게 지내기

3세	4세	5세
교사 및 주변 사람과 화목하게 지낸다.	교사 및 주변 사람과 화목하게 지낸다.	교사 및 주변 사람과 화목하게 지낸다.

* 느티나무에서 함께 놀이를 하며 어떻게 하면 주변 사람과 더불어 함께 즐겁게 놀이하는지를 느끼며 화목하게 지내는 방법을 터득해 간다.

2. 신체운동 • 건강 – 신체활동에 참여하기 – 기구를 이용하여 신체 활동하기

3세	4세	5세
여러 가지 기구를 이용하여 신체 활동을 한다.	여러 가지 기구를 이용하여 신체 활동을 한다.	여러 가지 기구를 이용하여 신체 활동을 한다.

* 평소에 흔히 할 수 없는 나무 타기와 나무에 매달린 동아줄 타기 놀이를 하며 대근육 발달뿐 아니라 자신의 신체를 조절하는 방법을 알아간다.

Story 3 "느티나무 품치는 이야기"

"학교 종이 땡땡땡! 어서 모이자."

유치원 앞마당에 커다란 느티나무 두 그루가 있다.

한여름 햇볕이 쨍쨍 내리쬐는 날이면 효자나무라 부를 정도로 시원한 그늘을 제공해준다. 햇볕에서 뛰어놀다가 더우면 느티나무 그늘로 찾아와 더위를 식히곤 한다.

어느 날 커다란 느티나무에 동아줄을 매달아 놓았다. 아이들은 느티나무에 대롱대롱 걸린 동아줄에 호기심이 발동한다. 느티나무의 새로운 변화에 주변을 어슬렁거리더니 줄을 잡고 흔들어 보거나 위로 올라가려고 시도한다.

외줄이면서 고정되어 있지 않고 흔들리기 때문에 줄을 잡고 올라가는 것이 쉽지 않다. 아이들이라 외줄에서 몸의 균형을 잡는 것이 어려울 수밖에 없다.

아이들의 행동을 주의 깊게 관찰하다가 동아줄을 지면에서부터 20센티 간격으로 묶어 매듭을 만들어 주자 양손으로 외줄을 잡고, 양발은 매듭을 밟고 올라가려고 시도한다. 한참을 연습하더니 줄을 타고 위로 올라간다.

외줄을 타는 것을 도전하는 아이들에게 격려의 박수를 보내자 끝까지 포기하지 않고 노력한다. 노력해서 줄을 잡고 끝까지 올라간 아이들은 자신감이 높아간다.

혼자서 낑낑대며 줄을 잡고 올라가기도 하지만 아직 신체를 조절하지 못하거나 힘이 부족한 아이들은 친구의 도움을 부탁하기도 한다. 친구들이 힘을 모아 엉덩이를 받쳐주면 가까스로 올라가기도 한다. 도움을 받은 아이나 도와준 아이들이 기쁨을 나누며 행복해한다. 서로 도우며 함께 살아가는 것을 실천하며 배워간다.

외줄타기 놀이가 더 재미있도록 황학동에서 종을 구하여 나뭇가지에 매달아 놓는다.

줄을 타고 올라가면 종을 칠 수 있는 목표가 생기자 놀이를 훨씬 재미있어 한다.

동아줄을 타고 올라가서 종을 '땡땡땡' 치고 내려오는 아이들의 어깨가 으쓱으쓱 한다.

"줄을 꼭 잡고 노력하면 돼."

"끝까지 해야 해."

자기 스스로 노력해서 즐기는 성취감은 자신감이 되어 친구들에게 성공하는 방법을 가르쳐 주기도 한다. 줄에 매달리지 못하고 자꾸 떨어지는 아이들은 친구의 성공담을 듣고 끝까지 도전하더니 마침내 줄을 잡고 올라가기도 한다.

아이들은 자신이 원하는 것을 계획하고 실행한 후 결과가 만족스러울 때 자신을 긍정적으로 인식한다. 어려운 외줄타기에 성공하고 내려오는 활짝 웃는 얼굴에서 자신을 믿는 긍정감이 보인다.

아이들이 종을 칠 때마다 종소리가 유치원 마당에 울려 퍼진다. 옛날 초등학교 운동장 같다.

"학교 종이 땡땡땡! 어서 모이자. 선생님이 우리를 기다리신다." 쉬는 시간에 친구들과 운동장에서 놀다가 땡땡땡 종소리가 울리면 교실로 뛰어들어갔던 어렸을 적 기억이 아른거린다.

외줄 타는 놀이에 참여하는 아이들의 숫자가 점점 많아진다.

아이들은 민주적인 규칙을 만들어 차례와 질서를 지키며 잘 논다. 그런데 놀다 보면 놀이를 훼방하는 아이들도 나타나기 마련이다.

줄을 서지 않고 중간에 끼어들거나 자기만 계속하려는 친구들이 생기면 아이들은 곧바로 힘을 합쳐서 훼방꾼 아이를 놀이에서 퇴장시킨다.

민주적인 방법을 지키려는 의지가 대견하다. 놀이를 하며 사회적인 질서와 규칙을 지키는 능력과 기술이 향상된다. 친구들과 즐겁게 놀 수 있는 방법을 사용하며 실천하는 아이들이 놀랍다. 사회의 규범을 배우는 것이 교육이 목표하는 것 중의 하나다.

달팽이 이야기

생명의 소중함을 가르치지 않아도 자연에서 놀다 보면 알게 된다.

Story 1 "달팽이와 놀아요."

들어가기

"달팽이와 놀며 생명의 소중함을 알아요."

아이들은 텃밭이나 풀숲에 살고 있는 달팽이를 관찰하며, 생명이 있기 때문에 느릿느릿 우아하게 기어다닌다는 것을 이해한다. 그리고 생명이 있는 생물들을 함부로 해치는 것은 바른 행동이 아니라는 사회적 가치가 내면화된다. 이러한 가치관이 형성되는 데는 자연에서 노는 시간과 비례한다.

우리가 주변에서 흔히 만나는 살아 움직이는 생명체들을 함부로 죽이면 안 된다고 언어로 가르친다면 그 의미를 과연 얼마나 이해할까? 들에서 놀다가 자주 경험하는 생물의 죽고 사는 현상을 보며, 아이들은 생명의 소중함을 이해하기 시작한다. 텃밭이나 꽃밭에서 살아 움직이는 애벌레가 생명을 잃으면 움직이지 못하는 것을 보고, 방금 전까지 날아다니는 나비가 생명을 잃으면 날지 못하는 것을 직접 경험한 아이들은 생명이 소중하다는 것을 확실히 알고 이해한다.

>> 활동계획안

<table>
<tr><td rowspan="2">누리과정 관련요소</td><td colspan="2">자연탐구</td><td>과학적 탐구하기</td></tr>
<tr><td colspan="2">사회관계</td><td>나와 다른 사람의 감정 알고 조절하기</td></tr>
<tr><td rowspan="4">어떻게 놀이할까?</td><td colspan="3">• 누구와 : 친구랑
• 어디서 : 여름 – 텃밭과 유치원 주변
• 무엇을 가지고 : 달팽이</td></tr>
<tr><td>이렇게 놀아요</td><td colspan="2">(1) 시작 : 유치원 텃밭에서 놀아요.
(2) 그리고 : 달팽이를 발견해요.
(3) 마무리 : 달팽이 생명을 소중히 다뤄요.</td></tr>
<tr><td colspan="3">누리과정과 연계되는 확장된 놀이</td></tr>
<tr><td>이렇게 놀아 보세요</td><td colspan="2">• 친구들과 손을 잡고 원을 만들어 '달팽이집을 집시다. 어여쁘게 집시다.' 노래를 부르며 원을 크게 또는 작게 만드는 놀이를 한다.
(예술경험 – 예술적 표현하기 – 움직임과 춤으로 표현하기)
• 달팽이의 생김새를 관찰한다.
(자연탐구 – 탐구하는 태도 기르기 – 탐구과정 즐기기)
• 달팽이를 길러 보며 관찰 일지를 써 본다.
(자연탐구 – 과학적 탐구하기 – 생명체와 자연환경 알아보기)</td></tr>
<tr><td>유 의 점</td><td colspan="3">– 달팽이를 소중히 다루도록 지도한다.
– 달팽이와 관련된 책을 보도록 도서 영역에 비치한다.</td></tr>
</table>

Story 2 "달팽이와 놀며 배우는 아이들"

▼ 알에서 부화하는 달팽이

▼ 달팽이가 사는 꽃밭

▼ 달팽이를 키워요.

▼ 달팽이 알입니다.

▼ 산책 중에 만난 달팽이

▼ "달팽이야! 맛있게 먹어라."

놀이에 녹아 있는 누리과정 연령별 세부내용 엿보기

1. 자연탐구 - 과학적 탐구하기 - 생명체와 자연환경 알아보기

3세	4세	5세
생명체를 소중히 여기는 마음을 갖는다.	생명체를 소중히 여기는 마음을 갖는다.	생명체를 소중히 여기는 마음을 갖는다.
* 달팽이를 관찰하며 소중히 여기는 마음을 갖는다.		

2. 사회관계 - 나와 다른 사람의 감정을 알고 조절하기 - 나의 감정 조절하기

3세	4세	5세
자신의 감정을 조절해 본다.	자신의 감정을 조절해 본다.	자신의 감정을 상황에 맞게 조절한다.
* 달팽이의 죽음을 보며 달팽이의 소중함을 느끼고 자신의 감정을 이해하며 조절하는 경험을 한다.		

Story 3 "달팽이 이야기"

"달팽이 이야기"

6월 장마가 시작되면 유치원 텃밭이나 주변 풀숲에서 달팽이가 자주 출현한다. 달팽이는 아이들이 좋아하는 생물 중의 하나다. 어쩌면 인기가 높은 생물 중의 하나일지도 모른다.

느릿느릿 우아하게 기어가는 달팽이가 나타나면 아이들이 우르르 몰려와 눈을 떼지 못하고 관찰하는데 집중력이 대단하다.

달팽이는 등에 고동 모양의 껍데기 집을 지고 항상 이사를 하는 것처럼 보이는데 그 모습이 귀여워서 그런가 싶다. 머리에 두 쌍의 촉각인 더듬이는 손가락을 살짝 대면 쏙 들어갔다 다시 나오는 특징이 있는데 아이들은 그 움직임이 신기한지 손가락으로 자꾸 만져 본다.

그래도 싫다는 투정 없이 걸음을 멈추었다가 다시 기어가는 순한 달팽이를 아이들은 무척 좋아한다.

달팽이를 좋아하는 아이들은 교실 과학영역에서 달팽이를 키우며 성장과정을 지속적으로 관찰하기도 한다. 달팽이는 오이, 상추, 배추, 당근 등을 좋아하는데 먹는 양도 은근히 많다. 먹는 식물에 따라 똥색이 다른 것을 보며 관찰하는 것을 즐긴다. 주황색 당근을 먹으면 붉은색, 초록색 오이를 먹으면 초록색 똥이 나온다. 똥색이 먹이 색과 같은 이유는 달팽이는 사람과 다르게 몸속에 소화를 돕는 쓸개가 없어서 음식물의 색소를 분해하지 못해 먹이 색깔 그대로 똥색이 된다고 한다. 산란은 장마철이나 습기가 있고 따뜻할 때 흙 속에 알을 낳는데, 번식력도 대단하여 아이들이 분양하여 집에 가져가서 기르기도 한다.

모래놀이터에서 세 명의 아이들이 땀을 뻘뻘 흘리며 싸움하기 직전이다. 짐작하건대 누군가가 달팽이를 죽인 모양이다. 누군가 범인을 지적하고 달팽이 한 마리를 죽였다고 야단이다.

"선생님, 달팽이 두 명이 있는데 한 명을 얘가 죽였어요."
"아니야, 한 명은 내가 죽인 게 아니고 원래 죽어 있었어."
"아니야, 네가 죽였잖아."

누가 죽였는지는 확실치 않으나 달팽이의 죽음에 화가 나 있다. 여자 아이는 죽은 달팽이가 불쌍해서 무덤을 만들었다고 하며 달팽이의 무덤을 가리킨다. 모래놀이터 옆에 달팽이의 작은 무덤을 만들어 놓았다. 그리고 나뭇가지로 몇 개를 주워 와 경계를 만들어 놓고 무덤 옆에 꽃과 풀잎도 따다 놓았다. 죽은 달팽이를 위로하는 아이들의 슬픈 마음이 그대로 표현되어 있다.

달팽이의 죽음을 속상해하는 아이를 위로한다.
"아! 달팽이 한 마리가 죽어서 슬프구나."
"네, 달팽이 두 마리 중에 한 마리가 죽어서 속상해요."

아이는 달팽이를 흙에 묻어 주고 아직도 속상한지 '어떻게 살아 있는 달팽이를 불쌍하게 죽일 수 있느냐.'며 씩씩거리며 친구가 원망스럽다는 말을 계속한다.

유치반이 되면서부터 아이들은 생명이 있는 모든 것은 이유 없이 죽여서는 안 된다는 태도가 확고하게 정해진다. 아이들이 확고하게 신념으로 받아들이는 데에는 자연에 대한 이해와 지식이 선행되었기에 가능한 것이다.

아이들은 들에서 놀며 해야 될 것과 하지 말아야 되는 것을 구별하는 사회적 가치를 배우며 자연스럽게 생명이 소중하다는 것을 인식하며 내면화된다.

아이들의 호기심은 창의성을 촉진하는 강력한 에너지다.

물웅덩이

Story 1 "웅덩이에서 놀아요."

>>들어가기

"물웅덩이에서 자연을 탐구하는 태도를 길러요."

아이들의 호기심은 창의성을 촉진하는 강력한 에너지다. 자연의 변화에 호기심을 나타내고 감각적인 놀이가 구성되는 것을 보면 알 수 있다. 같은 장소에서도 자신의 취향에 맞는 놀이를 탐색하며 즐기고 탐구기술을 활용하며 자연의 현상을 이해한다. 탐구하는 태도는 영·유아기의 자연스러운 현상이다. 이것이 자연놀이에서 가능하다.

우리는 아이들이 갖고 있는 원초적인 본능인 호기심을 사용하는 기회를 얼마나 주고 있나? 아이들은 시도 때도 없이 수많은 질문과 수많은 도전을 한다. 온몸으로 세상을 지각하며 도전하는 아이들만의 방법이 버겁지는 않은지…. 그래도 우리는 탐구하는 태도를 기르기 위해 인내해야 하지 않을까?

>> 활동계획안

누리과정 관련요소	자연탐구	탐구하는 태도 기르기
	예술경험	아름다움 찾아보기
어떻게 놀이할까?	• 누구와 : 친구랑 • 어디서 : 봄 – 유치원 마당에 있는 물웅덩이 • 무엇을 가지고 : 신발	
	이렇게 놀아요	(1) 시작 : 유치원 마당에 있는 물웅덩이를 발견해요. (2) 그리고 : 친구들과 웅덩이에서 재미있게 놀아요. (3) 마무리 : 창의성을 길러요.
	누리과정과 연계되는 확장된 놀이	
	이렇게 놀아 보세요	하나. 웅덩이에 나타나는 소금쟁이를 관찰한다. (자연탐구 – 과학적 탐구하기 – 생명체와 자연환경 알아보기) 둘. 여러 가지 찍기 도구를 사용하여 논다. (예술경험 – 예술적 표현하기 – 미술활동으로 표현하기 셋. 웅덩이를 건너는 다리를 만들며 논다. (신체운동 • 건강 – 신체활동에 참여하기 – 바깥에서 신체활동하기
유 의 점	– 옷이 더럽혀질 수 있으므로 항상 여벌 옷을 준비한다.	

Story 2 "웅덩이에서 놀며 배우는 아이들"

▼ 물이 고인 웅덩이를 좋아하는 아이들

▼ 웅덩이에서 살아 있는 생물을 발견했어요.

놀이에 녹아 있는 누리과정 연령별 세부내용 엿보기

1. 예술경험 - 아름다움 찾아보기 - 미술적 요소 탐색하기

3세	4세	5세
자연과 사물의 색, 모양, 질감 등에 관심을 갖는다.	자연과 사물의 색, 모양, 질감 등에 관심을 갖는다.	자연과 사물에서 색, 모양, 질감, 공간 등을 탐색한다.

* 자연이 만들어 준 물웅덩이의 모양과 질감을 느끼고, 진흙을 이용하여 다양한 작품을 만드는 경험을 한다.

2. 자연탐구 - 탐구하는 태도 기르기- 호기심을 확장하고 유지하기

3세	4세	5세
주변 사물과 자연세계에 대해 호기심을 갖는다.	주변 사물과 자연세계에 대해 지속적으로 호기심을 갖는다.	주변 사물과 자연세계에 대해 지속적으로 호기심을 갖고 알고자 한다.

* 비가 오면 자연스럽게 생기는 물웅덩이지만, 지나치지 않고 자세히 지켜보는 태도와 그것을 이용하여 다양한 놀이를 하며 호기심을 확장해 나간다.

Story 3 "물웅덩이 이야기"

"아이들은 왜 물웅덩이를 좋아할까?"

어제부터 봄비가 내렸다.

앞마당이 흙으로 되어 있어서 비만 오면 크고 작은 웅덩이들이 자연스럽게 만들어진다. 봄비가 앞마당에 아이들을 위해 질퍽한 웅덩이를 선물한다.

누구보다도 새로운 변화를 민감하게 알아차리는 아이들은 물웅덩이를 그냥 지나칠 리가 없다. 어느새 질퍽한 웅덩이에서 옷과 신발이 흙으로 범벅된 채 놀고 있다. 무엇을 하고 노는지 지켜보니 신발 도장 찍는 재미있는 놀이를 하고 있다. 흙과 물이 섞여진 웅덩이에서 신발에 진흙을 잔뜩 묻히고 나와서 물기가 없는 마른 땅에 신발도장을 찍는다.

"이것 보세요. 내 신발이에요."

"자동차 타이어 자국 같아요."

신발 도장이 희미해지면 다시 웅덩이에 들어가 진흙을 잔뜩 묻혀서 도장을 찍는다. 아이들이 직접 만든 과학과 미술이 통합된 놀이가 아주 즐겁게 진행된다. 신발의 모양대로 표현되는 진흙자국을 여러 가지 패턴으로 표현하며 자신이 의도한 대로 표현되는 결과에 대해 매우 만족하며 즐거워한다.

질퍽한 웅덩이에서 놀이 도구는 자기가 신고 있는 신발이 전부다. 스스로 놀이를 창조하는 아이들의 창의적인 기술이 뛰어나다. 질퍽한 웅덩이에서 신발 도장 찍는 놀이 외에도 아이들은 스스로 하고 싶은 놀이를 만들며 신나게 논다.

진흙을 손으로 주물럭거리며 진흙의 감각을 느끼는 아이, 진흙을 한주먹 쥐어서 손에 힘을 주면 엄지와 검지 사이로 쑥 밀려나오는 진흙 형태를 보며 즐거워하는 아이, 나뭇가지로 진흙을 휘저어 보는 아이, 진흙을 막대기에 묻혀서 땅에 그림을 그리는 아이 등….

웅덩이에 감히 들어가지 못하고 지켜보는 것만으로도 즐거워하는 아이도 있다.

비가 온 뒤 새롭게 변화된 환경은 아이들을 더욱 바쁘게 움직이게 한다.

새롭게 변화되는 자연 현상을 얼마나 적극적으로 탐색하며 노는지 정말 바쁘다. 얼마나 바삐 노는지 바지와 신발과 얼굴은 점점 흙투성이가 된다. 날씨의 변화가 준 자연발생적인 진흙놀이가 아이들에게는 신나는 시간이다.

어떤 아이는 진흙탕에 푹 빠진 장화를 빼려다 앞으로 엎어지기도 한다. 손이 흙으로 범벅되어 구호의 손길을 요청하면 옆에 있는 친구들이 손을 잡고 끌어내 주며 함께 기뻐한다.

아이들은 왜 물웅덩이를 좋아할까?

새로운 환경의 변화에 대한 호기심일까? 아니면 형태가 없는 흙과 물이 결합하여 무언가를 창조해 내는 결과물에 대한 만족감일까? 아니면 아이가 스스로 물리적인 힘을 사용하여 나타난 다양한 모양과 흙이라는 물체의 변화가 주는 과학적인 탐구과정의 흥미로움일까?

아이들은 형태가 없는 무에서 유를 창조하는 놀이를 무척 좋아한다. 사물의 생김새를 나타내는 모양과 어떠한 사물의 형태가 나오는 것을 즐기며 만족한다.

봄비가 만들어 준 질퍽한 웅덩이는 진흙의 성질을 이해하는 과학 놀이터다. 동시에 진흙으로 무언가를 표현하는 미술놀이터다.

아이들의 놀이를 즐겁게 관찰하고 있으려니 갑자기 학부모의 걱정스러운 표정이 머리를 스친다. 흙이 잔뜩 묻은 신발과 바지를 세탁해야 하는 어머니들의 수고다. 그러나 눈을 감는다. 그래도 놀이에 푹 빠져서 실험하고 표현하는 아이들의 소중한 시간을 빼앗을 수 없다.

사무실에 들어서자 흥부네 집이 연상될 정도로 열풍기 위에 흙탕물에 젖은 양말이 잔뜩 널려 있다.

아이들은 자연에서 좌충우돌하며 자연을 탐구하는 태도를 기르며 자연현상을 이해하고 있다.

행복한 놀이는 아이들이 스스로 만든다.

배추 잎 가지고 놀아요

Story 1 "배추 잎을 갖고 놀아요."

>> 들어가기

"배추 잎 놀이가 자존감을 키워줘요."

아이들의 일상생활은 놀이다. 흔히 김장 쓰레기로 나올 수 있는 배추 잎으로 김장의 전 과정을 즐겁게 놀이로 재구성한다. 어제 김장을 담그던 호기심이 연장되어 놀이로 다시 구현된다. 배추 잎 놀이재료가 아이들의 호기심을 자극하여 흥미로운 놀이가 된다. 자신이 주도하는 놀이는 자신의 일을 존중하게 한다. 아이들이 스스로 행복을 만들어간다.

아이들은 본 대로 말하고 느낀 대로 말한다. 환경의 영향을 많이 받는다는 뜻이다. 아이들에게 환경이 중요하다는 것은 누구나 알고 있다. 그렇다면 지금 우리 아이들은 어떤 환경에서 놀고 있나? 지금 우리 아이 손에 들고 있는 놀잇감은 무엇인가? 손의 감각이 기억하는 놀잇감 재료를 주어야 하지 않을까?

>> 활동계획안

<table>
<tr><td rowspan="2">누리과정 관련요소</td><td>나를 알고 존중하기</td><td>나의 일 스스로 하기</td></tr>
<tr><td>탐구하는 태도 기르기</td><td>호기심을 유지하고 확장하기</td></tr>
<tr><td rowspan="4">어떻게 놀이할까?</td><td colspan="2">• 누구와 : 친구랑
• 어디서 : 겨울 – 배추를 수확한 밭
• 무엇을 가지고 : 배추밭에 있는 배추 잎</td></tr>
<tr><td>이렇게 놀아요</td><td>(1) 시작 : 배추밭에서 배추 잎을 가지고 즐겁게 놀았어요.
(2) 그리고 : 배추 잎으로 김장을 담그던 이전 경험을 놀이로 재구성하였지요.
(3) 마무리 : 친구들과 배추 잎하고 놀은 경험을 즐겁게 이야기 나누었지요.</td></tr>
<tr><td colspan="2">누리과정과 연계되는 확장된 놀이</td></tr>
<tr><td>이렇게 놀아 보세요</td><td>• 배추 잎을 가위나 칼로 잘라서 닭이나 토끼에게 먹이로 준다.
(자연탐구 – 과학적 탐구하기 – 간단한 도구와 기계 활용하기)
• 김장에 필요한 여러 종류의 재료를 알고 글씨로 써 본다.
(의사소통 – 쓰기 – 쓰기에 관심가지기)
• 김장을 하는 역할을 정하고 소도구를 이용하여 극 놀이로 표현한다.
(예술경험 – 예술적 표현하기 – 극 놀이로 표현하기)</td></tr>
<tr><td>유 의 점</td><td colspan="2">– 도구를 사용할 때 안전하도록 주의한다.
– 옷이 많이 더럽혀질 수 있기 때문에 헌옷을 입고 오도록 지도한다.</td></tr>
</table>

Story 2 "배추 잎과 놀며 배우는 아이들"

▼ 배추 잎으로 놀아요.

▼ 상차림

▼ 아이들이 놀다 간 흔적

▼ 인삼 모양 배추 뿌리

▼ 수확을 끝낸 배추 밭

▼ 김치를 담그고 있어요.

놀이에 녹아 있는 누리과정 연령별 세부내용 엿보기

1. 자연탐구 - 탐구하는 태도 기르기

3세	4세	5세
주변 사물과 자연세계에 대해 호기심을 갖는다.	주변사물과 자연세계에 대해 지속적으로 호기심을 갖는다.	주변사물과 자연세계에 대해 지속적으로 호기심을 갖고 알고자 한다.

* 아이가 무엇에 관심 있는지 주의 깊게 관찰하여 적절한 환경을 제공해 주어 지속적이고 흥미로운 탐색이 일어나는 상황으로 유도할 수 있다.

2. 사회관계 - 나를 알고 존중하기 - 나의 일 스스로 하기

3세	4세	5세
내가 할 수 있는 일을 알아 본다.	내가 할 수 있는 일을 해 본다.	내가 할 수 있는 일을 스스로 한다.

* 아이가 성취와 기쁨을 느끼도록 하면 자신이 소중한 사람이라는 자존감과 자신감을 형성한다.

Story 3 "배추밭 이야기"

"마늘도 가져 왔어요. 생강도 넣어야지."

배추를 수확한 텃밭에는 배추 겉잎들이 곳곳에 널려 있다. 배추를 수확하여 김장 배추를 소금에 절일 때 겉잎 중에서 싱싱한 잎은 처마 밑에 줄을 걸어 시래기로 말리고 나머지는 밭에 그냥 버려둔다.

올해는 배추가 풍년이다. 배추 한 통이 천원이니 농촌에서는 배추가 천덕꾸러기가 된다. 그래서인지 배추밭마다 초록색 배추 잎들이 여기저기 널려 있다.

배추 잎이 널려 있는 배추밭을 보고 있으려니 갑자기 배추밭에서 아이들이 놀이를 하면 어떤 놀이가 전개될까 호기심이 발동한다. 바깥놀이 시간에 배추밭에서 배추 잎을 가지고 놀아 본다. 아이들은 뜻밖의 배추밭 놀이에 당황하는 듯싶더니 배추 잎이 놀잇감이 되어 다양한 놀이가 여기저기서 활발히 전개된다.

아이들은 엄마가 되기도 하고 직접 요리사가 되어 음식을 만드는 놀이를 즐겁게 한다.

배추 잎이 김이 되어 돌돌돌 말아서 만든 배추 김밥, 배추 잎을 작게 썰어서 속을 채운 샌드위치, 배추 잎이 수육이 되어 한상 차리기, 배추 잎으로 모양을 꾸민 배추 잎 케이크, 배추 잎을 한 장씩 차곡차곡 쌓아 만든 김장 김치 만들기, 개미굴 놀이터를 김치저장고라고 하며 배추 잎을 주워서 잔뜩 쌓아 놓기도 한다.

배추 잎 한 가지 소재를 가지고 이전의 경험을 재현하기도 하고, 앞으로 하고 싶은 것을 상상하며 놀이로 경험하기도 한다. 텃밭에서 일어난 배추 잎 놀이는 기대했던 것 이상으로 아이들에게 즐거운 놀이다. 가장 많이 관찰된 놀이는 어제 직접 김장한 활동을 똑같은 방법으로 놀이 속에서 재현하는 것이다.

미끄럼틀 밑에서도, 텃밭 한가운데서도, 모래 놀이터에서도, 소꿉 놀이터에서도 아이들은 김장하느라 바쁘다.

배추 잎의 하얀 부분을 가위로 오리더니 그것을 무라고 하고 배추의 초록 잎 부분은 배추란다. 한 아이가 요리사 역할을 맡더니 "파 가져 오세요. 무도 넣어야지요."라고 말하면 몇 명의 아이들은 협력하여 텃밭 주변의 풀들을 뜯어 오거나 모래 등을 열심히 날라다 준다.

아이들은 신나는 김장놀이에 여념이 없다.

"마늘도 가져왔어요. 생강도 넣어야지."

아이들의 뛰어난 상상력으로 주변의 돌들은 어느새 마늘과 생강으로 변신하여 놀이를 더 풍성하게 만든다. 배추 잎을 수북하게 쌓아 놓고 모래를 위에서 살살 뿌리며 고춧가루를 뿌리고 있다고 한다. 그러더니 땅에 주저앉아 배추 잎 들을 두 손으로 뒤적이는데 마치 엄마가 하는 것처럼 폼이 그럴듯하다.

"나 지금 배추 뒤적이고 있어요."

이렇게 말하는 아이의 얼굴에 넉넉한 아주머니의 행복한 웃음이 보인다.

한 여자 아이가 이렇게 말한다.

"원장님, 오늘 아주 신나는 날이에요."

이 아이의 행복한 웃음이 모두의 행복이 된다. 아이의 말대로 아주 신나는 시간을 보내고 있다.

교사가 구체적인 놀이 방법을 제시하지 않아도 아이들은 스스로 잘 놀 줄 안다. 자기주도적으로 놀이를 이끌어 갈 때 아이들은 행복하고 그 놀이에 푹 빠지는 것을 볼 수 있다.

자신이 주도한 놀이에서 자기 자신을 발견한 모양이다.

지난 3주 동안 김장 프로젝트 활동을 하며 김장에 관련된 다양한 경험이 인상적이었는지 누가 말하지 않았는데도 김장을 직접 담그는 놀이를 하며 무척 행복하다.

우리 생활과 밀접한 관련이 있는 김장놀이를 하며 통합적으로 지식을 재구성하는 효과를 실감한다.

봄나물 캐며 노는 아이들

부모와의 질적인 상호작용은 자녀의 성장과 발달에 영향을 준다.

Story 1 "봄나물 캐며 놀아요."

들어가기

"부모와 놀며 통합적인 사고력을 길러요."

영유아기의 체험활동은 부모와 협력하여 이루어질 때 교육적인 효과가 크다. 실물을 직접 관찰하며 부모와 상호작용이 활발히 일어나면 아이들은 많은 정보와 지식을 나누며 통합적으로 사고하는 능력이 길러진다. 아이들의 교육적인 효과를 위해 부모참여수업은 이벤트가 아니라 부모와 아이가 질적인 상호작용이 되도록 구성되어야 한다.

누리과정을 구성하고 있는 자연의 몫은 엄청나다. 이것을 안다면 아이들이 자연을 탐색하고 탐구하는 성향을 키우는 것이 무엇보다도 절실하다고 느낄 것이다. 이것이 과연 교사만의 몫일까? 따라서 가정에서 하루의 반 이상을 지내는 부모에게 교육과정의 이해를 돕는 시간이 필요하지 않을까? 부모가 우리의 동역자가 된다면 아이들이 자연을 즐기는 데 더욱 도움이 되지 않을까?

>> 활동계획안

<table>
<tr><td rowspan="2">누리과정 관련요소</td><td colspan="2">자연탐구</td><td>탐구하는 태도 기르기</td></tr>
<tr><td colspan="2">신체운동 • 건강</td><td>신체 인식하기</td></tr>
<tr><td rowspan="5">어떻게 놀이할까?</td><td colspan="3">• 누구와 : 친구랑
• 어디서 : 봄 - 유치원 주변
• 무엇을 가지고 : 봄나물, 쑥</td></tr>
<tr><td>이렇게 놀아요</td><td colspan="2">(1) 시작 : 부모와 유치원 주변을 산책해요.
(2) 그리고 : 쑥을 찾아요.
(3) 마무리 : 쑥을 관찰하며 구조와 기능에 대해 이야기해요.</td></tr>
<tr><td colspan="3">누리과정과 연계되는 확장된 놀이</td></tr>
<tr><td>이렇게 놀아 보세요</td><td colspan="2">• 쑥 효소를 만들어 겨울에 차로 마신다.
(신체운동 • 건강 – 건강하게 생활하기 – 바른 식생활하기)
• 쑥을 즙을 내어 그림을 그린다.
(예술경험 – 예술적 표현하기 – 미술활동으로 표현하기)
• 쑥을 캐어 쑥국을 끓여 먹는다.
(신체운동 • 건강 – 건강하게 생활하기 – 바른 식생활하기)</td></tr>
<tr><td>유 의 점</td><td colspan="3">– 쑥을 캘 때 케이크를 자르는 플라스틱 칼을 사용하면 안전하다.
– 봄의 식물을 도서 영역에 비치한다.</td></tr>
</table>

Story 2 "봄나물을 캐며 배우는 아이들"

▼ 봄나물 요리 시간

▼ 아빠와 쑥을 캐요.

▼ 봄나물을 캐는 아이들

▼ 봄나물입니다.

▼ "엄마, 이게 쑥이야?"

▼ 봄나물을 관찰해요.

놀이에 녹아 있는 누리과정 연령별 세부내용 엿보기

1. 자연탐구 – 탐구하는 태도 기르기 – 탐구과정 즐기기

3세	4세	5세
궁금한 점을 알아보는 과정에 흥미를 갖는다.	궁금한 점을 알아보는 탐구과정에 관심을 가지고 참여한다.	궁금한 점을 알아보는 탐구과정에 참여하고 즐긴다.

* 봄나물을 캐며 자연에 대해 궁금한 점을 가지고 탐구과정에 관심을 가지고 참여한다.

2. 사회관계 – 가족을 소중히 여기기 – 가족과 화목하게 지내기

3세	4세	5세
가족의 소중함을 안다.	가족의 소중함을 안다.	가족의 의미와 소중함을 안다.

* 가족과 함께하는 활동을 통해 가족의 소중함을 새롭게 느끼는 경험을 한다.

Story 3 "봄나물 이야기"

"응… 그래서 뿌리가 길게 있나 봐."

사월에는 대부분의 유치원에서 생활주제가 '봄'이다. 아이들은 '봄의 날씨'와 '봄 풍경 즐기기', '따뜻한 봄 보내기', '봄의 동식물' 등 자연의 변화를 직접 체험하며 봄을 이해한다. 계절의 변화에 따라 우리 주변의 식물을 가지고 사람들과 어떤 관계가 있는지 '봄'과 관련된 다양한 활동이 아이들의 생각을 확장하도록 돕는다.

봄이 되면 유치원 앞마당은 노란 꽃다지 꽃을 시작으로 진달래, 수선화, 제비꽃, 냉이, 민들레 등 여러 종류의 야생화와 온갖 종류의 식물들이 시간의 차이를 두고 고개를 쑥쑥 내민다.

칙칙한 대지에 갖가지 예쁜 색으로 봄을 화려하게 장식하는 꽃에 봄을 느끼고 감동한다. 아이들의 오감을 깨우는 아주 훌륭한 교육 자료들이 들판에서 우리의 수고도 없이 무수히 자라고 있다.

매해 봄이 되면 학부모를 모시고 참여수업을 한다.

자연 들판이 아이들의 훌륭한 교실이라는 것을 돕는 시간이다. 이번에는 봄철 음식으로 식탁에서 자주 먹게 되는 '쑥'이 주제다. 아이들이 부모와 함께 들에서 쑥을 체험하며 질적인 상호작용을 한다. 쑥을 캐보기도 하고 쑥으로 빈대떡을 만들어 먹는다.

참여한 학부모를 위해 '오미자 차'를 준비한다. 붉은색 오미자 차에 산에서 진달래꽃과 복사꽃 잎을 몇 장 따서 띄워 놓으니 그 아름다움에 오감이 살아난다. 차를 마시며 어머니들이 감격한다. 벌써 자연의 맛에 동화되어가는 것을 보니 오늘의 활동이 기대된다.

아이의 손을 잡고 봄을 찾아 나서는 표정들이 봄처럼 화사하다. 여러 종류의 식물 중에서 쑥을 찾는다. 부모들은 다양한 종류의 식물들이 이렇게 많이 있다는 것에 놀라워한다. 그만큼 자연에 무관심했다는 증거다. 엄마보다 아이가 먼저 쑥을 발견하기도 한다. 쑥을 뿌리까지 캐서 쑥과 이야기를 나눈다.

뿌리까지 캔 쑥을 손에 들고 천천히 관찰하기도 하고 쑥의 줄기, 잎, 뿌리를 손가락으로 만져보며 탐색한다. 대부분의 부모는 쑥의 구조를 아이와 같이 손으로 만져 보며 기능을 설명해 주기도 한다.

뿌리는 식물이 자라도록 땅속의 물과 영양분을 빨아들이는 일과, 식물이 넘어지지 않도록 뿌리가 흙을 꼭 잡고 있다 등 과학적인 말이 오고 간다.

"응… 그래서 뿌리가 길게 있나 봐."

아이들은 뿌리를 직접 보니 쉽게 이해한다.

아이들이 이해하도록 부모들은 줄기와 잎을 보고 만지며 이야기한다.

"줄기는 물과 양분이 지나가도록 통로 역할과 식물의 몸을 꼭 지탱해 준단다. 그리고 잎은 햇빛을 받아서 숨을 쉬며 식물이 잘 자라도록 도와주지."

부모의 설명에 고개를 끄덕이며 잎을 한 번 더 만져 보기도 한다. 궁금한 것을 질문하는 아이도 있다.

"근데 왜 사람들이 쑥을 먹어요?"

"음… 쑥에는 우리 몸을 건강하게 해 주는 것이 있어서 그래."

아이들은 쑥에 대한 부모와의 상호작용으로 쑥에 대한 정보와 지식이 점점 더 다양하게 구성되는 것을 볼 수 있다.

부모참여수업은 부모와의 상호작용을 통하여 자녀의 잠재능력을 개발하는 기회가 된다. 이것이 부모참여수업의 효과이기도 하다.

활동에 참여한 부모의 긍정적인 평가를 보면 알 수 있다.

"아이들이 자연에 대한 호기심과 관심이 커가는 것을 볼 수 있어 뿌듯해요."

"쑥뿐만 아니라 다른 식물이나 꽃에도 관심을 갖는 모습을 보니 기뻤습니다."

"쑥을 상처에 붙여 보며 쑥의 효과도 말해 보고, 맛을 보면서 어떤지 말해 봤어요. 찍어서 맛을 보며 신나하네요."

"자연 속 생태를 통한 오감교육은 우리 아이들에게 정서적 안정감을 주고 생명력을 증진시킨다는 사실을 확증하고 갑니다. 무한한 가치가 있는 유아생태 교육의 확장을 기대합니다."

"부모도 자연에 관심을 가져야 되겠습니다."

하는 학부모가 주는 격려에 힘입어 자연친화적인 교육과정을 실천하는 의지와 신념이 더욱 확고해진다.

보고, 만지며, 들은 이야기 <10>

2 보고, 만지며, 들은 이야기 〈10〉

자연에서 아름다운 경험은 감성을 키운다.

꽃다지

Story 1 "꽃다지와 놀아요."

>> 들어가기

"오월 숲에서 놀며 호기심을 확장해요."

아이들의 언어를 귀 기울여 보면 본 대로 느낀 대로 말한다. 아름다움을 경험하면 아름다운 언어를 사용한다. 봄날 땅바닥에 딱 달라붙어 가느다란 꽃대에 피어난 노란색 꽃다지 꽃들이 아이들의 아름다운 감성을 키워 준다. 사랑하는 엄마가 생각나고 함께 나누고 싶은 따뜻한 감성이 계발된다. 아이들이 아름다운 자연환경에서 놀아야 할 이유가 여기에 있다.

오월에 아이들은 어디서 무엇을 하고 놀까? 이렇게 푸르고 꽃이 피어 있는 아름다운 봄을 느끼고 감상해야 하지 않을까? 한두 번의 견학으로 봄의 아름다움을 즐겼다고 만족하고 있지는 않은지. 오월은 매일 숲 나들이가 필요한 시기다. 숲은 아이들의 감각을 깨우고 지각을 돕기 때문이다. 그리고 숲에서는 무엇을 하였느냐가 중요한 것이 아니라 얼마나 많은 시간을 보냈느냐가 중요하지 않을까?

>> 활동계획안

<table>
<tr><td rowspan="2">누리과정 관련요소</td><td colspan="2">신체운동 • 건강</td><td>바깥에서 신체활동하기</td></tr>
<tr><td colspan="2">자연탐구</td><td>탐구하는 태도 기르기</td></tr>
<tr><td rowspan="4">어떻게 놀이할까?</td><td colspan="3">• 누구와 : 친구랑
• 어디서 : 봄 - 들판
• 무엇을 가지고 : 꽃다지</td></tr>
<tr><td>이렇게 놀아요</td><td colspan="2">(1) 시작 : 친구랑 들에 나갔어요.
(2) 그리고 : 들에서 꽃다지를 발견해요.
(3) 마무리 : 꽃다지와 놀며 아름다운 생각을 해요.</td></tr>
<tr><td colspan="3">누리과정과 연계되는 확장된 놀이</td></tr>
<tr><td>이렇게 놀아 보세요</td><td colspan="2">하나, 꽃다지를 4B 연필로 표상해 본다.
(예술경험 - 예술적 표현하기 – 미술활동으로 표현하기)
둘, 광목천에 물감으로 꽃다지 들판을 꾸민다.
(예술경험 - 예술적 표현하기 – 미술활동으로 표현하기)
셋, 꽃다지와 냉이를 비교하며 관찰한다.
(자연탐구 – 수학적 탐구하기 – 기초적인 측정하기)</td></tr>
<tr><td>유 의 점</td><td colspan="3">– 돋보기로 꽃을 관찰한다.
– 꽃다지 꽃이 피기 전 나물로 해서 먹어 본다.</td></tr>
</table>

Story 2 "꽃다지와 놀며 배우는 아이들"

▼ "이게 뭘까?"

▼ 냉이꽃과 비교하는 아이들

▼ 꽃다지를 찾는 아이들

▼ 꽃다지를 찾다 발견한 지칭개

놀이에 녹아 있는 누리과정 연령별 세부내용 엿보기

1. 신체활동 • 건강 - 신체활동에 참여하기

3세	4세	5세
규칙적으로 바깥에서 신체 활동을 한다.	규칙적으로 바깥에서 신체 활동을 한다.	규칙적으로 바깥에서 신체 활동을 한다.

* 바깥에서 신체활동을 하면 대근육의 발달이 이루어질 뿐 아니라, 햇빛 아래서 신나게 놀고 주변의 사물도 관찰하는 과정을 통해 신체적, 정서적 발달을 도모한다.

2. 자연탐구 - 과학적 탐구하기 - 호기심을 유지하고 확장하기

3세	4세	5세
주변 사물과 자연세계에 대해 호기심을 갖는다.	주변 사물과 자연세계에 대해 지속적으로 호기심을 갖는다.	주변 사물과 자연세계에 대해 지속적으로 호기심을 갖고 알고자 한다.

* 주변에 있는 꽃다지를 보며 꽃다지의 생김새를 관찰하고 먹어 보기도 하고 그려 보기도 하며 자연세계에 대한 호기심을 확장한다.

Story 3 "꽃다지 이야기"

"꽃이 나를 보고 있는 것 같아요."

이른 봄 유치원 주변을 산책하다 보면 계절의 변화를 한눈에 알 수 있다.

양지바른 언덕에 냉이와 꽃다지 꽃들이 쪼르르 피어 앉아 지나가는 아이들에게 봄이 왔음을 알려 준다. 그 중 키 작은 꽃다지 꽃이 옹기종기 피어 있는 모습을 보면 너무 귀엽고 앙증맞아서 웃음이 절로 난다.

꽃다지는 이른 봄이 되면 제일 먼저 돋아나 봄을 알려 주는 꽃이다.

언제 싹이 나왔는지 꽃이 노랗게 피어 있다.

꽃다지는 뿌리에서 여러 잎이 나와 줄기 끝에서 노란색 꽃이 피는데 한 송이는 별 볼일 없지만 무리지어 피어 있으면 참 예쁜 꽃이다.

줄기에 꽃이 닥지닥지 피어난다고 해서 꽃다지라고 불리는데 이름처럼 꽃이 예쁘다.

아이들은 꽃다지 꽃을 따서 입에 물고

"먹어도 되죠?"

라고 묻는다.

계절마다 주변의 꽃과 잎을 생으로 먹어 보거나 다양한 음식을 만들어서 먹어 본 아이들의 반응이다. 아이들은 산책을 하며 먹을 수 있는 식물을 직접 따서 맛을 보는 것을 즐긴다.

이른 봄부터 땅에서 올라오는 대부분의 식물은 먹을 수 있는 것이 상당히 많다.

냉이와 쑥을 비롯해서 돌나물, 씀바귀 등은 건강에 좋은 봄철 식물이다.

꽃다지도 이른 봄에 먹는 봄나물로 맛이 담백하다.

꽃이 피기 전에 뜯어서 끓는 물에 가볍게 데쳐 물기를 꼬옥 짠 다음 참기름을 넣고 조물조물 양념해서 먹으면 봄철 입맛이 살아난다. 어렸을 적에는 코딱지 나물이라 불렀는데 이유도 모르고 그렇게 부르며 들에서 캐어다 봄나물해서 먹었다.

대부분 사람들이 이른 봄 거의 동시에 나오는 냉이꽃과 꽃다지를 구분하지 못한다.

서로 닮은 점이 많기 때문이다. 두 식물은 꽃 모양이 같고 색깔만 다르다. 냉이 꽃은 하얗고 꽃다지 꽃은 노랗다.

아이들은 앙증맞은 꽃다지 꽃을 더 좋아한다.

꽃다지를 보자 너무 예쁘다고 집에서 키워 보고 싶다거나 엄마에게 선물하고 싶어 하기도 한다.

꽃다지 꽃이 아름다움을 나눠 준다.

아이들의 말이 아름다운 꽃다지 꽃처럼 표현된다.

"꽃다지 꽃이 나를 보고 있는 것 같아요."

"귀엽고 예뻐요,"

"꽃다지 춥겠다."

고사리 같은 여린 손으로 봄바람을 막아 주기도 한다.

꽃다지 꽃이 아이들의 마음을 아름답게 창조한다.

자연이 주는 아름다움이 아이들의 아름다운 감성을 깨운다.

꽃다지를 작은 유리병에 꽂아 현관에 있는 탁자에 올려놓자 복도를 오가며 발걸음을 멈추고 한참을 들여 보다가 교실로 들어간다.

'아이들이 꽃을 보며 무슨 생각을 할까?' 궁금하다.

작은 꽃다지 꽃은 꽃의 크기에 비해 너무나 큰 행복을 아이들에게 전해 준다.

무궁화꽃 이야기

아이들은 새로운 것을 발견하는 기쁨으로 산다.

Story 1 "무궁화꽃과 놀아요."

>> 들어가기

"무궁화꽃과 놀며 배움을 즐겨요."

아이들은 무궁화꽃이 우리나라 꽃이라는 것을 잘 알고 있다. 하지만 무궁화나무를 직접 탐색하는 기회는 흔치 않다. 무궁화꽃을 관찰하다가 책에서만 봤던 꽃술을 찾아내고는 즐거워한다. 꽃의 색깔을 비교하고 직접 암술과 수술을 만져 보는 즐거운 놀이가 발현되고, 이를 통해 새로운 사실을 발견하고 감동하며 배움을 즐긴다. 자연에서 놀다 보면 흔히 있는 일이다.

아이들은 새로운 사실을 발견하면 그렇게 기뻐할 수가 없다. 그렇다면 이러한 새로운 발견은 지속적으로 하는 것이 좋지 않을까? 이런 경험을 통해 스스로 배움을 즐기는 사람이 되지 않을까?

자연에서 놀면서 새로운 것을 발견하는 기쁨을 아는 아이들은 '자연과 사람이 공존하며 행복하게 살아가는 세상'에 대해 더 깊은 관심을 갖게 될 것이다. 이런 사람을 키우는 것이 우리의 현재와 미래의 과제이다.

>> 활동계획안

<table>
<tr><td rowspan="2">누리과정 관련요소</td><td colspan="2">자연탐구</td><td>탐구하는 태도 기르기</td></tr>
<tr><td colspan="2">사회관계</td><td>사회에 관심갖기</td></tr>
<tr><td rowspan="4">어떻게 놀이할까?</td><td colspan="3">• 누구와 : 친구랑
• 어디서 : 여름 - 무궁화꽃이 피어 있는 곳
• 무엇을 가지고 : 무궁화꽃</td></tr>
<tr><td>이렇게 놀아요</td><td colspan="2">(1) 시작 : 친구랑 산책을 나갔어요.
(2) 그리고 : 무궁화꽃을 발견해요.
(3) 마무리 : 무궁화꽃과 놀며 꽃의 구조를 알아요.</td></tr>
<tr><td colspan="3">누리과정과 연계되는 확장된 놀이</td></tr>
<tr><td>이렇게 놀아 보세요</td><td colspan="2">하나, 무궁화꽃 잎이 몇 장인지 세어 본다.
(자연탐구 – 수학적 탐구하기 – 수와 연산의 기초개념 알아보기)
둘, 가을에 무궁화꽃 씨의 변화 과정을 관찰한다.
(자연탐구 – 과학적 탐구하기 – 생명체와 자연환경 알아보기)
셋, 무궁화 나뭇잎으로 찍기 놀이를 한다.
(예술경험 – 예술적 표현하기 – 미술활동으로 표현하기)</td></tr>
<tr><td>유 의 점</td><td colspan="3">– 생활 주제 '우리나라'에 활동한다.
– 꽃을 함부로 따지 않도록 주의한다.</td></tr>
</table>

Story 2 "무궁화와 놀며 배우는 아이들"

▼ 우리나라 꽃

▼ 과학영역에 전시 중

▼ 무궁화꽃 이야기 중

▼ 향기를 맡아요.

▼ 무궁화 나무 앞에서

▼ 무궁화꽃 이야기를 들어요.

놀이에 녹아 있는 누리과정 연령별 세부내용 엿보기

1. 자연탐구 – 과학적 탐구하기 – 호기심을 유지하고 확장하기

3세	4세	5세
주변 사물과 자연세계에 대해 호기심을 갖는다.	주변 사물과 자연세계에 대해 지속적으로 호기심을 갖는다.	주변 사물과 자연세계에 대해 지속적으로 호기심을 갖고 알고자 한다.

* 무궁화의 생김새에서 시작된 호기심을 통해 꽃의 특징과 번식방법 등 자연에 대해 호기심을 가지고 확장하는 활동을 경험한다.

2. 사회관계 – 사회에 관심갖기 – 우리나라에 관심갖고 이해하기

3세	4세	5세
우리나라를 상징하는 것에 관심을 가진다.	우리나라를 상징하는 것을 안다.	우리나라를 상징하는 것을 알고 예절을 지킨다.

* 무궁화가 우리나라를 대표하는 꽃임을 알고 관심을 가지며, 지속적으로 꽃의 특징뿐 아니라 이와 관련된 놀이에 참여하고, 노래를 부르며 우리나라에 대한 관심을 갖는다.

Story 3 "무궁화꽃 이야기"

"얘들아, 꽃술이 쌀알처럼 생겼어."

여름부터 핀 무궁화꽃은 8월 중순이 되면 매우 많이 핀다.

무궁화 꽃은 7~10월 사이 여름과 가을에 걸쳐 약 100일간 계속해서 피고 지기를 반복하며 8월에 그 절정을 이룬다. 꽃의 색깔도 자색, 백색, 분홍색 등으로 다양하고 홑꽃, 반 겹꽃, 겹꽃으로 피는데, 그 품종 또한 200여 종에 이른다고 한다.

유치원 주변에도 여러 종류의 무궁화 나무가 있다. 아이들은 동네를 산책하며 무궁화 나무 밑에 떨어진 꽃을 주워 꽃의 색깔, 잎의 모양, 냄새 등을 관찰하며 무궁화꽃과 친해진다.

무궁화꽃은 해가 뜨면 활짝 피었다가 해가 지면 꽃잎을 오므리고 땅에 떨어진다. 그리고 다음날 아침이면 새로운 꽃이 피는 것이 특징이다.

이 꽃은 우리나라를 상징하는 꽃이기 때문에 해마다 '우리나라' 주제에 탐색하고 무궁화꽃과 연관된 놀이를 하며 논다.

아이들은 '무궁화꽃이 피었습니다.' 놀이를 좋아한다. 커다란 느티나무에서 선생님이 술래가 되어 '무궁화꽃이 피었습니다.'라고 외치면 아이들은 여러 동작을 하다 멈춰 서는데 그 모습이 웃음을 자아낸다. 술래에 잡히지 않으려고 무던히 애를 쓰는 모습을 보고 웃음을 터트리곤 한다.

어젯밤에 비가 내려서 그런지 무궁화나무 밑에는 떨어진 꽃들이 즐비하다. 여러 장의 꽃잎이 포개져 길 위에 누워 있다. 아이들은 무궁화꽃을 한 개씩 주워 꽃 속이 궁금한지 꽃잎을 펼쳐가며 들여다본다.

꽃잎을 펼치자 꽃술이 보인다.

"꽃술이 쌀알처럼 생겼어요."

"옥수수처럼 생겼어요."

라고 말한다.

책에서만 봤던 꽃술을 무궁화꽃에서 발견했다고 무척 기뻐한다. 꽃을 주워서 자세히 관찰해보니 아이들이 말한 대로 암술머리 5개가 옥수수 낱알을 붙여 놓은 것 같다.

"와! 꽃술이 너희들이 말한 대로 쌀알처럼, 옥수수처럼 생겼구나. 정말 그러네. 어쩌면 너희들은 관찰을 그렇게 잘하니?"

아이들에게 칭찬을 하지 않을 수 없다. 칭찬을 해 주자 아이들은 자신들이 대단한 것을 발견했다며 무척 좋아한다.

무궁화꽃은 다른 꽃에 비해 꽃잎과 꽃술이 커서 암술과 수술을 확연히 구분할 수 있어 꽃의 구조를 이해하는 데 도움이 된다.

아이들은 칭찬에 신이 났는지 무궁화꽃에다 입을 대고 벌처럼 꿀을 빠는 시늉을 한다.

"나는 벌이야. 꿀을 먹고 있어."

한 아이가 벌을 흉내 내자 한바탕 웃으며 여기저기서 갑자기 벌떼들이 나타난 듯 꿀을 먹는 흉내를 내며 즐거워한다.

아이들은 어떤 상황에서도 즐거운 놀이를 할 수 있는 창의적인 소재를 만들어 낸다. 이런 능력에 놀라지 않을 수 없다.

우리가 교실에서 밖으로 나와야 하는 이유를 아이들이 깨닫게 한다. 우리는 아이들을 데리고 무궁화 나무 밑으로 가야 한다. 무궁화꽃을 이해하는 또 다른 방법들을 아이들이 고안해 내니까 말이다.

무궁화꽃은 꿀과 꽃가루가 많아 곤충들이 많이 찾아온다. 그런데 오늘은 꽃 속에 곤충대신 개미들이 많은 것을 보자 호기심이 더 싹튼다.

"꽃에 꿀이 많이 있나 봐! 개미도 꿀을 먹으러 왔나 봐요."

아이들은 꽃 속에 숨어 있던 개미와 노느라 또 시간 가는 줄 모른다.

교실에 들어와서도 "무궁화, 무궁화 우리나라 꽃…." 노래를 부른다. 무궁화 꽃과 놀았던 시간이 무척 즐거웠나 보다. 아이들은 자연스럽게 우리나라 꽃을 사랑하는 마음이 생긴 것 같다.

10월이 되면 무궁화꽃 열매와 씨앗을 관찰하며 무궁화꽃의 변화를 알아가기도 한다

봉숭아 꽃 물들이기

감수성과 심미감을 기른다.

Story 1 "봉숭아꽃과 놀아요."

>>들어가기

"봉숭아꽃과 놀며 심미감을 길러요."

식물에서 색을 발견하는 활동은 아이들에게 식물의 세계를 넓고 깊게 볼 수 있는 시야를 만든다. 봉숭아꽃 물을 들이는 아름다운 경험을 통해 심미감이 자란다. 어렸을 적 자연에서 느끼는 아름다운 경험이 큰 기초가 된다. 손을 잡고 봉숭아꽃 물들이기를 하며 서로 따뜻한 마음이 오고 간다.

아이들은 자연의 외부 세계에 대한 자극을 받아들이고 반응하는 감수성을 계발하고 아름다운 마음을 키우는 순수한 자연성을 쏙쏙 빨아들인다. 여러 잡초에 섞여서 수수하게 피어 있는 꽃 한 송이라도 아이들 눈에 클로즈업될 때 아이들은 교감한다. 아이들이 아이답게 느끼고 반응하는 자연의 품으로 우리는 자주 발길을 돌려야 하지 않을까?

>> 활동계획안

<table>
<tr><td rowspan="2">누리과정 관련요소</td><td colspan="2">자연탐구</td><td>탐구하는 태도 기르기</td></tr>
<tr><td colspan="2">사회관계</td><td>사회에 관심갖기</td></tr>
<tr><td rowspan="5">어떻게 놀이할까?</td><td colspan="3">• 누구와 : 친구랑
• 어디서 : 여름 – 봉숭아 꽃밭
• 무엇을 가지고 : 봉숭아꽃</td></tr>
<tr><td>이렇게 놀아요</td><td colspan="2">(1) 시작 : 친구랑 꽃밭에 갔어요.
(2) 그리고 : 꽃밭에서 봉숭아꽃을 관찰해요.
(3) 마무리 : 봉숭아꽃으로 손톱에 물들이고 행복해요.</td></tr>
<tr><td colspan="3">누리과정과 연계되는 확장된 놀이</td></tr>
<tr><td>이렇게 놀아 보세요</td><td colspan="2">하나. 면 손수건에 봉숭아 꽃잎을 올려 놓고 수저로 두드려 본다.
(예술경험 – 예술적 표현하기 – 미술활동으로 표현하기)
둘. 봉숭아꽃밭에 살고 있는 다양한 생물을 조사한다.
(자연탐구 – 과학적 탐구하기 – 생명체와 자연환경 알아보기)
셋. 봉숭아꽃과 잎을 가정으로 가져가서 가족놀이를 연계한다.
(사회관계 – 가족을 소중히 여기기 – 가족과 화목하게 지내기)</td></tr>
<tr><td>유 의 점</td><td colspan="3">– 봉숭아꽃 물들이기 할 때 손가락이 있는 일회용 비닐장갑을 하나씩 잘라서 사용하면 간편하다.
– 손가락을 묶을 때 아프지 않도록 주의한다.</td></tr>
</table>

Story 2 "봉숭아와 놀며 배우는 아이들"

▼ "꽃 물이 나오네요."

▼ 봉숭아꽃 잎을 찧어요.

▼ 봉숭아꽃을 따요.

▼ "벌써 물들었어요."

▼ 봉숭아꽃 물을 들여요.

▼ 사후 활동

놀이에 녹아 있는 누리과정 연령별 세부내용 엿보기

1. 자연탐구 - 과학적 탐구하기 - 호기심을 유지하고 확장하기

3세	4세	5세
주변 사물과 자연세계에 대해 호기심을 갖는다.	주변 사물과 자연세계에 대해 지속적으로 호기심을 갖는다.	주변 사물과 자연세계에 대해 지속적으로 호기심을 갖고 알고자 한다.
* 봉숭아꽃의 생김새와 특징을 관찰하며 주변의 식물에 대해 사랑하는 마음을 가진다.		

2. 예술경험 - 아름다움 찾아보기 - 미술적 요소 탐색하기

3세	4세	5세
자연과 사물의 색, 모양, 질감 등에 관심을 갖는다.	자연과 사물의 색, 모양, 질감 등에 관심을 갖는다.	자연과 사물에서 색, 모양, 질감 등을 탐색한다.
* 봉숭아꽃의 색의 아름다움을 경험하며 자신의 손톱에 물들이는 과정을 통해 자연의 심미감과 우리 주변을 아름답게 해주는 자연에 감사한 마음을 가진다.		

Story 3 "봉숭아꽃 이야기"

"오래 참고 기다리면 더 빨갛게 돼."

봉숭아꽃이 피었다.

한 여름의 열기를 다 이겨내며 빨갛게 피어 있는 모습이 정겹다. 어렸을 때 담장 밑이나 마당 한쪽에서 늘 보았던 꽃이라서 친근하다. 저녁이면 툇마루에 걸터앉아 봉숭아꽃과 잎을 찧어 손톱에 올리고 비닐로 감싼 후 무명실로 칭칭 동여매고 잠을 자곤 했다. 손가락을 싼 비닐이 벗겨지지 않도록 실을 꽁꽁 맬 경우 자다 보면 아프지만 꾹 참고 잠을 잤다. 아침에 일어나 손톱이 빨갛게 물든 것을 보고 좋아했다. 첫눈이 올 때까지 봉숭아물이 지워지지 않으면 첫사랑이 이루어진다는 속설 때문이었을까? 유치원 화단에 봉숭아꽃이 분홍색과 빨간색 두 가지로 섞여서 피었다.

아이들은 꽃을 눈으로 보기도 하지만 꽃잎을 직접 만져 보며 관찰하기도 한다. 떨어진 꽃잎을 주워서 집으로 가져가기도 한다. 아마 집에서 엄마랑 봉숭아물을 들이고 싶어서인가 보다. 봉숭아꽃밭에 아이들이 둘러서서 꽃을 관찰한다.

"봉숭아 잎이 밤나무 잎 같아요."

"봉숭아꽃이 주머니 같아요."

"봉숭아꽃이 입을 벌리고 있는 것 같아요."

등… 눈과 손으로 봉숭아꽃을 읽으며 특징을 알아간다.

아이들 말대로 봉숭아 잎사귀를 자세히 살펴보니 길쭉한 것이 밤나무 잎 모양과 비슷하다. 아이들의 시각과 경험들이 예사롭지 않다. 아이들이 산책을 가거나 숲에 갈 때 건성건성 보는 것 같지만 주변의 사물들을 예리하게 관찰하고 있다는 것을 알 수 있다.

봉숭아꽃 모양도 주머니를 닮았다. 그리고 꽃을 자세히 보면 입을 벌리고 있는 것처럼 보인다. 참 놀라운 관찰력이다.

봉숭아꽃이 진 후 씨주머니가 달리기도 한다. 씨앗주머니를 손으로 살짝 건드리면 톡 하고 씨앗이 사방으로 퍼지며 도르르 말리는 모습이 신기하다.

아이들은 신기한지 씨앗주머니를 찾아서 터트리곤 한다. 봉숭아 꽃말이 '나를 만지지 마세요.'이다. 애교스런 꽃말이다.

아이들은 봉숭아꽃과 잎을 반씩 따서 백반과 소금을 넣고 절구에 찧는다. 엄마가 김치 만드는 것과 같다고 한다. 궁금한 것이 많은 아이는 봉숭아 잎이 초록색인데 어떻게 빨갛게 물이 드는지 궁금해한다. 봉숭아 잎을 찧는 절구에 손가락으로 찍어 보기도 한다. 손에 금방 붉게 물이 든 것을 보고 매우 신기해한다.

"손에 벌써 물이 들었어요."

"예쁠 것 같아요. 빨리하고 싶다."

아이들의 성화에 밀려 한 친구씩 손가락에 봉숭아꽃을 얹고 비닐로 감싸 준다. 봉숭아 물들이는 경험이 있는 아이들은 친구들과 선생님에게 봉숭아 꽃 물들이는 방법에 대해서 적극적으로 설명하기도 한다.

"오래 참고 기다리면 더 빨갛게 돼."

"아파도 꾹 참아야 해."

봉숭아 물을 처음 들이는 아이들은 뭐가 뭔지도 모르고 참아야 된다는 말에 겁을 먹기도 한다.

봉숭아꽃 물들이는 놀이는 예로부터 음력 5~6월경에 아이들과 부녀자들이 손톱에 봉숭아꽃을 물들이는 세시풍속이다.

아이들은 세시풍속문화를 체험하는 것이다.

자연에서 발견한 아름다운 색으로 자신에게 아름다움을 표현하며 즐거워한다. 여름 꽃인 봉숭아꽃이 아이들에게 아름다운 추억을 만들어 준다.

유치원 주변에는 여름꽃들이 한창이다. 해바라기, 봉숭아, 나팔꽃, 호박꽃, 채송화 등이 뜨거운 태양빛을 잘도 견디며 피어 있다. 한여름 지루할 것도 같은데 봉숭아꽃으로 아름다움을 배운다. 여름꽃이 고맙다. 봉숭아는 우리말이고 한자로는 봉선화라고 한다.

아이들이 만나는 세상은 신기하고 재미있다.

새싹 찾기

Story 1 "새싹과 놀아요."

들어가기

"새싹과 놀며 세상은 신기하고 재미있다는 것을 배워요."

새싹을 발견하면 신기한 표정을 감추지 못하는 아이들이다. 추운 땅속을 뚫고 나온 가녀린 새싹을 보며 아이들은 사랑을 느낀다. 논리적으로 표현하는 방법은 서툴러도 새싹과 교감하는 능력은 어른보다 더 뛰어나다. 새싹을 찾아내며 아이들은 앞으로 살아가는 데 필요한 인내와 사랑을 감각으로 배운다.

아이들의 눈으로 보면 이 세상이 어떻게 느껴질까? 대부분의 모든 것이 처음 만나는 것일텐데 신기한 눈으로 바라보는 아이들만의 안경을 통해 재미있는 렌즈로 세상을 바라본다. 아이들은 이 세상을 나쁘게 보는 것보다 긍정의 눈으로 본다. 왜 그럴까? 아이들이니까.

세상을 보는 안경 도수를 맞춰가는 이 시기의 아이들에게 세상은 신기하고 재미있다는 긍정의 안경을 끼워주어야 하지 않을까?

>> 활동계획안

<table>
<tr><td rowspan="2">누리과정 관련요소</td><td colspan="2">자연탐구</td><td>탐구하는 태도 기르기</td></tr>
<tr><td colspan="2">의사소통</td><td>말하기</td></tr>
<tr><td rowspan="4">어떻게 놀이할까?</td><td colspan="3">• 누구와 : 친구랑
• 어디서 : 여름 - 새싹이 있는 곳
• 무엇을 가지고 : 새싹과 돋보기</td></tr>
<tr><td>이렇게 놀아요</td><td colspan="2">(1) 시작 : 친구랑 들에 갔어요.
(2) 그리고 : 들에서 여러 가지 새싹을 발견해요.
(3) 마무리 : 새싹 이야기를 친구와 즐겁게 나눠요.</td></tr>
<tr><td colspan="3">누리과정과 연계되는 확장된 놀이</td></tr>
<tr><td>이렇게 놀아 보세요</td><td colspan="2">하나. 새싹을 털실로 종이 위에 꾸며 본다.
(예술경험 – 예술적 표현하기 – 미술활동으로 표현하기)
둘. 새싹의 변화과정을 기록해 본다.
(자연탐구 – 과학적 탐구하기 – 생명체와 자연환경 알아보기)
셋. 새싹을 보고 느낀 점을 글자로 써 본다.
(의사소통 - 쓰기 – 쓰기에 관심가지기)</td></tr>
<tr><td>유 의 점</td><td colspan="3">– 새싹을 관찰하고 소중히 다루도록 한다.
– 아이들이 새싹과 충분히 상호작용하도록 한다.</td></tr>
</table>

Story 2 "새싹과 놀며 배우는 아이들"

▼ 호기심 가득한 아이들

▼ "여기도 있네."

▼ 봄을 알리는 새싹

▼ 고개를 내미는 새싹

▼ 땅에서 새싹 찾기

▼ "여기 있다."

놀이에 녹아 있는 누리과정 연령별 세부내용 엿보기

1. 자연탐구 - 과학적 탐구하기 - 호기심을 유지하고 확장하기

3세	4세	5세
주변 사물과 자연세계에 대해 호기심을 갖는다.	주변 사물과 자연세계에 대해 지속적으로 호기심을 갖는다.	주변 사물과 자연세계에 대해 지속적으로 호기심을 갖고 알고자 한다.
* 주변에 있는 새싹을 보며 생김새를 관찰하고 자연세계에 대한 호기심을 확장한다.		

2. 의사소통 - 말하기 - 느낌, 생각, 경험 말하기

3세	4세	5세
자신의 느낌, 생각, 경험을 말한다.	자신의 느낌, 생각, 경험을 말한다.	자신의 느낌, 생각, 경험을 적절한 낱말과 문장으로 말한다.
* 새싹을 찾으며 느끼는 자신의 생각과 느낌, 경험 등을 자유롭게 표현하며 즐거움을 경험한다.		

Story 3 "새싹 이야기"

"귀엽다. 사랑스러워."

삼월 중순 봄 햇볕이 따뜻하다.

봄에 볼 수 있는 돌나물, 쑥, 냉이, 꽃다지, 수선화 등이 땅속에서 삐죽삐죽 올라온다. 겨울 추위를 견디고 꽁꽁 얼었던 땅을 뚫고 나온 생명력이 대단하다.

아직 식물의 형태가 불분명한 아주 작은 크기의 새싹들을 찾아본다. 아이들은 땅에 살짝 올라온 싹을 만져 보며 봄이 왔다고 말한다. 먼저 새싹을 발견한 아이에게 우르르 달려가 쪼그리고 앉아 자기들만의 언어로 즐겁게 이야기한다.

새싹을 관찰하며 자신의 느낌을 친구와 상호작용을 하는 것을 보니 교실에서 선생님과 이야기하는 시간보다 더 할 말이 많고 자유롭다.

"새싹이 작고 미끌미끌해."

"귀엽다. 사랑스러워."

"따뜻하고 부드럽다."

"뾰족뾰족하지?"

"돌나물 맛있지?

"응… 우리 먹어봤지."

아이들은 눈과 손으로 지각하며 자연과 소통한 것을 가지고 친구들과 소통한다. 아이들의 언어를 들어 보면 새싹의 특징을 아주 구체적으로 표현하는 것을 알 수 있다. 마음의 정서도 잘 표현된다. 손끝에 전달받은 생명의 소리에 민감하게 반응하며 교감한다. 어렸을 때 이런 민감성을 잘 길러 줘야 감수성이 풍부한 아이로 자란다.

새싹을 관찰하는 아이에게

"무엇을 하고 있니?"

라고 물으니

"새싹을 관찰하고 있어요."

라고 말한다.

"관찰이 무슨 뜻이지?"

여섯 살 여자아이가

"눈을 크게 동그랗게 뜨고 자세히 보는 거예요."

라고 말한다.

사전에 있는 말을 외워서 하는 것이 아니라 자기의 생각을 자신 있게 말하는 아이들이 놀랍다.

자연은 아이들에게 자신의 말을 잘 표현할 수 있도록 가르쳐 주는 힘이 있다. 지난 가을부터 떨어진 낙엽 더미에서 새싹 찾기가 꽤 재미있나 보다. 낙엽 더미를 들춰 보면 하나씩 발견되는 다른 모양의 새싹 하나하나에 흥미를 보인다. 새싹마다 생김새가 다르다는 것을 알고는 지루하지도 않은지 계속 찾아다닌다. 싹의 새로운 모양과 색을 발견할 때마다 선생님을 애타게 부르며 발견한 기쁨을 함께 나눈다. 우리가 그동안 알고 있는 새싹은 초록색 아니면 연두색인줄 알고 있었는데 붉은색, 보라색이 있는 것을 발견하며 놀란다. 사물을 직접 보며 우리가 통념으로 알아온 지식들에 오류가 있음을 깨닫는 시간이다.

아이들에게

"얘들아, 새싹이 자라면 어떻게 될까?"

라고 질문을 하자,

"꽃이 되고, 꽃이 크면 나무도 돼요."

"자연유치원 친구들에게 열매도 줘요."

라고 한다. 어린 새싹이 갖고 있는 무한한 가능성을 상상하는 아이들이다.

이른 봄 새싹이 움트는 경이로운 자연의 세계에 아이들이 자연에 눈을 뜨기 시작한다.

새싹 관찰을 하려고 밖으로 나왔는데 날씨가 쌀쌀했다. 그러나 아이들은 땅에서 머리를 내민 아기 새싹을 찾느라 분주하다. 저마다 즐거운 표정으로 새싹에게 예쁘게 자라라고 말을 건네는 아이들의 모습을 보니 가슴이 뭉클해졌다. ○○이가 달려와 "선생님, 우리가 전에 텃밭 관찰할 때 텃밭한테 사랑한다고 했더니 진짜 새싹이 자란 것 같아요."라며 뿌듯해하며 말을 건넨다. 단순히 지식을 배우는 것만이 교육의 목표는 아닐 것이다. 더욱이 요즘에는 인성을 갖춘 사람을 원하고 있다. 앞으로 지속적인 자연체험활동으로 우리 친구들이 자연에서 배운 지혜와 교감으로 아름다운 인성을 갖춘 사람으로 성장하도록 도와야겠다는 책임감이 들었다. (영아반 최 ○○ 교사활동 후기)

우리가 먹는 쌀이 궁금하다.

일 년 쌀농사

Story 1 "일 년 쌀농사 지으며 놀아요."

들어가기

"농사를 지으며 자연과 사람을 존중해요."

일 년 열두 달 하루 세끼 먹는 밥이 어떤 과정을 거치는지 논에서 놀며 이해한다. 벼농사 체험이 교육적으로 큰 의미가 있다. 쌀은 슈퍼에서 사는 것, 혹은 공장에서 만들어지는 것으로 알고 있는 아이들이 벼의 성장과정을 탐구하고 수확하는 과정을 통해 자연과 사람과의 관계를 이해한다.

요즘 아이들은 쌀을 주식으로 매일 먹으면서도 쌀이 어디서 어떻게 나는지 궁금해하지 않는다. 왜 궁금해하지 않을까? 쌀이 소중하다는 것은 경험하지 않으면 모를 수밖에 없다. 우리나라의 주식인 쌀의 소중함을 알아야 하지 않을까? 일 년의 농사 경험에서 배운 아이들이 스스로 잔반을 남기지 말자고 약속하는 것을 보면 쌀의 소중함을 알고 있다는 것이다.

≫ 활동계획안

<table>
<tr><td rowspan="2">누리과정 관련요소</td><td>자연탐구</td><td>과학적 탐구하기</td></tr>
<tr><td>사회관계</td><td>사회에 관심 갖기</td></tr>
<tr><td rowspan="4">어떻게 놀이할까?</td><td colspan="2">• 누구와 : 친구랑
• 어디서 : 가을 – 논
• 무엇을 가지고 : 호기심</td></tr>
<tr><td>이렇게 놀아요</td><td>(1) 시작 : 친구랑 논에 갔어요.
(2) 그리고 : 논에서 추수하는 과정을 알아가요.
(3) 마무리 : 농부 아저씨께 감사를 전하고 흘리지 않고 맛있게 먹어요.</td></tr>
<tr><td colspan="2">누리과정과 연계되는 확장된 놀이</td></tr>
<tr><td>이렇게 놀아 보세요</td><td>하나. 일 년 동안 벼가 자라는 과정을 기록해 본다.
(자연탐구 – 과학적 탐구하기 – 생명체와 자연환경 알아보기)
둘. 벼꽃을 돋보기로 보며 표상한다.
(예술경험 – 예술적 표현하기 – 미술활동으로 표현하기
셋. 논에 허수아비를 만들어 세우고 새를 쫓는다 .
(신체운동 • 건강 – 신체활동에 참여하기 – 바깥에서 신체활동하기)</td></tr>
<tr><td>유 의 점</td><td colspan="2">– 논에 다닐 때는 뱀이 나타날 수도 있으니 안전에 신경쓴다.
– 콤바인 추수과정을 볼 때 기계에서 멀리 떨어져서 지켜본다.</td></tr>
</table>

Story 2 "논에서 놀며 배우는 아이들"

▼ 못자리를 보는 아이들

▼ 모판을 관찰해요.

▼ 우리가 만든 허수아비

▼ 트렉터 표상하기

놀이에 녹아 있는 누리과정 연령별 세부내용 엿보기

1. 자연탐구 - 과학적 탐구하기 - 간단한 도구와 기계 활용하기

3세	4세	5세
도구와 기계의 편리함에 관심을 갖는다.	도구와 기계의 편리함에 관심을 갖는다.	변화하는 새로운 도구와 기계에 관심을 갖고 장단점을 안다.

* 일 년의 농사 과정에 다양한 도구와 기계가 이용됨을 알고 다양한 기계의 편리함에 관심을 갖는다.

2. 사회 관계 - 사회에 관심 갖기 - 지역사회에 관심 갖고 이해하기

3세	4세	5세
우리 동네 사람들에 관심을 갖는다.	우리 동네 사람들이 하는 일에 관심을 갖는다.	다양한 직업에 관심을 갖는다.

* 우리 동네에서 논농사를 하시는 농부 아저씨의 수고에 감사드리는 마음을 갖고, 쌀 농사가 진행되는 과정을 통해 지역사회와 우리의 먹거리에 대해 감사한 태도를 갖는다.

Story 3 "일 년 쌀농사 이야기"

"벼는 어떻게 쌀이 되나요?"

"벼는 어떻게 쌀이 되나요?"

쌀 프로젝트 활동을 하는 아이들이 산책하며 논에서 일하고 계시는 농부 아저씨께 질문을 한다. 아저씨는 갑자기 나타난 아이들의 질문에 당황해 하신다. 아이들이 궁금증을 조사하는 과정에서 사진과 동영상으로 기록하니 어색해하신다. 한참을 고심하시다 친절하게 말씀을 해 주신다.

"모를 봄에 심으면 계속 자란다. 그럼 가을이 되면 벼가 누렇게 익지. 너희들 매일 쌀밥 먹지? 벼가 자라서 추수하고 껍질을 벗기면 이제 쌀이 되는 거야."

농부 아저씨의 말씀을 진지하게 듣더니 알쏭달쏭 하지만 좀 이해가 간다는 눈치다.

아이들은 일 년 쌀농사의 과정을 지속적으로 체험한다.

봄부터 유치원 주변의 논에서 이앙기가 모를 심는 것부터 참관한다. 논둑에서서 사람 대신 기계가 모내기하는 과정을 지켜보며 논에 그림 그리듯 녹색이 줄지어가는 것을 신기한 눈으로 바라본다.

여름에는 벼가 자라는 논길을 걸으며 벼와 관련된 지식을 하나, 둘 알아가기 시작한다.

여름방학이 끝나고 논에 가면 벼 이삭들이 나오기 시작한다. 곧이어 꽃이 피는 것을 관찰한다. 그러나 어떤 해는 꽃을 보는 것을 놓칠 때도 있다. 벼가 꽃이 피는 시기는 일 주일 정도로 짧기 때문이다.

벼꽃은 돋보기로 자세히 관찰해야 볼 수 있을 정도로 크기가 아주 작은데 꽃을 보고 있노라면 또 다른 세상을 보는 것 같다. 꽃이 하얀 아기별 꽃을 닮았는데 그 청초함이 정말 아름답다. 대부분의 사람들은 벼가 꽃이 핀다는 것을 잘 알지 못한다.

우리가 매일 먹는 밥의 재료인 쌀이 벼꽃이 하나씩 피어서 여물게 된다는 사실을 알면 식물의 세계가 너무나 신기하고 놀랍다.

벼에 꽃이 지고 낟알이 여물기 시작하면 들판은 추수하기 시작한다. 농부 아저씨들의 발길은 분주해지고 농기계 소리도 요란하다. 아이들도 추수하는 기계 소리만 들리면 밖으로 나와서 논으로 향한다. 벼를 추수하는 풍경을 지켜보는 것을 무척 흥미로워한다.

논 가에 둘러서서 콤바인이 논을 가로지르며 추수하는 작업과정을 집중하며 관찰한다. 콤바인이 벼를 줄지어 타작하면 볏짚들이 잘게 분쇄하여 논에 뿌려지고, 벼 포대는 뒤쪽으로 덩그러니 툭 떨어진다. 이때 뒤따라 다니는 경운기는 논에 떨어지는 벼 포대를 싣고 나르는 데 분주하다. 기계와 사람이 호흡을 맞춰 넓은 논의 벼를 순식간에 해 치운다.

콤바인 기계가 지나갈 적마다 논에 심어 있는 벼들이 점점 줄어드는 것이 신기한지 기계 소리가 커서 시끄러워도 아이들은 자리를 떠날 줄 모른다.

요즘 논에서 추수하는 광경을 보기란 쉽지 않다. 가을에 추수하는 것을 직접 볼 수 있는 시청각 교육이 논에서 이루어지고 있다. 가을 추수를 이해한다.

일 년 쌀농사의 경험은 이후 쌀과 관련된 문학과 산업과 역사 등을 이해하는 기초자료가 될 것이다. 아이들은 논에서 놀며 농사의 의미를 알고 식물과 사람의 관계를 이해한다.

여기서 마무리하는 것이 아니라 농사를 지은 농부 아저씨께 감사의 마음을 전하는 편지를 쓰기도 한다. 그리고 식사시간에 밥을 먹으며 농사의 과정을 기억하고, 먹을 수 있게 된 것에 감사하는 태도를 갖는다. 농사는 의미 있는 교육 활동이다.

자연은 풍부한 언어 발달을 돕는다.

자연에서 배우는 언어

Story 1 "자연에서 놀아요."

>> 들어가기

"논에서 놀며 어휘력을 길러요."

유아기는 자신을 둘러싼 환경과 상호작용하며 말과 글자에 친숙해지는 시기다. 유아기에 친숙한 글자를 가지고 읽기와 쓰기에 관심을 갖도록 하면 글자에 대해 거부반응 없이 흥미를 갖게 된다. 그러나 의미도 모르는 글자를 외워서 읽고 쓰는 경우 금방 지루해하거나 글자에 대해서 좋지 않은 느낌을 가질 수 있다. 먼저 읽고 쓰기보다는 상황 속에서 자신의 생각과 느낌을 충분히 이야기하고, 그 의미를 이해하는 환경을 제공해 주는 것이 중요하다.

아이들의 어휘력은 어떻게 증진될까? 아이들은 수다쟁이가 되어야 한다. 영유아기의 아이들은 말이 많은 시기이기 때문이다. 할 말이 많은 아이들에게 말을 조금만 하고 가만히 앉아 듣기만 하라고 한다면 아이들의 느낌은 어떨까? 아이들이 말하고 싶은 욕구를 채워줘야 하지 않을까? 충분히 말을 하며 표현하는 자유를 즐기다 보면 읽고 쓰는 표현에 더 친숙해지지 않을까?

>> 활동계획안

<table>
<tr><td rowspan="2">누리과정 관련요소</td><td colspan="2">자연탐구</td><td>탐구하는 태도 기르기</td></tr>
<tr><td colspan="2">의사소통</td><td>말하기</td></tr>
<tr><td rowspan="4">어떻게 놀이할까?</td><td colspan="3">• 누구와 : 친구랑
• 어디서 : 사계절 – 논
• 무엇을 가지고 : 논에서 발견한 생물과 논 풍경 그리고 보고, 느낀 것 등</td></tr>
<tr><td>이렇게 놀아요</td><td colspan="2">(1) 시작 : 친구랑 논에 나들이 가요.
(2) 그리고 : 논에서 여러 가지 생물을 발견해요.
(3) 마무리 : 친구들과 논에서 본 생물들의 이야기와 내 생각을 많이 이야기해요.</td></tr>
<tr><td colspan="3">누리과정과 연계되는 확장된 놀이</td></tr>
<tr><td>이렇게 놀아 보세요</td><td colspan="2">• 논과 관련된 그림책을 읽는다.
(의사소통 – 읽기 – 책 읽기에 관심가지기)
• 논에 살고 있는 생물이 나와 있는 자연관찰 책을 본다.
(의사소통 – 읽기 – 책 읽기에 관심가지기)
• 가을에 생각나는 느낌을 적어 반의 동시로 구성한다.
(의사소통 – 쓰기 – 쓰기에 관심가지기)</td></tr>
<tr><td>유 의 점</td><td colspan="3">– 논에 살고 있는 생물을 관찰하고 소중히 다루도록 한다.
– 가을에 산책하는 시간을 충분히 갖는다.</td></tr>
</table>

Story 2 "자연에서 놀며 배우는 아이들"

▼ 누렇게 익은 벼 이삭

▼ 논을 지키는 이사부장군 허수아비

▼ 이앙기가 모를 심어요.

▼ 자연물로 글자 구성

▼ 논에서 사는 생물 표현

놀이에 녹아 있는 누리과정 연령별 세부내용 엿보기

1. 자연탐구 - 탐구하는 태도 기르기 - 탐구과정 즐기기

3세	4세	5세
궁금한 점을 알아보는 과정에 흥미를 갖는다.	궁금한 점을 알아보는 탐구과정에 관심을 가지고 참여한다.	궁금한 점을 알아보는 탐구과정에 참여하고 즐긴다.

* 평소에 논에 대해 궁금한 것을 친구들과 토론하고 이야기하며 관심을 가지고 즐긴다.

2. 의사소통 - 말하기 - 느낌, 생각, 경험 말하기

3세	4세	5세
자신의 느낌, 생각, 경험을 말해 본다.	자신의 느낌, 생각, 경험을 말해 본다.	자신의 느낌, 생각, 경험을 적절한 낱말과 문장으로 말한다.

* 친구들에게 자신의 생각과 경험과 느낌을 표현하는 경험을 한다.

Story 3 "자연에서 배우는 이야기"

"자연에서 배우는 언어"

가을 추수가 시작되는 들을 산책하며 아이들의 어휘능력이 상당히 발달한 것을 느낀다.

'가을'과 관련된 새로운 낱말과 문장을 친구들과 말하며 자연스럽게 사용하며 가을에 관련된 어휘가 풍부해진다.

'가을', '추수', '누렇게 익은 벼', '벼메뚜기', '누렇게 익은 황금 물결', '허수아비'

'참새', '농부 아저씨 힘들겠다.'

등… 아이들이 사용하는 낱말과 문장은 들에서 보고 들은 것과 느낀 것을 자연스럽게 표현하는 언어생활이다.

한두 명씩 또는 두세 명씩 그룹을 지어 즐겁게 이야기하며 길러진 것이다.

"야! 메뚜기 봐. 날아간다."

"참새가 허수아비를 무서워한대."

"우리가 허수아비 만들었잖아."

"무당벌레 진짜 빨리 간다."

"진짜 조그맣다. 아이 귀여워."

"너, 방아깨비 봤어? 방아깨비가 뒷다리 잡고 있으면 방아찧는다."

등 논에서 만나는 곤충들의 이름과 움직임을 말하기도 하고, 그들의 속성을 말한다. 학습이 저절로 이루어진다. 친구들끼리 이야기를 주고받으며 또는 맞장구 치면서 이야기하는 것을 보면 이렇게 신나는 이야기 나누기 수업이 있을까 싶다.

논이 교실이다.

아이들이 눈에 보이는 현상을 보고 느끼고 시간가는 줄 모르고 이야기한다. 아이들은 정말 말이 많다. 친구들과 말하니 좀 틀려도 괜찮고, 보는 것을 말하니 어렵지 않아서 그런 것 같다. '이야기 나누는 시간은 이렇게 하는 거야.'라고 아이들이 알려 주는 것 같다.

교실에서 '이야기 나누기' 시간도 '이렇게 재미있게 할 수 있을까?'란 생각이 잠깐 머리를 스친다. 어떤 형식도 중요하지만 즐겁게 하는 것이 더 중요하다는 것을 새삼 느낀다.

자연에서 보고, 배우고 익힌 것이 아이들의 언어발달에 도움이 되는 것을 알 수 있다.

논에서 벼가 누렇게 익어서 물결 치는 광경을 비유적으로 이르는 말이 있다.

'누렇게 익은 황금 물결'이다. 이 문장을 읽고 있는 아이에게 그 의미를 물어 본다.

"누렇게 익은 황금 물결이 무슨 뜻이야?"

아이가 이렇게 말한다.

"벼가 잘 익어서 누렇게 되었다는 거예요."

라고 한다.

'노랗다'와 '누렇다'의 표현의 차이가 있는데 자연스럽게 '누렇다'는 글자를 말하는 것을 듣고 다시 한 번 놀란다. 아이들은 자연에서 보고, 듣고, 느낀 것을 글자로 표현하는 것을 읽고 쓰는 것에 두려워하지 않는다. 상황 속에서 충분히 듣고 말하며 의미를 이해하기 때문이다.

벼 이삭이 누렇게 익어 고개를 푹 숙이고 있는 것을 보고

"벼가 인사를 하고 있는 것 같아요."

라고 표현하는 아이들은 우리나라 속담 '벼는 익을수록 고개를 숙인다.'를 쉽게 의미를 이해하기도 한다.

아이들은 말의 의미를 이해하면 읽고 쓰는 것을 어려워하지 않는다.

자연에서 보고, 느낀 것을 충분히 언어로 상호작용하는 시간이 많아지면 많아질수록 아이들은 눈에 보이는 사물을 이해하고 자신의 생각과 느낌이 풍부해진다. 그냥 스쳐가는 지식이 자기 자신에게 유의미한 경험들이 되기 때문이다.

사면이 닫힌 교실보다 다양한 생명체들이 살아 움직이는 자연에서 계절을 보내도록 늘 배려해야 한다.

자연에서 놀며 탐구하는 성향을 기른다.

지렁이 관찰

Story 1 "지렁이와 놀아요."

들어가기

"지렁이와 놀며 탐구하는 성향을 길러요."

아이들은 지렁이에 대해 호기심이 많다. 탐구대상이다. 지렁이를 관찰하며 지렁이의 생김새를 안다. 지렁이가 똥을 싸는 것을 보며 지렁이 똥이 흙을 좋게 하여 식물이 잘 자란다는 것도 이해한다. 지렁이와의 놀이시간은 인간과 자연의 조화로운 관계를 이해하는 시간이다.

땅 위를 꿈틀대며 기어다니는 지렁이를 지켜보는 아이들의 눈빛이 호기심으로 가득하다. 어떻게 기어다니는지, 무엇을 먹는지, 비가 내리는 장마에 나타나는 이 생물에 대한 관심이 탐구의 첫걸음이다. 자연에서 놀다 보니 어느새 탐구하는 성향을 나타낸다. 지금 우리 아이들은 탐구하는 성향을 어디서 키우고 있나? 자연에서 아니면 교실에서?

>> 활동계획안

<table>
<tr><td rowspan="2">누리과정 관련요소</td><td colspan="2">자연탐구</td><td>탐구하는 태도 기르기</td></tr>
<tr><td colspan="2">의사소통</td><td>말하기</td></tr>
<tr><td rowspan="4">어떻게 놀이할까?</td><td colspan="3">• 누구와 : 친구랑
• 어디서 : 여름 – 지렁이를 발견한 곳
• 무엇을 가지고 : 지렁이, 돋보기</td></tr>
<tr><td>이렇게 놀아요</td><td colspan="2">(1) 시작 : 친구랑 놀았어요.
(2) 그리고 : 지렁이를 발견했어요.
(3) 마무리 : 지렁이와 놀며 지렁이가 하는 일을 알아요.</td></tr>
<tr><td colspan="3">누리과정과 연계되는 확장된 놀이</td></tr>
<tr><td>이렇게 놀아 보세요</td><td colspan="2">하나, 지렁이 자연관찰 그림책을 읽어 준다.
(자연탐구 – 과학적 탐구하기 – 생명체와 자연환경 알아보기)
둘, 모루나 실 등으로 지렁이를 꾸며 본다.
(예술경험 – 예술적 표현하기 – 미술활동으로 표현하기
셋, 지렁이처럼 오이를 먹는 게임을 한다. 지렁이처럼 움직여서 반환점을 돈다.
(신체운동 • 건강 – 신체활동에 참여하기 – 바깥에서 신체활동하기)</td></tr>
<tr><td>유 의 점</td><td colspan="3">– 지렁이를 관찰하고 소중히 다루도록 한다.
– 지렁이를 관찰하고 손을 깨끗이 씻는다.</td></tr>
</table>

Story 2 "지렁이와 놀며 배우는 아이들"

▼ 지렁이 키우기

▼ "귀여운 지렁이"

▼ 땅속 지렁이

▼ 지렁이 움직임 관찰

▼ 우리 텃밭에 옮겨 주어요.

▼ 지렁이가 꿈틀꿈틀

놀이에 녹아 있는 누리과정 연령별 세부내용 엿보기

1. 자연탐구 - 탐구하는 태도 기르기 - 호기심을 확장하고 유지하기

3세	4세	5세
주변 사물과 자연세계에 대해 호기심을 갖는다.	주변 사물과 자연세계에 대해 지속적으로 호기심을 갖는다.	주변 사물과 자연세계에 대해 지속적으로 호기심을 갖고 알고자 한다.

* 비가 오면 나타나는 지렁이에 대해 자연스러운 호기심에서 시작하여 지렁이를 관찰하고 알아보는 탐구적 태도를 기른다.

2. 의사소통 - 말하기 - 느낌, 생각, 경험 말하기

3세	4세	5세
자신의 느낌, 생각, 경험을 말한다.	자신의 느낌, 생각, 경험을 말한다.	자신의 느낌, 생각, 경험을 적절한 낱말과 문장으로 말한다.

* 장마 기간에 나타나는 지렁이를 보며 자신의 생각과 느낌, 경험을 말하며 점차 어휘가 급증한다.

Story 3 "지렁이 이야기"

"난 하나도 안 무서워, 귀엽다."

긴 장마 기간이다. 해마다 6월 하순부터 7월까지 이어지는 장마 기간은 무덥기도 하고 지루하다. 그러나 그 지루함도 아이들에게는 여름 날씨를 이해하고, 장마 기간에 볼 수 있는 지렁이, 개구리 등 다양한 생물을 만나는 기회가 된다.

아이들은 오늘도 비가 오고, 내일도 비가 계속해서 많이 내리는 것을 장마라고 이해한다. 장마라는 단어를 곧 잘 사용한다.

장마 기간에는 땅속에 숨어 있던 지렁이들이 많이 나타나서 아이들을 즐겁게 해 준다. 호기심 많은 아이들은 지렁이의 반복적인 출현에 탐구하는 성향이 절로 생긴다.

지렁이는 비가 자주 내리는 장마 기간에 호흡을 하려고 땅 위로 올라온다. 피부로 숨을 쉬는데 땅속에 물이 차면 숨을 쉬는 데 어려움이 있어서 그렇단다.

아이들은 이 사실을 알면

"야! 지렁이가 숨 쉬러 땅속에서 나왔대."

라며 숨을 어떻게 쉬는지 보자고 하기도 한다. 눈에 보이는 현상들이 그냥 목적 없는 일이 없다는 것을 배운다. 매일 겪는 자연현상을 통해 아이들은 자신들이 살아갈 세상을 조금씩 알아가고 있다.

지렁이를 관찰용기에 올려놓고 생김새, 움직임, 피부의 주름, 똥 등을 자세히 관찰한다. 유치원에서 경험이 많은 아이들은 거부감 없이 지렁이를 손으로 만진다. 지렁이에 대해 징그럽다는 편견이 없다. 지렁이를 손바닥에 한 손 가득 올려놓고 고무줄 만지듯이 관찰하는 아이들도 있다.

오 감각을 통해 지렁이를 관찰하는 아이들은 지렁이의 특징에 대해서 자신있게 말한다.

"와! 느낌이 너무 촉촉하고 부드럽다."

"지렁이 몸이 차가워요. 미끈거려요."

"몸에 반지모양의 주름이 있어."

"선생님 진짜 반지 같아요. 지렁이가 움직이니까 예쁘다."
"이쪽이 머리야, 아니야 이쪽이 머리 같다."
"난 하나도 안 무서워, 귀엽다."
"선생님 생각보다 피부가 얇아요, 얘가 먹은 흙이 다 비치네요?"
"환대도 보여요. 그럼 환대 가까운 쪽이 입이고 멀리 있는 쪽이 똥꼬래요. 입이 더 뾰족해요."

등 아이들은 지렁이를 본 대로 느낀 대로 말한다.

아이들의 반응이 능동적이다. 살아 있는 지렁이를 오감으로 느꼈기 때문이다. 지렁이가 기어가는 것을 신체로 표현하며 즐거워하기도 한다.

교실 안에서 수업을 하면 이런 감각적인 반응이 나오지 않는다. 자유롭게 탐색하고 말할 수 있는 개방적인 환경이 자신이 알고 있는 지식과 느낌을 충분히 나누게 한다. 자연이 교실인 곳에서 직접 경험하며 언어로 표현하는 것이 즐거움이다.

"지렁이가 땅속에 살고 있어."
"지렁이가 없으면 농사를 지을 수 없대."
"지렁이는 땅을 부드럽게 하는 일을 해."
"실지렁이도 있어."

지렁이 대한 지식이 정말 많다.

지렁이가 땅속에서 하는 일을 알고 있는 아이들은 지렁이를 함부로 대하지 않는다. 지렁이가 나타나면 자기 반 텃밭에 지렁이를 옮겨 준다. 어떤 아이들은 유치원 꽃밭의 경계석 돌들을 다 파헤치고 지렁이를 찾아내서 자기반 텃밭으로 옮겨 주곤 해서 유치원이 난장판이 될 때도 있다.

지렁이를 찾아 땅을 파고 놀다가 뜻밖의 애벌레와 달팽이도 발견하는 행운도 얻는다. 예측하지 못한 땅거미, 굼벵이들의 출현은 아이들을 자연의 세계에 푹 빠져들게 한다.

지렁이가 똥을 싸자 아이들이 무척 신기해하며 '분변토'라고 말하는 아이도 있다. 똥에 관심이 많은 아이들은 지렁이 똥이 좋은 똥이라고 버리면 안 된다고 한다.

아이들은 자연에서 수학을 배운다.

질경이와 수 놀이

Story 1 "질경이와 놀아요."

>>들어가기

"질경이와 놀며 수의 개념을 이해해요."

아이들의 호기심은 창의성을 촉진하는 강력한 에너지다. 자연에 호기심을 나타내고 감각적인 놀이가 구성되는 것을 보면 알 수 있다. 같은 장소에서도 자신의 놀이를 즐기고 탐구기술을 활용한다. 아이들은 자연을 탐구하며 자연스럽게 수의 개념을 이해한다. 자연놀이에 숨어 있는 유아기의 자연스런 교수방법이다.

자연놀이 속에는 수학적인 개념을 이해하는 재미가 숨어 있다. 필요한 양만큼 다양한 사물에서 찾아서 소꿉놀이를 하고, 필요 없는 것은 분류해서 버리고 한다. 몇 개가 부족하다고 하면 금방 주변에서 더 주워 오고…. 많고, 적음, 같은 수만큼 나눠 갖기 등 자연놀이에서 할 수 있는 수학적인 탐구활동은 엄청나다. 지금 우리 아이들은 수학을 어떻게 배우고 있나? 혹시 사고하는 수학보다 암기하는 수학을 하고 있지는 않은지 고민해 봐야 하지 않을까?

>> 활동계획안

<table>
<tr><td rowspan="2">누리과정 관련요소</td><td colspan="2">신체운동 • 건강</td><td>건강하게 생활하기</td></tr>
<tr><td colspan="2">자연탐구</td><td>수학적 탐구하기</td></tr>
<tr><td rowspan="4">어떻게 놀이할까?</td><td colspan="3">• 누구와 : 친구랑
• 어디서 : 봄 – 질경이가 있는 풀밭
• 무엇을 가지고 : 질경이</td></tr>
<tr><td>이렇게 놀아요</td><td colspan="2">(1) 시작 : 친구랑 풀밭에 갔어요.
(2) 그리고 : 풀밭에서 질경이를 찾아서 뜯어요.
(3) 마무리 : 질경이로 국을 끓여 먹었어요.</td></tr>
<tr><td colspan="3">누리과정과 연계되는 확장된 놀이</td></tr>
<tr><td>이렇게 놀아 보세요</td><td colspan="2">하나. 질경이를 4B 연필로 표상해 본다.
(예술경험 – 예술적 표현하기 – 미술활동으로 표현하기)
둘. 질경이 잎으로 동물의 귀를 표현한다.
(예술경험 – 예술적 표현하기 – 통합적으로 표현하기)
셋. 친구와 둘이서 질경이 꽃대를 가지고 누구의 것이 질긴지 비교해 보는 놀이를 한다.
(신체운동 • 건강 – 신체활동에 참여하기 – 바깥에서 신체활동 하기)</td></tr>
<tr><td>유 의 점</td><td colspan="3">– 풀밭에 위험한 것이 없는지 안전에 주의한다.
– 질경이는 설탕과 버무려 효소를 만들어 차를 마실 수도 있다.</td></tr>
</table>

Story 2 "질경이와 놀며 배우는 아이들"

▼ 찾은 질경이를 키우는 아이들

▼ 질경이 꽃대 관찰

▼ 질경이

▼ 질경이 잎 따기

▼ 유치원 주변의 질경이 밭

▼ 질경이가 궁금해요.

놀이에 녹아 있는 누리과정 연령별 세부내용 엿보기

1. 자연탐구 – 수학적 탐구하기 – 기초적인 측정하기

3세	4세	5세
두 물체의 길이, 크기를 비교해 본다.	일상생활에서 길이, 크기, 무게 등을 비교해 본다.	일상생활에서 길이, 크기, 무게, 등의 속성을 비교하고, 순서를 지어본다.

* 질경이들 사이에서의 길이를 비교하고 모양을 비교하며 기초적인 측정의 경험을 한다.

2. 신체운동 • 건강 – 건강하게 생활하기 – 바른 식생활하기

3세	4세	5세
몸에 좋은 음식에 관심을 갖는다.	몸에 좋은 음식을 알아본다.	몸에 좋은 음식을 선택할 수 있다.

* 평소에 잘 먹지 않은 질경이지만, 유아가 직접 관찰하고 맛봄으로써 몸에 좋은 음식에 관심을 갖는 경험을 한다.

Story 3 "질경이 이야기"

"이 식물이 무엇인가요?"

작년에는 유치원 주변에 민들레가 그렇게 많이 보이더니 올해는 질경이 밭이다. 해마다 식물이 다르게 돋아나는 것을 보면 신기하다.

아이들과 질경이 차 만들기를 한다. 질경이를 뜯기 전에 질경이와 관련된 이야기를 들려 주자 주의 깊게 잘 듣는다.

'아주 오랜 옛날에 중국이란 나라에 전쟁이 있었다. 전쟁을 끝내고 돌아가는 길에 굶주림과 갈증 등으로 지쳐서 병사들과 말들이 피오줌을 누고 쓰러져 죽게 되었다. 그런데 하루는 장군의 마부가 말을 찾아 나섰는데 피오줌을 누지 않고 건강하게 살아 있는 말을 발견하였다. 건강한 말들은 돼지 귀처럼 생긴 풀을 열심히 뜯어 먹고 있었다. 그래서 그 풀을 뜯어 병사들에게 국을 끓여 먹이자 병사들이 살아나고, 아픈 말에게도 먹이니 피오줌이 멈췄다고 한다. 이 식물의 도움으로 병사와 말을 구했다고 전해 내려온다.'

이 식물이 마차의 앞에 있었다고 해서 '차전초'라고 불리게 되었는데 이 식물이 질경이다.

전해져 내려오는 이야기를 흥미 있게 듣더니 질경이에 더 관심을 보인다.

앞마당에 나오자마자 질경이를 찾아나서는 눈빛이 진지하다. 아이들이 좋아하는 동물인 말을 구했다는 식물이 궁금한 모양이다. 식물이 자라는 풀밭을 찾아다니며 '이것일까?, 저것일까?' 고개를 갸우뚱거리며 질경이를 찾는다. 초록색 풀이 한두 가지가 아니니 찾기란 쉽지 않다. 질경이 한 잎을 찾더니 그 다음부터는 잘도 찾는다. 아이들이 하는 일이 놀랍다. 한순간에 질경이 잎이 다섯 바구니가 넘도록 수북하게 쌓인다.

학부모가 유치원에 오셔서 바구니에 수북하게 쌓여 있는 질경이를 보고 깜짝 놀라신다.

"이 식물이 무엇인가요?"

질경이라고 설명하자,

"아니 아이들이 이것을 어떻게 구별해서 따지요?"

라고 믿기 어렵다는 표정이다.

아이들 눈에서 보면 여러 식물에서 질경이를 구분하기가 쉽지만은 않다. 식물에 대해서 특별한 관심을 두지 않으면 길가에 있는 초록색 식물이 한 가지 동일한 식물로 보일 수도 있다. 그러나 관심을 갖고 자세히 관찰해 보면 계절에 따라 수많은 식물이 자신만의 고유한 특징을 나타내며 서로 어울려서 살고 있는 것을 볼 수 있다.

여러 종류의 식물에서 질경이의 특징을 알고 찾으면 쉽다. 뿌리에서 줄기 없이 곧바로 초록색 잎이 나와 있다. 잎이 여러 장인데 말 귀 모양과 비슷한 타원형이다. 아이들은 여러 종류의 식물이 살고 있는 곳에서 각각의 식물의 특징을 비교하며 질경이를 찾아낸다. 이 활동이 질경이와 수학놀이 시간이다.

수하면 단순히 연산만 생각하는데 서로 다른 사물을 비교하고 분류하는 것도 수 놀이 중의 하나다. 여러 종류의 식물과 상호작용하며 질경이의 색, 크기, 모양을 구분해서 질경이를 찾는다. 사물을 좀 더 구체적으로 이해하는 것을 돕는다.

학부모는 수 놀이가 자연에서 놀며 가능하다는 것을 이제야 이해했다며 많이 놀라워한다.

아이들이 뜯은 질경이로 차를 만들려고 하니 양이 너무 많다. 차로 말리는 것을 제외하고 된장국을 끓이기로 했다. 질경이를 끓는 물에 살짝 데쳐서 된장국을 끓인다. 질경이로 시금칫국 끓이는 것처럼 된장을 넣고 푹 끓이면 시금치 된장국처럼 맛이 구수하다.

아이들은 점심식사에 나온 질경이 된장국이 맛이 있다고 잘 먹는다. 자신들이 뜯었다고 좋아한다.

텃밭의 흙

본 대로 느낀 대로 말한다.

Story 1 "텃밭의 흙과 놀아요."

>> 들어가기

"흙에서 놀며 신념을 배워요."

어른들은 이미 알고 있는 상식을 말하지만 아이들은 본 대로 느낀 대로 말한다. 자연에 대한 지식이 잘못된 지식으로 굳어지기 전에 자연과 교감하는 기회를 주어야 한다. 자연의 여러 특성이 사실적인 지식으로 구성되기 때문이다. 그러면 자신의 느낌과 생각, 경험이 신념이 되어 자신 있게 표현하는 아이가 된다.

아이들은 본 대로 느낀 대로 말한다. 자기의 생각을 말하는 것이다. 사물을 묘사하는 능력도 뛰어나다. 예리한 관찰력 때문이다. 아이들은 자신의 느낌을 꾸밈없이 말한다. 다른 사람을 의식하지 않기 때문이다. 말을 잘하는 아이, 신념을 갖고 말하는 아이들을 위해 우리는 말하는 방법을 가르치려고 노력하고 있지는 않나? 말 잘하는 아이보다 자기생각을 말할 수 있는 아이들이 되기를 원한다면 자연에서 노는 시간을 많이 갖게 하자.

>> 활동계획안

<table>
<tr><td rowspan="2">누리과정 관련요소</td><td colspan="2">자연탐구</td><td>탐구하는 태도 기르기</td></tr>
<tr><td colspan="2">의사소통</td><td>말하기</td></tr>
<tr><td rowspan="4">어떻게 놀이할까?</td><td colspan="3">• 누구와 : 친구랑
• 어디서 : 봄 – 텃밭
• 무엇을 가지고 : 텃밭의 흙</td></tr>
<tr><td>이렇게 놀아요</td><td colspan="2">(1) 시작 : 친구랑 텃밭에 갔어요.
(2) 그리고 : 텃밭에서 흙과 놀아요.
(3) 마무리 : 흙과 놀며 흙의 성질을 이해해요.</td></tr>
<tr><td colspan="3">누리과정과 연계되는 확장된 놀이</td></tr>
<tr><td>이렇게 놀아 보세요</td><td colspan="2">• 흙 속의 생물은 무엇이 있는지 안다.
(자연탐구 – 탐구하는 태도 기르기 – 탐구과정 즐기기)
• 흙벽돌을 만들어 놀이집을 만든다.
(예술경험 – 예술적 표현하기 – 통합적으로 표현하기)
• 흙 속의 생물은 무엇이 있는지 안다.
(자연탐구 – 탐구하는 태도 기르기 – 탐구과정 즐기기)</td></tr>
<tr><td>유 의 점</td><td colspan="3">– 흙에 있는 생물을 관찰하고 소중히 다루도록 한다.
– 흙을 탐색하고 손을 깨끗이 씻는다.</td></tr>
</table>

Story 2 "텃밭의 흙과 놀며 배우는 아이들"

▼ 흙을 만져요.

▼ 우리밭 텃밭

▼ 감각으로 느끼는 흙

▼ 무엇을 심을까?

▼ 흙이 좋아요.

▼ 흙 냄새가 진동해요.

놀이에 녹아 있는 누리과정 연령별 세부내용 엿보기

1. 자연탐구 - 탐구하는 태도 기르기 - 탐구과정 즐기기

3세	4세	5세
궁금한 점을 알아보는 과정에 흥미를 갖는다.	궁금한 점을 알아보는 탐구과정에 관심을 가지고 참여한다.	궁금한 점을 알아보는 탐구과정에 참여하고 즐긴다.

* 우리가 흔히 보는 텃밭의 흙이지만, 흙을 관찰하며 탐구과정에 관심을 가지고 참여한다.

2. 의사소통 - 말하기 - 느낌, 생각, 경험 말하기

3세	4세	5세
자신의 느낌, 생각, 경험을 말해 본다.	자신의 느낌, 생각, 경험을 말한다.	자신의 느낌, 생각, 경험을 적절한 낱말과 문장으로 말한다.

* 텃밭에서 느끼는 자신의 느낌과 경험 생각 등을 자유롭게 표현하며 말하는 것에 대한 자신감을 기른다.

Story 3 "흙 이야기"

"흙에서 나무냄새가 나요."

월요일은 텃밭에서 노작활동을 한다.

이른 봄에 상추, 쑥갓, 열무, 아욱, 시금치, 치커리 등 씨뿌리기를 시작으로 토마토, 가지, 오이, 호박, 감자와 고구마, 배추 등을 사시사철 심고 거둔다.

삼월부터 시작하는 텃밭놀이는 식물을 기르며 그곳에 살고 있는 다양한 생물의 생태계를 이해하는 학습장소다. 이 활동은 우리가 먹는 음식이 어떤 과정을 거쳐서 자라는지 성장과정을 이해하고 각 식물마다 파종시기와 특성을 직접 체험한다.

오늘은 올해 텃밭 활동을 시작하는 첫날이다. 아이들은 텃밭에 있는 흙을 탐색한다.

부삽으로 파기도 하고 손으로 만져 보기도 한다. 돋보기를 사용하여 흙을 더 유심히 관찰하는 아이도 있다.

아이들은 새로운 것을 좋아한다. 어디서 주워 왔는지 기다란 나무로 흙을 파더니 굴을 만든다. 흙을 코에 갖다 대고 냄새를 맡는다.

"흙에서 나무 냄새가 나요."

"풀 냄새도 나고 흙 냄새도 나요."

"연기 냄새도 나요."

"상추 냄새도 나요."

코에 갖다 대지 않아도 여기저기서 흙을 파기 때문에 흙 냄새가 진동한다. 흙 냄새는 자연의 냄새다. 싫지 않은 냄새로 고향 같은 냄새가 난다.

흙을 갖고 노는 아이들에게

"흙 속에서 무엇을 발견했니?"

라고 묻자,

한 아이가 "흙에는 물이 있어요."

라고 한다.

눈에 보이지도 않은 물이 있다고 한다. 흙 속에서 어떤 생물을 발견했을 것이라고 기대했는데 아이는 손의 촉감으로 촉촉한 흙의 특성을 발견한다. 생각해보니 엊그제 봄을 재촉하는 봄비가 내렸다. 봄비가 흙에 촉촉이 스며 있나 보다.

아이들의 감각은 정말 민감하다. 눈에 잘 보이지 않은 물질의 특성을 찾아내는 직관적인 능력의 소유자다.

몇 명의 아이들이 흙을 파다가 배추 뿌리를 발견하고 인삼을 캤다고 야단법석이다. 배추 뿌리를 자세히 보니 인삼모양하고 똑 닮았다. 배추 뿌리를 인삼으로 생각하고 엄마에게 가져다 드린다고 여기저기서 캐어 호주머니에 넣는다.

아이들은 흙을 파고 놀면서 흙에 대한 이전 경험들을 즐겁게 말한다.

"흙에서 여러 가지 채소를 길러서 좋아요."

"방울토마토 심어서 많이 따서 먹었어요. 맛있었어요."

"호박도 심었어요. 매우 컸어요."

"우리 반은 가지를 심었어요."

"흙벽돌을 만들어 흙집을 지어요."

"흙집에 살면 아토피 환자들은 나을 수 있대요."

"항아리도 만들 수 있어요."

등 흙이 일상생활에서 어떻게 사용되는지 다 알고 있는 듯하다.

흙에서 살고 있는 여러 종류의 생물을 소개하며 자신의 느낌과 생각, 경험들을 신념을 갖고 표현한다.

"흙 속에 여러 가지가 살고 있어요. 지렁이, 개미, 두더지, 땅강아지…. 얘네들이 흙을 좋게 만들어 줘요."

"이 친구들을 만나면 발로 밟지 말고 인사해야 돼요. 그리고 고맙다는 말도 하고."

"채소가 잘 자랄 수 있도록 좋은 흙을 만들어 주니까 '고마워.'라고 해야 돼."

아이들이 표현하는 흙에 대한 지식과 태도는 경험에서 나온 것이다. 경험이 곧 지식이라는 말이 생각난다. 텃밭놀이는 자신의 느낌과 생각을 말하는 능력과 태도가 자연스레 길러진다.

* 이 글은 유아교사 전문잡지 '폴라리스'에 기재된 것임(2014).

아이들의 감각이 텃밭에서 살아난다. **호박밭 이야기**

Story 1 "호박밭에서 놀아요."

들어가기

"호박밭에서 놀며 감각을 확장해요."

텃밭활동은 영유아기의 감각능력을 기르는 데 아주 적합한 활동이다. 텃밭에 나오면 아이들의 오감이 총동원된다. 아무리 좋은 교재라도 오감을 사용할 수는 없다. 영유아기는 사물에 대한 지식을 감각에 의존하기 때문에 아이들의 시각, 촉각, 미각, 후각, 청각이 열리는 텃밭이 필요하다. 감각은 사고하고 판단하는 데 아주 중요한 역할을 한다.

우리 몸의 감각은 살아 있는 것을 만나면 왕성하게 활동한다. 주변 환경의 변화에 민감하게 반응하는 아이들에게 텃밭놀이는 그들의 욕구를 채워주는 곳이다. 어느날 텃밭에 가보니 호박꽃이 환하게 피어 있고, 다음날 가보니 호박이 자라서 대롱대롱 달린 것을 관찰하며 감각기능이 발달한다. 지금 교실에서 우리 아이의 감각을 깨우는 교재교구는 무엇인가?

>> 활동계획안

<table>
<tr><td rowspan="2">누리과정 관련요소</td><td colspan="2">자연탐구</td><td>탐구하는 태도 기르기</td></tr>
<tr><td colspan="2">예술경험</td><td>아름다움 찾아보기</td></tr>
<tr><td rowspan="4">어떻게 놀이할까?</td><td colspan="3">• 누구와 : 친구랑
• 어디서 : 봄 - 호박밭
• 무엇을 가지고 : 호박꽃과 호박</td></tr>
<tr><td>이렇게 놀아요</td><td colspan="2">(1) 시작 : 친구랑 호박밭에 갔어요.
(2) 그리고 : 호박밭에서 여러 가지 생물을 발견해요.
(3) 마무리 : 호박을 키우며 친해져요.</td></tr>
<tr><td colspan="3">누리과정과 연계되는 확장된 놀이</td></tr>
<tr><td>이렇게 놀아 보세요</td><td colspan="2">하나, 호박꽃 모양과 같은 꽃을 주변에서 찾아본다.
(자연탐구 – 탐구하는 태도 기르기 – 호기심을 유지하고 확장하기)
둘, 호박으로 호박전을 부쳐서 맛있게 먹는다.
(신체운동 • 건강 – 건강하게 생활하기 – 바른 식생활하기)
셋, 호박밭에 살고 있는 생물을 조사한다.
(자연탐구 – 탐구하는 태도 기르기 – 탐구과정 즐기기)</td></tr>
<tr><td>유 의 점</td><td colspan="3">– 호박넝쿨에 작은 가시 같은 털이 있다. 안전에 주의한다.
– 호박을 따서 애호박 수제비를 해 먹는다.</td></tr>
</table>

Story 2 "호박밭에서 놀며 배우는 아이들"

▼ 호박꽃

▼ 애호박이 열렸어요.

▼ 호박이 자랐어요.

▼ 호박넝쿨 관찰하기

▼ 호박을 따서 집에 가져가요.

▼ 호박꽃 말리기

놀이에 녹아 있는 누리과정 연령별 세부내용 엿보기

1. 예술경험 - 아름다움 찾아보기 - 미술적 요소 탐색하기

3세	4세	5세
자연과 사물의 색, 모양, 질감 등에 관심을 갖는다.	자연과 사물의 색, 모양, 질감 등에 관심을 갖는다.	자연과 사물에서 색, 모양, 질감, 공간 등을 탐색한다.
* 호박의 색, 질감 등을 보며 자연의 아름다움에 관심을 갖는다.		

2. 자연탐구 - 탐구하는 태도 기르기- 호기심을 확장하고 유지하기

3세	4세	5세
주변 사물과 자연세계에 대해 호기심을 갖는다.	주변 사물과 자연세계에 대해 지속적으로 호기심을 갖는다.	주변 사물과 자연세계에 대해 지속적으로 호기심을 갖고 알고자 한다.
* 호박밭의 호박을 탐구하며 호기심을 확장한다.		

Story 3 "호박밭 이야기"

"호박밭 이야기"

호박밭에 호박이 주렁주렁 달렸다.

여름 내내 호박을 따서 볶아도 먹고 된장국도 끓여 먹었는데 여름이 다 지나가도록 여전히 호박이 열리니 고맙다. 한 번 심어 놓으면 넝쿨이 무성하게 잘 퍼지고 열매도 잘 열려서 아이들 식단에도 한몫을 한다.

호박은 암꽃과 수꽃이 동시에 피는데 벌들이 암수 꽃을 번갈아 다니며 수정을 시킨다.

암꽃에는 열매가 열리고 수꽃에는 열매가 없다. 엄마 꽃에 아빠꽃가루가 닿으면 호박이 열린다고 하자 아이들이 신기해한다.

뚱뚱한 호박벌이 커다란 호박꽃 속에서 꽃가루를 잔뜩 뒤집어쓰고 나온다. 노란 꽃가루를 잔뜩 묻히고 어디론가 휙 날아간다. 호박벌은 크고 뚱뚱하게 생겼는데 호박꽃 속에 파묻혀 있기도 한다.

아이들은 호박을 키우는 과정에서 보고, 듣는 것이 많다. 호박에 대한 지식을 자연스럽게 배우게 된다.

호박은 버릴 것이 없는 식물이다.

꽃은 차로, 잎과 열매는 반찬으로, 씨는 간식으로 먹는다. 아이들의 경험도 다양하다. 찐 호박잎 쌈, 호박전, 된장찌개, 호박 등 먹었던 이야기를 하며 신나한다.

호박을 관찰하며 아이들의 잠자던 감각이 깨어난다. 호박을 자세히 관찰하며 생김새를 정확히 알아낸다.

"선생님, 호박 넝쿨손이 우리 집에 있는 전화선이랑 인터폰 선 같아요."

"호박넝쿨에는 흰 털이 많이 있어요."

"호박잎은 뽀송뽀송해요, 털이 많아요. 그리고 아주 커요."
"호박꽃에 열매가 열리면 암꽃이래.",
"암꽃에 달린 아기호박이 귀엽다."
"수꽃은 정말 호박이 없네."
"호박꽃이 별 모양이에요."

호박꽃이 별모양이라는 말에 깜짝 놀랐다. 호박꽃을 위에서 내려다보니 정말 별모양이다. 누가 흔하디 흔한 호박꽃이 별을 닮았다고 생각하겠는가? 아이들의 눈은 어른들이 보지 못하는 것을 볼 수 있는 감각이 있다는 것을 새삼 느낀다.

아이들은 텃밭에서 식물을 기르다 보면 그 식물에 대한 지식이 많아져 걸어 다니는 백과사전이 된다.

호박의 넝쿨손이 사람의 손처럼 벽이나 나뭇가지 위를 올라갈 때 사용한다는 것을 알고 줄기에 용수철처럼 감긴 것을 유심히 관찰하며 만져 본다.

싱싱한 호박꽃을 따서 호박 차를 만든다.

맛보고 먹은 이야기 〈7〉

3 맛보고 먹은 이야기 〈7〉

아이들은 기다림을 인내하며 시간의 개념을 이해한다. 곶감놀이

Story 1 "곶감 만들기"

>> 들어가기

"곶감을 기다리며 인내를 배워요."

곶감을 만드는 한 달의 실험기간은 아이들에게 아주 긴 시간이다. 곶감이 완성되기까지 오랜 시간이 필요하다는 것을 이해한다. 아이들은 곶감을 만들며 기나긴 기다림을 통해 인내를 배우며 시간의 개념도 배운다. 한 달 시간의 길이를 어떻게 알 수 있을까? 달력을 이용하여 곶감을 만든 날짜를 시작으로 관찰하고 기록하다 보면 자연스럽게 날짜와 시간의 개념을 이해한다.

요즘 아이들은 무언가를 기다리는 것을 매우 힘들어한다. 때가 이를 때까지 기다리는 것을 배워야 하지 않을까? 아이들이 사는 지금 세상은 무조건 빠른 것이 최고인 것처럼 초간편, 초스피드를 원한다. 그러나 나의 감정을 조절하는 것을 배우는 영유아기에 기다림에 대한 지혜를 배워야 하지 않을까?

>> 활동계획안

<table>
<tr><td rowspan="2">누리과정 관련요소</td><td colspan="2">자연 탐구</td><td>탐구하는 태도 기르기</td></tr>
<tr><td colspan="2">사회 관계</td><td>나와 다른 사람 감정 알고 조절하기</td></tr>
<tr><td rowspan="4">어떻게 놀이할까?</td><td colspan="3">• 누구와 : 친구와
• 어디서 : 가을 – 감나무
• 무엇을 가지고 : 감</td></tr>
<tr><td>이렇게 놀아요</td><td colspan="2">(1) 시작 : 감나무에서 놀았어요.
(2) 그리고 : 감 껍질을 깎아서 줄에 매달아 곶감이 되기를 기다려요.
(3) 마무리 : 완성된 곶감을 친구들과 맛있게 먹었어요.</td></tr>
<tr><td colspan="3">누리과정과 연계되는 확장된 놀이</td></tr>
<tr><td>이렇게 놀아 보세요</td><td colspan="2">• 곶감의 씨를 말렸다가 미술활동에 사용한다.
(예술활동 – 예술적 표현하기 – 미술활동으로 표현하기)
• 전래동화 '곶감과 호랑이'를 읽는다.
(의사소통 – 읽기 – 책 읽기에 관심가지기)
• 곶감을 먹고 난 후 느낌을 글로 써 본다.
(의사소통 – 쓰기 – 쓰기에 관심가지기)</td></tr>
<tr><td>유 의 점</td><td colspan="3">– 감은 적당한 크기의 대봉 감으로 한다.
– 바람이 잘 통하는 장소를 정한다.</td></tr>
</table>

Story 2 "곶감과 놀며 배우는 아이들"

▼ 감을 매달아요.

▼ 호기심이 가득한 아이들

▼ 감을 깎아요.

▼ 아이들의 손때 묻은 곶감

▼ 언제 먹을 수 있나?

▼ 맛있는 감

놀이에 녹아 있는 누리과정 연령별 세부내용 엿보기

1. 자연탐구 – 탐구하는 태도 기르기 – 탐구과정 즐기기

3세	4세	5세
궁금한 점을 알아보는 과정에 흥미를 갖는다.	궁금한 점을 알아보는 탐구과정에 관심을 가지고 참여한다.	궁금한 점을 알아보는 탐구과정에 참여하고 즐긴다.
* 곶감을 만들기 위한 과정을 알아보는 과정에서 자신에게 필요한 자료를 수집하는 경험을 하며 이를 즐긴다.		

2. 사회관계 – 나와 다른 사람의 감정 알고 조절하기 – 나의 감정 조절하기

3세	4세	5세
자신의 감정을 조절해 본다.	자신의 감정을 조절해 본다.	자신의 감정을 상황에 맞게 조절한다.
* 곶감을 만들기 위한 기다림의 과정에서 자신의 감정을 조절하는 경험을 한다.		

Story 3 "곶감을 만들며 배운 이야기"

"진짜 맛있다! "

유치원 주변에는 감나무, 밤나무, 대추나무, 사과나무, 배나무 등 여러 종류의 과일나무를 자유롭게 보고 관찰할 수 있다.

늦가을까지 열매들을 직접 따서 먹어 보며 과일의 맛을 즐기며 가을을 행복하게 보낸다. 아이들은 나무에 주렁주렁 열린 것을 보면 직접 따서 맛을 보고 싶어 한다. 직접 열매를 따서 먹어 보면 싱싱해서 그런지 과즙이 입 안 가득 고이는데 각 과일의 맛을 보는 시간이 과학 활동이다. 제철 과일의 맛을 제대로 경험하는 아이들이다. 가을에는 열매를 따서 잼을 만들어 빵에 발라먹기도 하고, 과일 효소를 담가 겨울에 차로 마시기도 한다.

아이들이 감나무 밑에 모였다. 감을 따서 만져 본다. 주황색 단단한 감이 먹음직스럽다. 맛을 보고 싶어 하는 호기심에 한 입 물어보니 먹을 수가 없다. 홍시로 해서 먹는 감이어서 얼마나 떫은지 아이들의 표정이 일그러진다.

"선생님, 감이 왜 그래요? 썩었나 봐요."

"으, 이상해요…. 안 돼요, 먹으면."

떫은 감 맛을 본 아이들은 혀를 손바닥으로 쓱쓱 닦아내기도 한다.

미처 맛을 보지 못한 친구들도 친구들의 찡그린 표정을 보고서는 아예 맛을 보려고 하지 않는다. 그때 아이들은 곶감은 달고 맛있다고들 한다.

감을 탐색하다 보면 곶감 이야기로 주제가 전환되는 경우가 흔히 있다. 곶감을 먹은 경험이 많은 아이들이다. 그러나 대부분 곶감이 어떻게 만들어지는지 잘 모른다.

"곶감을 어떻게 만들까?"

라는 교사의 질문에 아이들은 냉동실에 감을 넣으면 곶감이 된다고 한다. 감을 냉동실에 넣으면 곶감이 된다고 말하는 것을 보면 집에서 엄마가 냉장고에서 곶감을 꺼내 줘서 먹었던 이전의 경험이 기억난 듯하다.

아이들의 의견을 존중하여 감을 냉동실에 넣었다가 다음날 꺼내 준다.

아이들은 하얀 성애로 덮여 있는 감을 보고 곶감이 되었다고 박수치며 좋아한다. 냉동실에서 감을 꺼내보니 언뜻 보면 정말 하얀 분이 덮여 있는 곶감처럼 보인다.

"와! 곶감이 됐다. 먹고 싶다."

그러나 막상 먹어보면 말랑말랑한 곶감은 아니고 딱딱하고 떫은맛이 여전하다는 것을 알고 무척 실망한다.

아이들은 자신들의 생각이 잘못되었다는 것을 알고 다시 곶감을 만드는 방법을 알아내려고 책으로 조사하고 인터넷 정보를 찾아가며 곶감을 만드는 실험을 시작한다.

감이 곶감이 되려면 여러 가지 환경도 중요하다는 것을 알고 장소를 물색한다. 바람이 잘 통하고 그늘진 곳이 적합하다는 것을 알고 유치원 마당에 있는 통나무집으로 결정한다.

통나무 집 처마에 여러 개의 줄을 매달아 놓는다. 감 껍질을 칼로 돌려가며 깎은 후 꼭지에 실을 매달아 줄에 대롱대롱 건다. 통나무 집 처마에 곶감이 주렁주렁 달린 풍경이 깊은 산골짜기에 온 것 같다.

아이들은 아침마다 등원하며 감의 변화과정을 주의 깊게 관찰한다. 곶감활동에 참여한 아이들은 더 관심이 많다. 매일 감의 변화를 관찰하며 곶감이야기를 한참 동안 하다가 교실로 들어가기도 한다. 곶감에 코를 바짝 대고 냄새를 맡아 보거나 손으로 만져보는 아이들 때문에 손이 닿는 곶감 몇 개는 꼬질꼬질한 손때가 묻어 있다. 아이들은 궁금한 것은 직접 만져 보며 궁금증을 해결하기 때문에 어쩔 수 없다.

감을 줄에 매단 지 20일 정도 지나자 단단했던 감이 말랑말랑해지고 크기도 줄어들며 색깔도 붉게 변한다. 곶감은 약 한 달 후 먹게 되는데 어린 아이들에게는 아주 긴 관찰시간이다. 곶감이 완성되기까지 오랜 시간이 필요하다는 것을 자연스럽게 이해한다. 달력에 날짜를 표시하며 약 한 달간의 시간이 흐른다.

날마다 곶감을 보는 아이들의 눈빛은 '곶감을 언제 먹을 수 있을까?' 물어 보는 것 같다. 아이들의 소원이 이루어지는 날이 되자 정말 기뻐하며 좋아한다. 약 한 달 동안 긴 시간을 기다려서일까 곶감 맛이 꿀맛이다. 부드럽고 쫀득한 곶감의 질감과 단맛이 입 안에 퍼지는 순간 다들 감탄사가 나온다. 순수한 자연의 맛을 한꺼번에 농축해서 먹는 맛이다. 꿀맛 같다는 표현으로도 모자랄 것 같은 맛에 다들 감탄한다.

곶감을 먹는 아이들은 함께 먹는 기쁨을 나누며 행복도 나누는 시간이 된다.

아이들의 행복한 표정을 보고 교사들도 행복해한다.

"진짜 맛있다."

유아기는 지식을 가르치는 것보다 호기심을 갖고 탐구하며 함께 공유하는 시간을 갖는 것이 새삼 중요하다는 것을 느낀다. 곶감 이야기로 가을이 저문다.

쌀의 소중함을 안다.

논에서 놀자

Story 1 "논에서 놀자."

>>들어가기

"농사를 지으며 쌀의 소중함을 배워요."

벼농사 체험이 아이들의 생각을 바꾼다. 일 년 열두 달 시간의 변화에 따라 벼의 성장과정을 관찰하며 쌀을 얻고 보니 벼를 과학적으로 탐구하며 인내를 배운다. 지식은 아이들이 스스로 구성한다. 지식보다 더 중요한 것은 소중한 쌀의 가치를 배웠다는 것이다. 수확한 쌀을 직접 먹어 보며 이제야 알 것 같다는 아이들의 표정을 잊을 수 없다. 쌀의 소중함을 알고 동생반에 가서 밥을 남기지 않도록 캠페인을 하는 아이들이 자랑스럽다.

부모의 바람직한 역할은 무엇일까?

자녀의 교육활동에 관심을 갖고 참여하는 협력자의 역할이 아닐까?

아이를 이해하고 원의 교육과정을 이해하며 부모의 역할을 지속적으로 정립해 나간다면 바람직한 방향으로 갈 것이다. 부모의 지원으로 아이들은 쑥쑥 자랄 것이다.

≫ 활동계획안

<table>
<tr><td rowspan="2">누리과정 관련요소</td><td colspan="2">건강하게 생활하기</td><td>바른 식생활하기</td></tr>
<tr><td colspan="2">과학적 탐구하기</td><td>자연현상 알아보기</td></tr>
<tr><td rowspan="4">어떻게 놀이할까?</td><td colspan="3">• 누구와 : 부모님과 함께
• 어디서 : 가을 – 논
• 무엇을 가지고 : 벼이삭</td></tr>
<tr><td>이렇게 놀아요</td><td colspan="2">(1) 시작 : 논에서 놀았어요.
(2) 그리고 : 벼 이삭을 가지고 놀았어요.
(3) 마무리 : 쌀로 지은 밥을 가지고 비빔밥을 만들어 먹었어요.</td></tr>
<tr><td colspan="3">누리과정과 연계되는 확장된 놀이</td></tr>
<tr><td>이렇게 놀아 보세요</td><td colspan="2">• 논에 누워서 하늘을 보고 감상한다.
(예술경험 – 아름다움 찾아보기 – 미술적 요소 탐색하기)
• 속담 '벼는 익을수록 고개를 숙인다.'는 속담을 읽고 생각을 말해 본다.
(의사소통 – 말하기 – 느낌, 생각, 경험 말하기)
• 추수한 논에서 느낌을 말하며 동시를 써 본다.
(의사소통 – 쓰기 – 쓰기에 관심가지기)</td></tr>
<tr><td>유 의 점</td><td colspan="3">– 추수한 논이 물이 고여 있을 수도 있으니 편한 옷을 입고 온다.
– 벼를 미리 말려서 절구에 넣고 찌면 껍질이 잘 벗겨진다.</td></tr>
</table>

Story 2 "추수하며 배우는 아이들"

▼ 벼 이삭을 세어 봐요.

▼ 키질하기

▼ 벼 수확 체험

▼ 벼 이삭 수 놀이

▼ 이삭 줍는 아이들

▼ 나락훌태 체험

놀이에 녹아 있는 누리과정 연령별 세부내용 엿보기

1. 신체운동·건강 – 건강하게 생화하기 – 바른 식생활 하기

3세	4세	5세
바른 태도로 식사한다.	음식을 소중히 여기고 식사 예절을 지킨다.	음식을 소중히 여기고 식사 예절을 지킨다.

* 우리가 매일 먹는 밥이 농부들의 수고를 거친 벼에서 나온 음식임을 알고 감사한 마음으로 바른 식생활을 한다.

2. 자연탐구 – 과학적 탐구하기 – 간단한 도구와 기계 활용하기

3세	4세	5세
도구와 기계의 편리함에 관심을 갖는다.	도구와 기계의 편리함에 관심을 갖는다.	변화하는 새로운 도구와 기계에 관심을 갖고 장단점을 안다.

* 벼를 수확하며 사용하는 다양한 도구들에 관심을 갖고 도구의 편리함을 경험한다.

Story 3 "추수 이야기"

"와! 이거 우리가 먹는 쌀이지요?"

높고 푸른 가을 하늘이 청명한 아침이다.

풀숲에서는 귀뚜라미 소리와 이름 모를 풀벌레 소리가 은은하게 들려 온다. 가을이 점점 깊어가는 것을 느낀다.

논과 밭의 추수가 거의 끝나갈 무렵 부모를 초청하여 쌀농사를 지은 논에서는 협력 수업을 한다. 논에서 부모와 함께 즐기는 협력수업은 농사의 소중함과 추수를 경험하는 즐거운 시간이다.

첫 번째 활동은 벼 이삭을 탈곡하고 벼를 도정하는 작업을 한다.

전통 농기구인 나락홀태에 벼 이삭 한 줌을 걸고 있는 힘을 다해 뒤로 잡아 당긴다. 홀태 밑으로 낟알이 쏟아진다. 쏟아진 낟알을 모아 절구에 넣어서 도정작업을 한다. 방앗간의 정미기 대신 절구와 키를 이용하는 것이다. 절구에 벼를 한 주먹 넣고 방망이로 살살 찧으면 벼 껍질이 벗겨진다. 이것을 키로 까부르면 쭉정이와 껍질은 날아가고 쌀알은 키 안쪽으로 모인다.

이때 우리가 매일 밥으로 먹는 쌀이 보이면 아이들과 부모들은 무척 신기해한다.

"와! 이거 우리가 먹는 쌀이지요?"

쌀이 이런 과정을 거쳐 식탁에 오른다는 것을 직접 체험하는 순간 아이들은 신기하고 놀라워한다.

"이거 현미죠? 먹어도 되죠?"

아이들이 쌀을 꼭꼭 씹어 먹는데 그 표정을 보면 매우 진지하다. 깊은 생각을 하며 씹는 것 같다. 봄부터 긴 시간을 논에서 보내며 쌀을 수확했기 때문이다. 장난기 많은 아이들은 키를 뒤집어쓰기도 한다.

"이것은 밤에 잘 때 오줌 싸면 쓰는 건대…."

라며 책에서 본 것을 흉내 내며 즐거워한다.

두 번째 활동은 벼 이삭을 이용하여 하는 수 놀이를 한다.

추수가 끝난 논에서 벼 이삭을 주워 온다. 부모님이 옆에서 도움을 주며 벼 낟알을 10개씩 가른다. 벼 이삭 개수 10개씩 묶어서 몇 묶음인지를 세고 그 외에 남은 낟알은 몇 개인지 세어 본다. 벼 이삭 수 세기 활동을 하면 아이와 부모가 깜짝 놀란다. 벼이삭 하나에 보통 백 개 이상의 낟알이 달린 것을 발견하고 농사의 비밀을 안다.

세 번째 활동은 볏짚으로 표현활동을 한다.

추수한 볏짚을 다양한 크기로 잘라서 두꺼운 화지에 자유롭게 표현한다. 볏짚을 다양한 크기로 자르고 논 주변의 풀과 들꽃들을 가지고 표현한다. 들판에서 자연의 소재인 볏짚을 이용한 미술 표현은 자연의 생생한 느낌이 그대로 전달된다. 활동에 참여하는 사람이나 작품을 감상하는 사람들이 자연의 재료에서 예술적인 아름다움을 발견하며 감동한다.

네 번째 활동은 비빔밥을 만들어 먹는다.

모둠별로 부모들이 나물 한 가지씩 준비해 온다. 콩나물, 고사리나물, 호박나물, 도라지, 시금치, 취나물 등 각자가 맡은 나물 한 가지가 모여서 비빔밥의 재료가 된다. 유치원에서는 밥과 고추장, 참기름만 준비한다. 커다란 함지박에 밥을 넣고 어머니들이 준비해 온 나물에 고추장과 참기름을 넣어 쓱쓱 비빈다. 논에서 즉석 비빔밥이 만들어진다.

논바닥에서 모둠별로 앉아 비빔밥을 먹는데 산들산들 불어 오는 가을 바람과 높고 푸른 가을하늘이 밥맛을 더 좋게 한다. 정겹게 비빔밥을 먹는 표정들이 행복으로 가득하다. 정이 묻어나는 눈빛을 주고받으며 들판에 정겨운 웃음소리가 가득하다.

들판에서 여럿이 함께 어울려서 먹으니 더욱 꿀맛이다. 전주비빔밥이 세계인의 입맛을 사로잡았다지만 논에서 즉석에서 만들어 비벼 먹는 자연 표 비빔밥이 훨씬 더 맛있다고 이구동성으로 외친다.

돌나물 샐러드

식물에 대한 관심이 배움의 시작이다.

Story 1 "돌나물과 놀아요."

>> 들어가기

"돌나물을 먹으며 봄을 이해하고 자연과 친해져요."

아이들은 봄에 돋아나는 식물과 상호작용을 하며 봄을 이해하고, 식물이 주는 이로움에 대해서 알아간다. 식물이 몸을 이롭게 하는 것을 알고 자연과 친해진다. 그리고 계절마다 주변에서 자생하는 식물을 먹고 즐기다 보면 식물에 대한 거부반응이 점점 줄고 잘 먹는다. 해마다 봄나물을 먹어 보는 반복적인 경험은 유아의 편식을 예방할 뿐만 아니라 자연과 더불어 사는 우리의 생활을 이해한다.

유치원의 생활주제인 '봄'의 개념을 어떻게 하면 아이들의 이해를 도울 수 있을까? 사진 자료를 보여 줄까? 영상자료로 보여 줄까? 그 어떤 발전된 시청각 자료보다 따뜻한 봄날 바구니를 들고 들판에 나가 봄나물을 뜯어 보면 어떨까? 식물에 대한 관심이 배움의 시작이 된다.

>> 활동계획안

<table>
<tr><td rowspan="2">누리과정 관련요소</td><td colspan="2">나를 알고 존중하기</td><td>나의 일 스스로 하기</td></tr>
<tr><td colspan="2">탐구하는 태도 기르기</td><td>호기심을 유지하고 확장하기</td></tr>
<tr><td rowspan="4">어떻게 놀이할까?</td><td colspan="3">• 누구와 : 친구랑
• 어디서 : 봄 – 유치원 주변
• 무엇을 가지고 : 돌나물</td></tr>
<tr><td>이렇게 놀아요</td><td colspan="2">(1) 시작 : 유치원 주변을 산책해요.
(2) 그리고 : 돌나물을 발견하고 캤어요.
(3) 마무리 : 돌나물을 씻어서 샐러드를 만들어 먹었어요.</td></tr>
<tr><td colspan="3">누리과정과 연계되는 확장된 놀이</td></tr>
<tr><td>이렇게 놀아 보세요</td><td colspan="2">• 돌나물 이름을 말하고 글씨로 써 본다.
(의사소통 – 쓰기 – 쓰기에 관심가지기)
• 돌나물 줄기를 잘라서 화분에 분양해서 심고 가꾼다.
(자연탐구 – 과학적 탐구하기 – 생명체와 자연환경 알아보기)</td></tr>
<tr><td>유 의 점</td><td colspan="3">– 돌나물에 요플레를 얹어 먹으면 요리활동이 간편하다.
– 돌나물을 점심식단 메뉴와 연결한다.</td></tr>
</table>

Story 2 "돌나물과 놀며 배우는 아이들"

▼ 돌나물 가득한 식탁

▼ 돌나물 샐러드

▼ 돌나물 효소 만들기

▼ 돌나물 캐는 아이들

▼ 돌나물을 찾아요.

▼ 편식하지 않는 아이들

놀이에 녹아 있는 누리과정 연령별 세부내용 엿보기

1. 자연탐구 – 과학적 탐구하기 – 생명체와 자연환경 알아보기

3세	4세	5세
생명체를 소중히 여기는 마음을 갖는다.	생명체를 소중히 여기는 마음을 갖는다.	생명체를 소중히 여기는 마음을 갖는다.
* 돌나물 샐러드를 먹으며 자연의 소중함을 깨닫고 소중히 여기는 마음을 갖는다.		

2. 신체운동 • 건강 – 건강하게 생활하기 – 바른 식생활 하기

3세	4세	5세
몸에 좋은 음식에 관심을 갖는다.	몸에 좋은 음식을 알아본다.	몸에 좋은 음식을 선택할 수 있다.
* 돌나물이 우리의 몸에 어떤 이로움을 주는지 알아보고, 몸에 좋은 음식을 골라 먹으며 자신의 몸을 소중히 여긴다.		

Story 3 "돌나물 이야기"

"키 작은 난쟁이 같다."

이른 봄 돌나물이 지천에 깔렸다.

돌나물은 집 주변 언덕이나 화단 주변 어디서나 쉽게 볼 수 있는 식물이다. 번식력이 좋아서 여름 장마철에 한 번 옮겨 심거나 줄기를 잘라 땅에 꽂아 놓으면 해마다 관상용 식물로도 즐길 뿐 아니라 봄부터 가을까지 상큼한 맛에 뜯어 먹는다.

돌나물은 특히 봄철에 입맛이 없을 때 먹으면 잃어버린 입맛이 돌아온다고 하여 즐겨 먹는 식물이다. 봄철에 몸이 나른할 때 먹으면 비타민 C가 많아서 피로 회복이 잘 된다고 하여 건강에 좋은 웰빙 식물로 인기가 많다.

봄에는 돌나물을 뜯어 초고추장을 넣고 새콤하게 무쳐 먹거나 물김치를 담그기도 하고, 고기와 함께 야채 쌈을 쌀 때 한 줄기씩 넣어 먹으면 입맛을 돋우어 준다.

봄이 되면 아이들과 해마다 돌나물을 뜯어 즉석에서 샐러드로 해 먹는다. 쉽고 간편하게 즐길 수 있는 요리활동이다.

아이들은 바구니를 들고 유치원 주변을 산책하며 돌나물을 뜯는다. 여러 종류의 풀이 있는 곳에서 돌나물을 찾으려면 먼저 돌나물의 특징에 대해 잘 알아야 한다.

잎은 약간 뾰족하면서 수분이 많이 들어 있어서 잎이 통통한데 땅바닥에 길게 누워 자란다. 손으로 새파란 순을 똑똑 따면 질기지 않아서 쉽게 딸 수 있다.

여러 종류의 풀이 어우러진 곳에서 감각을 사용하여 돌나물을 찾는 아이들이 숨바꼭질을 하는 것 같다.

"응… 이것은 돌나물이 아니잖아."

"돌나물 여기 있어요."

"돌나물이 예뻐요. 귀엽게 생겼어요."
"키가 작은 난쟁이 같다."
"엄마랑 슈퍼마켓 가서 이거 봤어요."

들판에서 돌나물을 찾는 것이 쉽지 않은지 몇 번의 시행착오를 하더니 원으로 돌아올 때는 바구니에 돌나물이 가득하다. 친구들과 서로 협력하며 바구니를 들고 내려오는 모습이 행복해 보인다.

돌나물을 깨끗이 씻어서 소쿠리에 담고 물기를 뺀다. 물기가 어느 정도 빠지면 시중에서 쉽게 구할 수 있는 새콤달콤한 요플레를 얹으면 바로 돌나물 샐러드가 된다. 제비새끼들처럼 돌나물을 한 입씩 받아먹은 아이들은 온통 더 달라고 야단이다. 약간 쓴맛과 향이 진한데도 돌나물을 잔뜩 입에 물고 즐겁게 이야기를 나누며 서로의 맛을 표현하며 공감하는 아이들이다.

"돌나물 먹으니까 힘이 나는 것 같아요."
"우리 아빠도 주고 싶어요. 엄마한테 해 달라고 해야지."
"저는 야채 싫어해요. 음… 그런데 돌나물은 먹어 볼래요."

아이들이 야채를 싫어하는 경향이 있다. 특히 쓴 맛이 나는 봄나물을 생으로 먹는다는 것은 쉽지 않다. 그러나 들에서 다양한 식물의 맛을 경험하다 보면 야채를 싫어하는 아이들도 식물에 대한 거부반응이 서서히 줄어드는 것을 보게 된다.

아이들이 쓴맛을 좋아하지 않는다고 기회를 주지 않는다면 아이들의 맛의 경험세계가 제한적일 수밖에 없다. 즐겁게 먹을 수 있는 환경을 제공하면 거부반응을 점차 줄여나갈 수 있다. 이런 경우 같이 있는 친구들이 중요한 역할을 하는 것 같다. 친구들이 맛있게 잘 먹으니 자연스럽게 따라 먹는다.

유치원의 생활주제인 봄을 어떻게 언어로 가르칠 수 있겠는가?

사진자료나 영상으로 가르칠 수 있을까? 아이들은 돌나물을 먹으며 봄을 이해한다.

알고 있는 것을 생활에서 적용할 때 내 지식이 된다.

목련꽃 차

Story 1 "목련꽃과 놀아요."

>> 들어가기

"목련꽃 차를 마시며 가족에게 사랑을 전해요."

목련꽃 차의 좋은 경험은 후의 학습을 촉진한다. 꽃 차를 마신 후 꽃잎을 주워서 집으로 가져간다. 가족을 돕고 화목하게 지내려는 태도가 자연스럽게 길러진다. 봄에는 여러 종류의 꽃을 이야기하지만 그 꽃이 내게 의미 있는 경험이 될 때 비로소 새로운 지식이 탄생한다.

아이들은 계절이 바뀌어 가는 변화를 어떻게 즐길 수 있을까? 의미 있는 '봄'의 변화를 즐길 수 있는 방법은 무엇일까? 계절이 왔다가지만 나와 의미 있는 관계 짓기가 없다면 무의미하지 않을까? 아이들의 감성을 자극해 보자. 바람에 떨어진 꽃잎을 줍는 아이들이 되도록 말이다. 알고 있는 것을 생활에서 적용할 때 비로소 내 지식이 되는 것이다.

>> 활동계획안

<table>
<tr><td rowspan="2">누리과정 관련요소</td><td colspan="2">자연탐구</td><td>탐구하는 태도 기르기</td></tr>
<tr><td colspan="2">신체운동 • 건강</td><td>신체 인식하기</td></tr>
<tr><td rowspan="4">어떻게 놀이할까?</td><td colspan="3">• 누구와 : 친구랑
• 어디서 : 봄 – 목련나무
• 무엇을 가지고 : 목련꽃</td></tr>
<tr><td>이렇게 놀아요</td><td colspan="2">(1) 시작 : 목련꽃 나무와 놀아요.
(2) 그리고 : 목련꽃 잎을 따서 차를 만들어요.
(3) 마무리 : 친구들과 목련꽃 차를 마셔요.</td></tr>
<tr><td colspan="3">누리과정과 연계되는 확장된 놀이</td></tr>
<tr><td>이렇게 놀아 보세요</td><td colspan="2">• 목련꽃을 말려서 겨울에 차로 마신다.
(신체운동 • 건강 – 건강하게 생활하기 – 바른 식생활하기)
• 목련꽃 나무를 4B 연필로 표상한다.
(예술경험 – 예술적 표현하기 – 미술활동으로 표현하기)
• 목련꽃 차를 마시고 생각과 느낌을 즐겁게 이야기한다.
(의사소통 – 말하기 – 느낌, 생각, 경험 말하기)</td></tr>
<tr><td>유 의 점</td><td colspan="3">– 만개 직전의 목련꽃 잎을 따서 차로 만든다.
– 목련꽃 피는 기간이 짧기 때문에 꽃이 피는 시기를 놓치지 않도록 관심을 갖고 주시해야 한다.</td></tr>
</table>

Story 2 "목련꽃 차를 마시며 배우는 아이들"

▼ 목련꽃 잎이 바구니 가득

▼ 목련꽃 차

▼ 목련나무

▼ 꽃 차를 기다리는 아이들

▼ 겨울눈

놀이에 녹아 있는 누리과정 연령별 세부내용 엿보기

1. 자연탐구 – 탐구하는 태도 기르기 – 탐구과정 즐기기

3세	4세	5세
궁금한 점을 알아보는 과정에 흥미를 갖는다.	궁금한 점을 알아보는 탐구과정에 관심을 가지고 참여한다.	궁금한 점을 알아보는 탐구과정에 참여하고 즐긴다.

* 목련꽃은 봄에 자주 볼 수 있지만, 목련꽃을 가까이서 관찰하며 목련꽃과 관련된 호기심을 확장하는 경험을 한다.

2. 사회관계 – 가족을 소중히 여기기 – 가족과 화목하게 지내기

3세	4세	5세
가족의 소중함을 안다.	가족의 소중함을 안다.	가족의 의미와 소중함을 안다.

* 가족에게 감사한 마음을 목련꽃 차로 표현하며 가족의 소중함을 새롭게 느끼는 경험을 한다.

Story 3 "목련꽃 차 이야기"

"우유 맛이 나는 것 같아요."

날씨가 쌀쌀하다. 이미 봄이 왔는데도 꽃샘추위로 여전히 겨울 느낌이다.

이런 꽃샘추위에도 아랑곳하지 않고 유치원 앞마당에 심어 있는 백목련 나무에서는 하얀 꽃봉오리가 터지기 시작한다.

사월이 되기 시작하면서 나무줄기 끝에 종 모양의 꽃이 한 송이씩 핀다. 해마다 봄이 되면 보는 꽃이지만 그 탐스럽고 우아한 자태에 매료된다. 하얗게 피는 꽃봉오리를 보고 있노라면 누군가로부터 기쁜 소식이 올 것 같은 설렘을 안겨 준다.

지난 겨울은 눈이 많이 내리고 추위가 길었다. 그래서인지 사월 중순이 넘어서야 꽃이 피기 시작한다. 목련꽃은 개화 기간이 짧아서 간혹 꽃 차 만든 것을 놓칠 때가 있다. 올해는 서둘러 생차를 마시고 꽃을 말린다.

목련 나무에서 개화 직전의 꽃봉오리를 따서 꽃술은 떼어 버리고 싱싱한 꽃잎을 흐르는 물에 살짝 씻는다. 도톰한 꽃잎이 손에 닿는 느낌이 참 좋다. 커다란 도자기 볼에 꽃잎 몇 장을 넣고, 뜨거운 물을 부어 5분 정도 지나면 연한 노란색과 꽃잎의 진한 맛이 잘 우러난다. 목련꽃 차 맛에 잔뜩 호기심을 갖고 지켜보고 있는 아이들에게 한 잔씩 따라 준다. 맛이 궁금한 아이들은 천천히 눈으로 색을 감상하고 향과 맛을 음미하며 마신다.

목련꽃 차가 입안 가득히 퍼진다. 꽃향기가 자연을 농축한 듯 입 안에 진한 맛을 더해 준다. 차를 마시며 봄기운을 받는다.

목련꽃차는 꽃에서 느끼는 것처럼 고풍스럽고 맛도 그윽하다. 아이들은 주변에서 경험한 맛을 찾아내는데 그 느낌 또한 다양하다.

"목련 차에서 우유 맛이 나는 것 같아요."

"치즈 맛이 나요."

"엄마 화장품 냄새도 나요."

"장미꽃 냄새도 나요."

차 한 잔이 아이들의 섬세한 감각을 활짝 열어 준다. 아이들이 표현하는 느낌을 듣다 보면 목련꽃 차에 그 맛이 숨어 있다는 사실을 발견하곤 깜짝 놀란다. 참 신기하다.

이른 봄 한 잔의 꽃 차에 감성이 자극되어 목련꽃이 친구처럼 느껴진다. 쌀쌀한 날씨에도 바깥에 놓인 나무 탁자에 옹기종기 둘러앉아 차를 마시는 아이들이 행복하다.

예로부터 목련꽃 차는 여러 가지 효험이 많다. 감기 예방, 알레르기성 비염, 두통, 콧병에 약으로 사용되어 왔다. 아이들은 이 정보를 알고 마당에 떨어진 꽃잎을 주워서 집으로 가져가곤 한다. 직접 경험하며 배운 것을 가족들에게 실천하는 학습의 적극적인 전이 효과가 자주 나타난다.

꽃잎을 줍는 아이마다 가족들을 사랑하는 애틋한 마음이 숨어 있다.

"우리 엄마가 머리 아프다고 해서 차로 마시게 하려고요."

"우리 오빠가 코가 막혀서 주려고요."

어느 어머니의 감동적인 이야기가 생각난다. 어느 날 머리가 아파서 방에서 누워 있는데 아이가 목련꽃을 주워 와 차를 해 주어서 마셨다고 한다. 그때 어린 자녀로 하여금 엄마를 사랑하는 마음을 전달받고 얼마나 감동받았는지 눈물이 났다고 말씀하신다. 꽃의 효능을 알고 생활에서 실제로 적용하는 삶의 기술에 놀랍다.

아이들은 식물의 효능을 알고 경험한 것을 생활에서 직접 실천하는 것을 무척 즐긴다. 뛰어놀다 넘어져 몸에 상처가 나서 피가 나면 자기들끼리 쑥을 뜯어다가 돌로 찧어서 환부에 바른다거나, 봄철에는 입맛을 돋우는 돌나물을 따서 집으로 가져가서 식탁에 음식으로 만들어 가족과 먹기도 한다. 다양한 체험학습 경험이 스스로 살아갈 수 있는 방법을 가르쳐 주고 있다.

감수성이 풍부한 아이로 자란다. **사과농장 이야기**

Story 1 "사과밭에서 놀아요."

>>들어가기

"사과나무를 감상하며 감수성을 키워요."

사과 과수원은 아이들이 자연현상을 직접 보고, 사과나무의 아름다움을 느끼고 교감하는 장소다. 시원한 바람과 푸른 하늘 그리고 빨간 사과가 탐스럽게 열려 있는 풍경은 아이들의 감성을 자극한다. 과수원에서 빨간 사과를 따서 먹어 본 경험은 즐거운 기억이 되어 감수성이 풍부한 아이로 자라는 것을 돕는다. 직접 사과를 감각적으로 직접 체험하며 아이들은 자연과 친해진다.

영유아기 아이들에게 일반적인 지식을 알려 주는 것도 중요하지만 주관적인 지식을 습득할 수 있는 환경은 더욱 중요하다. 사과나무를 탐색하여 나무의 특징을 아는 것도 중요하지만 과수원에서 사과를 맛있게 먹어 보는 즐거운 경험이 더 중요하지 않을까?

>> 활동계획안

<table>
<tr><td rowspan="2">누리과정 관련요소</td><td colspan="2">자연탐구</td><td>탐구하는 태도 기르기</td></tr>
<tr><td colspan="2">신체운동 • 건강</td><td>신체 인식하기</td></tr>
<tr><td rowspan="4">어떻게 놀이할까?</td><td colspan="3">• 누구와 : 친구랑
• 어디서 : 가을 – 사과밭
• 무엇을 가지고 : 사과</td></tr>
<tr><td>이렇게 놀아요</td><td colspan="2">(1) 시작 : 사과밭에서 놀았어요.
(2) 그리고 : 사과나무를 감상해요.
(3) 마무리 : 사과를 먹었어요.</td></tr>
<tr><td colspan="3">누리과정과 연계되는 확장된 놀이</td></tr>
<tr><td>이렇게 놀아 보세요</td><td colspan="2">• 사과효소를 만들어 차로 마신다.
(신체운동 • 건강 – 건강하게 생활하기 – 바른 식생활 하기)
• 사과나무를 그림으로 표상한다.
(예술경험 – 예술적 표현하기 – 미술활동으로 표현하기)
• 사과밭을 농사짓는 분께 감사의 카드를 써서 전달한다.
(의사소통 – 쓰기 – 쓰기에 관심가지기)</td></tr>
<tr><td>유 의 점</td><td colspan="3">– 사과나무에 열린 사과를 직접 따서 그 자리에서 먹어 본다.
– 사과 한 개를 가정으로 보낸다. 아이들의 말이 많아진다.</td></tr>
</table>

Story 2 "사과밭에서 놀며 배우는 아이들"

▼ 사과나무

▼ 햇빛을 쬐어 빨개진 사과

놀이에 녹아 있는 누리과정 연령별 세부내용 엿보기

1. 자연탐구 - 탐구하는 태도 기르기 - 탐구과정 즐기기

3세	4세	5세
궁금한 점을 알아보는 과정에 흥미를 갖는다.	궁금한 점을 알아보는 탐구 과정에 관심을 가지고 참여한다.	궁금한 점을 알아보는 탐구 과정에 참여하고 즐긴다.

* 평소에 먹던 사과를 과수원에서 직접 경험하며 사과가 열리기 시작하면서부터 수확하여 입에 들어가는 그 과정을 즐기며 사과에 대한 호기심을 확장한다.

2. 신체운동·건강 - 신체인식하기 - 감각능력 기르고 활용하기

3세	4세	5세
감각기관을 인식하고, 활용해 본다.	여러 감각기관을 협응하여 활용한다.	여러 감각기관을 협응하여 활용한다.

* 감각기관을 활용하여 색색의 다양한 사과에 대해 알아보고 사과를 직접 맛보며 사과의 향과 맛을 경험해 본다.

Story 3 "사과밭 이야기"

"아니야, 익어도 파란 사과가 있어."

가을 바람이 제법 쌀쌀하지만 나무에 열린 사과를 따러 간다고 하니 아이들이 무척 좋아한다,

유치원에도 사과나무가 두 그루가 있다. 4~5월에 하얀 꽃이 피는데 아직 열매를 보지 못했다. 아직 어려서 그런지 거름이 부족한 탓인지 관심을 가져야겠다. 다행히 근처에 사과 과수원이 있어서 사과밭을 갈 수 있다. 해마다 과수원 할머니께서 아이들을 친절하게 맞아주시고 사과에 대한 궁금증에 대해서도 설명해주신다.

'아이를 키우려면 온 마을이 필요하다.'는 말을 실천하고 계신 분이다. 만약 이런 기회를 주지 않으시면 슈퍼마켓에서 사과 몇 개 사서 모양을 관찰하거나 맛을 보는 것에 그쳤을 것이다. 아이들은 사과밭 체험으로 사과에 대한 폭넓은 배움이 이루어진다. 빨갛게 익은 사과가 탐스럽게 주렁주렁 달린 것을 보기란 쉽지 않기 때문이다.

가을철 과수원 풍경은 보는 이의 마음을 부자로 만든다. 풍성한 가을이라는 단어를 이해하는 시간이 되기도 한다. 사과나무 그 자체가 한 폭의 그림이다. 자연과 농부의 수고가 만들어 낸 풍성한 가을 작품을 아이들이 공짜로 감상한다. 과수원에 들어서면 처음에는 아이들의 대부분은 말을 잊고 눈만 동그랗게 뜨고 놀라는 표정만 짓는다. 그러나 이내 사과나무 이야기에 시간가는 줄 모른다.

"사과 먹고 싶다."

"빨간 사과를 보니까 입에 침이 나온다."

등 사과의 새콤달콤한 맛을 시각만으로도 충분히 전달받는다. 이런저런 사과의 경험들을 친구들과 나누며 마냥 즐거워한다. 이곳 사과나무는 다른 과수에 비해 키가 크지는 않지만 작은 키에 어른 주먹보다 큰 사과가 주렁주렁 달렸다. 감탄이 절로 나온다.

사과를 보면 먹고 싶다는 생각이 절로 난다. 아이들도 마찬가지다. 사과를 보자마자 따서 먹고 싶다고 야단이다. 사과를 따서 한 입씩 먹어 본다. 사과의 과즙이 입 안에 가득찬다. 아이들은 정말 맛있다고 한다. 집에서 먹는 맛과 비교가 되지 않는다. 아삭아삭 씹히는 새콤달콤한 맛에 푹 빠진다.

사과나무 아래서 아이들의 의견이 분분하다. 한 아이가 사과는 익어도 파랗다고 하자,

"아니야, 사과는 익으면 빨개."

"아니야, 익어도 파란 사과가 있어."

대부분의 아이들은 파란 사과는 없고 사과는 익으면 빨갛다고 알고 있다. 현장학습에서 궁금증을 해결하다 보니 노란색 사과도 있다는 사실을 알게 된다. 파란 사과를 먹어 본 아이는 가을 초입에 나오는 아오리 사과를 먹어 본 경험에서 나온 말이다. 아오리 사과는 빨간색 사과보다 단맛은 덜하지만 단단하고 새콤한 맛이다. 할머니의 자세한 설명으로 아이들의 궁금증은 해결된다.

일 년 동안 사과 농사를 지으시느라 수고하신 할머니께 감사의 표현을 전한다.

"할머니 감사합니다."

"맛있는 사과를 주셔서 감사합니다."

"내년에도 주세요."

과수원 현장체험 후 사과 잼을 아이들과 만들어 본다. 과수원 다녀온 이야기와 사과 맛본 이야기가 사과 잼에 녹아 들어간다. 부드러운 식빵에 사과 잼을 바르고 맛있게 먹는 아이들의 표정이 사과를 닮았다. 사과 잼의 달콤한 맛에 아이들 모두가 행복하다.

식물이 주는 맛을 경험하며 건강한 아이로 자란다.

쑥 부침개 이야기

Story 1 "쑥과 놀아요."

>> 들어가기

"자연에서 하는 공부가 행복해요."

먹는 즐거움보다 더 좋은 즐거움이 있을까! 봄의 식물을 가지고 보기도 좋고 맛있는 음식을 직접 만들어 친구와 함께 나누며 행복하다고 말한다. 관심을 갖지 않으면 그냥 지나칠 수도 있는 주변의 식물이 맛있는 음식이 되어 행복이 두 배가 된다. 행복한 경험은 아이들이 건강하게 자라도록 돕는다. 우리가 말하는 '공부'가 행복하다고 아이들은 말한다.

자연을 탐구하는 과정을 즐길 수 있는 방법은 무엇일까? 아이들에게 직접 경험하는 즐거움을 주면 되지 않을까? 주변에서 쉽게 구할 수 있는 것, 스스로 구할 수 있는 식물을 채취하고 음식으로 변화되어 그 맛을 경험한다면 정말 즐길 수 있지 않을까? 더불어 건강한 일상생활이 되지 않을까?

>> 활동계획안

<table>
<tr><td rowspan="2">누리과정 관련요소</td><td colspan="2">자연탐구</td><td>탐구하는 태도 기르기</td></tr>
<tr><td colspan="2">신체운동 • 건강</td><td>건강하게 생활하기</td></tr>
<tr><td rowspan="4">어떻게 놀이할까?</td><td colspan="3">• 누구와 : 친구랑
• 어디서 : 봄 - 들판
• 무엇을 가지고 : 쑥</td></tr>
<tr><td>이렇게 놀아요</td><td colspan="2">(1) 시작 : 들판에서 놀아요.
(2) 그리고 : 쑥을 캐요.
(3) 마무리 : 쑥 전을 만들어 먹어요.</td></tr>
<tr><td colspan="3">누리과정과 연계되는 확장된 놀이</td></tr>
<tr><td>이렇게 놀아 보세요</td><td colspan="2">• 쑥을 말려서 포푸리를 만든다.
(신체운동 • 건강 – 신체인식하기 – 감각능력을 기르고 활용기)
• 쑥을 캐서 식물의 구조를 안다.
(자연탐구 – 과학적 탐구하기 – 생명체와 자연환경 알아보기)
• 쑥 잎을 책갈피에 말려서 카드로 꾸민다.
(예술경험 – 예술적 표현하기 – 미술활동으로 표현하기)</td></tr>
<tr><td>유 의 점</td><td colspan="3">– 쑥을 적당한 양을 넣어야 맛이 쓰지 않고 맛있다.
– 쑥을 곱게 간다.</td></tr>
</table>

Story 2 "쑥과 놀며 배우는 아이들"

▼ 유치원 주변의 쑥

▼ 쑥을 찾아요.

▼ 쑥 차 만들기

▼ 쑥 부침개

▼ 쑥을 다듬어요.

▼ 쑥 향이 가득한 유치원 마당

놀이에 녹아 있는 누리과정 연령별 세부내용 엿보기

1. 자연탐구 – 탐구하는 태도 기르기 – 탐구과정 즐기기

3세	4세	5세
궁금한 점을 알아보는 과정에 흥미를 갖는다.	궁금한 점을 알아보는 탐구과정에 관심을 가지고 참여한다.	궁금한 점을 알아보는 탐구과정에 참여하고 즐긴다.

* 쑥의 생김새와 쑥의 활용법을 알아보며 자연이 주는 이로움을 다양하게 경험한다.

2. 신체운동 • 건강 – 건강하게 생활하기 – 바른 식생활하기

3세	4세	5세
몸에 좋은 음식에 관심을 갖는다.	몸에 좋은 음식을 알아본다.	몸에 좋은 음식을 선택할 수 있다.

* 몸에 좋은 쑥을 직접 요리하고 먹어 보는 경험을 통해 평소에 아이들이 잘 먹지 않는 쑥과 친근해지는 경험을 한다.

Story 3 "쑥 전 이야기"

"아이들이 살아 있는 것 같아요."

어제 봄비가 흠뻑 내리고 나니 세상이 온통 초록빛으로 물들었다.

사월에 들어서며 유치원 주변에는 온갖 종류의 식물들이 고유의 특성을 나타내고 꽃을 피우고 초록색 환경으로 만들어 준다.

오늘은 봄나물 중에 으뜸인 쑥을 캐서 부침개를 부쳐 먹기로 한다.

아이들이 자유롭게 흩어져서 쑥을 캔다. 쑥을 한 뿌리씩 캐서 잎과 줄기, 뿌리를 관찰하기도 하며 줄기와 잎은 바구니에 가득 담아 온다. 아이들이 캐온 쑥을 물에 담그니 파릇파릇한 싱싱함이 손끝을 통해 전해진다.

깨끗하게 씻은 쑥을 믹서에 넣고 간다. 주변에는 온통 향긋한 쑥 향기로 진동하더니 자연이 주는 초록색 물감으로 물든다.

부침가루에 자연의 식용물감인 쑥 물을 넣어 국자로 휘휘 휘저어 주면 연두색 반죽이 된다. 프라이팬에 식용유를 두르고 쑥 전을 부친다. 연두색이 더 선명한 초록색 쑥 전이 만들어져서 보는 이의 입맛을 자극한다.

쑥 전이 완성되자 그 과정을 지켜본 아이들의 얼굴에 함박 미소가 절로 그려진다. 입맛을 쩝쩝 다시며 빨리 먹고 싶다고 야단이다. 뜨거운 쑥 부침개를 호호 식혀가며 탁자에 옹기종기 모여 먹는 아이들의 표정은 행복으로 가득하다.

아이들이 맛있게 먹는 것만 봐도 마음이 부자가 된다.

"정말 맛있어요,"

"행복해요."

"완전 맛있다."

"집에 가서 엄마한테 해달라고 해야겠어요."

쑥 부침개가 정말 맛있다는 아이들의 한결같은 표현이다.

아이들의 입맛이 자연의 맛에 동화되어간다. 쑥에서 쌉쌀한 맛이 진하게 나는데 아이들은 맛있다고 잘도 먹는다.

우연히 원을 방문한 분들이 마당에 들어서며 깜짝 놀란다.

"정말 자연유치원이네요."

"아이들이 살아 있는 것 같아요."

쑥 전을 먹는 아이들의 행복한 얼굴과 아직도 쑥을 찾아다니는 한 무리의 아이들을 보아서일까?

항상 야외 체험 활동이 지극히 평범한 일상인데 외부에서들 오시면 특별한 상황으로 여긴다.

프라이팬에서 방금 꺼낸 뜨끈뜨끈한 쑥 부침개 한 접시를 대접하니 혼잣말처럼 하신다.

"옛날 시골에서 엄마가 해 주셔서 맛있게 먹었었는데…."

어렸을 적 어머니의 손맛을 그리워하는 눈빛에서 엄마에 대한 그리움이 묻어난다.

쑥 전을 맛있게 먹는 아이들의 웃음소리가 봄의 교향악처럼 들린다.

연두빛깔 쑥 부침개를 먹으며 아이들은 행복을 배운다.

공부가 행복하다.

호박죽

Story 1 "호박을 갖고 놀아요."

>> 들어가기

"자연에서 얻은 음식으로 과학적인 사고능력을 키워요."

아이들은 요리활동을 무척 좋아한다. 즐겁게 요리에 참여하며 과학적으로 탐구하며 사고하는 의미 있는 활동이다. 요리의 주 재료가 아이들이 직접 키운 식물이면 더욱 관심이 높다. 요리를 하며 식물의 성장과정과 환경 등이 재경험되고 서로 공감하는 이야깃거리가 아이들을 행복하게 한다. 덧붙여서 텃밭과 연계된 먹거리는 음식을 긍정적으로 인식하고 즐겁게 먹는 식생활 지도와 연결된다.

과학적인 탐구와 사고 능력을 키우는 데 기반이 되는 호기심은 어떻게 키울까? 호기심 천국에 사는 이 또래의 아이들에게 발을 묶어 놓을 수 없다. 아이들이 흙을 밟고, 식물을 키우고, 그 성장과정을 관찰함으로써 비로소 우리가 먹는 것들의 전 과정을 이해할 수 있지 않을까?

≫ 활동계획안

누리과정 관련요소	자연탐구	과학적 탐구하기
	신체운동 • 건강	건강하게 생활하기

어떻게 놀이할까?

- 누구와 : 친구랑
- 어디서 : 가을 – 호박밭
- 무엇을 가지고 : 호박

이렇게 놀아요

(1) 시작 : 유치원 주변을 산책해요.
(2) 그리고 : 돌나물을 발견하고 캤어요.
(3) 마무리 : 돌나물을 씻어서 샐러드를 만들어 먹었어요.

누리과정과 연계되는 확장된 놀이

이렇게 놀아 보세요

- 호박죽을 먹어 본 느낌과 생각을 이야기한다.
  (의사소통 – 말하기 – 느낌, 생각, 경험 말하기)
- 늙은 호박을 잘게 썰어 말려 호박떡을 해서 먹는다.
  (신체운동 • 건강 – 건강하게 생활하기 – 바른 식생활하기)
- 호박씨를 보관하여 봄에 싹을 틔워 본다.
  (자연탐구 – 과학적 탐구하기 – 생명체와 자연환경 알아보기)

유 의 점

– 호박씨를 말려서 미술활동 재료로 사용한다.
– 호박씨를 아이들이 직접 꺼내서 관찰하도록 한다.

Story 2 "호박과 놀며 배우는 아이들"

▼ 우리가 농사지은 호박

▼ 늙은 호박으로 호박죽을 요리해요.

▼ 노오란 호박꽃

놀이에 녹아 있는 누리과정 연령별 세부내용 엿보기

1. 자연탐구 – 과학적 탐구하기 – 생명체와 자연환경 알아보기

3세	4세	5세
생명체를 소중히 여기는 마음을 갖는다.	생명체를 소중히 여기는 마음을 갖는다.	생명체를 소중히 여기는 마음을 갖는다.
* 호박죽을 먹으며 자연의 소중함을 깨닫고 소중히 여기는 마음을 갖는다.		

2. 신체운동 • 건강 – 건강하게 생활하기 – 바른 식생활하기

3세	4세	5세
몸에 좋은 음식에 관심을 갖는다.	몸에 좋은 음식을 알아본다.	몸에 좋은 음식을 선택할 수 있다.
* 호박이 우리 몸에 어떤 이로움을 주는지 알아보고, 몸에 좋은 음식을 골라 먹으며 자신의 몸을 소중히 여긴다.		

Story 3 "호박죽 이야기"

"호박씨가 보석처럼 박혀 있어요!"

아침 저녁으로 불어오는 서늘한 바람이 가을을 예감케 한다. 텃밭에서 잘 익은 늙은 호박 6통을 수확했다.

호박은 카로틴이 풍부하고 비타민 C와 비타민 B가 풍부해서 성장기 아이들에게 좋은 식재료가 된다. 아이들 건강을 위해 수확한 호박으로 호박죽을 쑨다.

옛말에 '건강하려면 제철 음식을 먹어야 한다.'라는 말이 있듯이 가을철에 수확한 늙은 호박으로 직접 죽을 만들어 부족하기 쉬운 영양을 보충하는 시간이다.

커다란 느티나무 아래에 있는 탁자에 여러 크기의 호박들을 가져다 놓자 아이들은 호박을 이리저리 살펴보며 관심이 집중된다.

그도 그럴 것이 봄에 모종을 심어 여름 내내 직접 물을 주고 키웠다. 직접 키운 호박을 가지고 죽을 만든다고 하니 아이들의 호기심이 확장될 수밖에 없다. 칼로 호박을 반으로 자르자 신기한 듯 속을 들여다본다. 아이들의 온몸의 감각이 살아난 듯 호박이야기로 꽃을 피운다.

"호박은 꽃도 노란색, 익은 호박 속도 모두 노란색이다."

"호박씨가 보석처럼 박혀 있어요!"

"호박이 딱딱해요."

"호박 속을 만지니까 미끌미끌하고, 꼭 칼국수, 라면 같아요."

교사가 굳이 호박의 특징에 대해 알려주지 않아도 아이들 스스로 특징을 발견하고 알아간다. 교사보다 더 미세한 부분까지 관찰하는 아이들의 감각에 놀라울 따름이다.

아이들의 표현대로 호박 속이 국수 가닥처럼 얽혀 있는 생김새가 칼국수나 라면처럼 보인다.

아이들은 수많은 언어를 가졌다고 하지만 수많은 눈도 가졌다는 것을 실감한다.

호박씨를 먹으면 머리가 좋아진다고 하자 아이들은 한 개라도 더 먹으려고 야단이다. 호박에서 갓 나온 미끌미끌한 호박씨의 껍질을 벗기는 것이 어려워 그냥 껍질 채 먹기도 한다. 호박씨를 씹으며,

"호박씨에서 메론 맛이나요."

"아니… 참외 맛도 나요."

라며 미세한 감각으로 다양한 맛을 찾아내는 것을 보니 미래의 과학자의 모습이다. 호박을 깍뚝 썰기로 썰어서 호박죽을 끓인다.

점심식사 시간에 맞추어 호박죽이 나와서 즐겁게 먹는다.

호박죽을 끓일 때 단호박을 몇 개 넣고 끓였더니 설탕을 넣지 않아도 단맛이 난다. 아이들은 노란색 호박죽을 보자 무척 신기해하고 좋아한다. 둥근 모양의 호박의 형태는 사라졌지만 호박 맛과 냄새에 맛있겠다고 말한다. 간혹 죽을 싫어하는 아이도 있지만 직접 농사지은 호박이어서 그런지 모든 아이가 맛있게 잘 먹는다.

복도에서 만난 ○○이가 정겹게 나에게 말을 건넨다.

"원장님, 호박죽 많이 먹었어요. 지난번에 아팠을 때 죽을 먹기 싫어서 안 먹었는데. 오늘 호박죽을 먹어서 기뻐요. 감사합니다."

유아반 여자 아이의 '기뻐요.'라는 표현이 깊은 여운으로 남는다.

아이가 자기 스스로의 변화에 무척 자부심을 느꼈다는 표정을 읽을 수 있다. 오늘의 요리활동이 그 아이에게는 커다란 의미 있는 시간이 되었다.

돕고 나눈 이야기 <5>

4 돕고 나눈 이야기 〈5〉

서로 협력하는 것을 배운다. 감자 캐기

Story 1 "감자 캐며 놀아요."

>> 들어가기

"서로 협력하며 봉사해요."

아이들은 농사를 지으며 서로 협력하는 것을 배운다. 친구들과 손을 잡고 감자밭에 둘러서서 감자가 잘 자라라고 노래를 불러주거나 "감자야 사랑해."라는 말을 들려 준다. 가뭄으로 감자밭이 말랐을 때 함께 물을 주며 탐구하는 과정도 즐겁게 참여한다. 수확하는 시기까지 긴 시간을 서로 협력해서 농사를 지으며 사회적 가치를 알고 아름다운 성품으로 잘 자란다.

아이들은 '서로 돕고 협력하는 것을' 어디서 배울까? 이런 사회적 가치를 알고 깨닫는 곳은 어디일까? 서로 돕고 협력하는 활동을 통해서 배우도록 하면 어떨까? 감자를 키우며 비가 오지 않아 날씨가 가물면 물을 주고, 잘 자라라고 노래도 함께 불러주면서 알아가지 않을까? 식물을 기르며 그들의 필요를 돕다 보면 자연스럽게 사회적 가치로 연계되지 않을까?

≫ 활동계획안

<table>
<tr><td rowspan="2">누리과정 관련요소</td><td colspan="2">자연탐구</td><td>탐구하는 태도 기르기</td></tr>
<tr><td colspan="2">사회관계</td><td>나를 알고 존중하기</td></tr>
<tr><td rowspan="5">어떻게 놀이할까?</td><td colspan="3">• 누구와 : 친구랑
• 어디서 : 봄 – 감자밭
• 무엇을 가지고 : 감자를 나르는 통</td></tr>
<tr><td>이렇게 놀아요</td><td colspan="2">(1) 시작 : 감자밭에서 감자를 기르는 이전 경험을 이야기한다.
(2) 그리고 : 여러 가지 도구를 사용하여 감자를 캔다.
(3) 마무리 : 점심에 감자볶음을 먹으며 맛을 탐색한다.</td></tr>
<tr><td colspan="3">누리과정과 연계되는 확장된 놀이</td></tr>
<tr><td>이렇게 놀아 보세요</td><td colspan="2">• 감자를 바구니에 담으며 수를 세어 본다.
(자연탐구 – 수학적 탐구 – 수와 연산의 기초개념 알아보기)
• 감자 샌드위치를 만들어 먹어 본다.
(자연탐구 – 과학적 탐구하기 – 물체와 물질 알아보기)
• 감자를 바구니에 담고 나르는 게임을 한다.
(신체 · 운동 – 신체 인식하기 – 신체를 인식하고 움직이기)</td></tr>
<tr><td>유 의 점</td><td colspan="3">– 감자 캐는 날 점심에 감자 요리를 먹으면 통합적 사고력에 도움이 된다.
– 신발에 흙이 들어가지 않도록 장화를 신고 오도록 지도한다.</td></tr>
</table>

Story 2 "감자밭에서 놀며 배우는 아이들"

▼ 감자를 수확해요.

▼ 감자 농사가 풍년입니다.

▼ 감자 싹

▼ 감자를 캐요.

▼ 감자를 심어요.

▼ 신나는 농사체험

놀이에 녹아 있는 누리과정 연령별 세부내용 엿보기

1. 자연탐구 – 탐구하는 태도 기르기 – 탐구과정 즐기기

3세	4세	5세
궁금한 점을 알아보는 과정에 흥미를 갖는다.	궁금한 점을 알아보는 탐구과정에 관심을 가지고 참여한다.	궁금한 점을 알아보는 탐구과정에 참여하고 즐긴다.

* 감자의 생김새와 감자의 활용법을 알아보며 자연이 주는 이로움을 다양하게 경험한다.

2. 사회관계 – 나를 알고 존중하기 – 나의 일 스스로 하기

3세	4세	5세
내가 할 수 있는 일을 알아 본다.	내가 할 수 있는 일을 해 본다.	내가 할 수 있는 일을 스스로 한다.

* 평소에 맛있게 먹는 감자를 직접 캐고 수확하는 경험을 통해 자아유능감이 발달한다.

Story 3 "감자밭 이야기"

"감자에서 흙냄새가 나요."

뜨거운 햇볕이 연일 지속된다.

가뭄이 심해서 하루에 한 번 물을 주지 않으면 정원에 심어져 있는 꽃과 나무들이 말라버릴 정도로 가물고 무덥다.

반갑게도 기상청 일기예보에서 곧 비가 내리면서 장마가 시작될 것이라고 한다. 오늘도 역시 무덥지만 감자를 캔다. 장마 기간에 감자를 캐지 않으면 땅속에 있는 감자가 썩기 때문이다.

감자는 한 번 심어 놓으면 손이 대체로 안가는 식물이다. 하얀 꽃대가 올라오면 줄기와 꽃을 한 번 잘라 주고 장마 전에 캐면 된다. 그런데 올해는 가뭄이 너무 심해서 몇 번씩 물을 주며 가꾸었다.

삼월 말에 씨감자를 탐색하고 씨눈을 중심으로 잘라서 땅속에 넣고 흙으로 살짝 덮어 주었다. 아이들은 언제 감자 싹이 나오는지 궁금해하며 아침 등원할 때나 바깥놀이 할 때도 감자밭에 가서 감자가 잘 자라라는 사랑의 말을 들려주곤 했다. 감자 싹이 나오면 싹을 표상하기도 하고, 하얀 감자 꽃이 활짝 필 때는 화가처럼 감자 꽃을 그리며 감자와 많이 친해졌다.

오늘 감자밭에 호미를 들고 서 있는 아이들의 표정에는 호기심이 가득하다.

'감자는 얼마나 열렸을까?' 매우 궁금하다는 표정이다.

감자밭 이랑에 들어가 앉아서 감자를 캐기 시작한다. 근래 보기 드문 지독한 가뭄에도 감자들이 땅속에서 토실토실 잘 여물었다. 땅속에 꼭꼭 숨어 있던 뽀얀 감자가 하얀 속살을 내밀자 여기저기서 감탄사가 연발한다. 아이들은 봄에 심었던 아주 작은 조각 씨감자를 기억하고 있기 때문에 더 신기해한다.

"야… 진짜 감자다!"

"감자가 정말 커요. 감자에서 흙냄새가 나요."

"이것 보세요. 아이 귀엽다."

"감자가 너무 예쁘게 생겼어요."

등… 아이들은 눈과 손에 느껴지는 감각에 따라 느낌과 생각을 표현하며 무척 행복해한다. 여자 아이들은 감자밭에서 공기알처럼 작은 감자를 주워 이렇게 작은 감자도 있다고 신기해한다. 농사의 신기한 경험이다.

아이들은 땀과 흙으로 범벅되도 감자 캐는 일이 즐겁다. 자연을 닮아가는 속도가 자연에서 논 시간과 비례한다는 것을 느낀다.

밭이랑에 수북하게 쌓인 감자를 수레에 싣고 느티나무 아래까지 날라다 준다. 감자밭에 있던 그 많은 감자를 다 캐서 옮겨 준다. 서로 도우며 함께하는 기쁨을 안다.

농사는 자연이 짓는다는 생각이 든다. 그 동안 물을 몇 번 준 것뿐인데 봄부터 여름까지 석 달 동안 땅속에서 주렁주렁 열매를 맺는 감자를 보니 신기함을 감출 수 없었다. 작년에 비해서 수확량은 좀 줄었지만 크기가 굵고 잘 여물었다.

감자를 캐다 보면 땅속에 살고 있는 지렁이, 땅강아지, 개미 등 생물들을 자연스럽게 만난다. 생물에 관심 있는 아이들은 감자 캐는 것도 잠시 잊어버리고 꿈틀꿈틀 살아 있는 생물들과 노느라 여념이 없다. 아이들의 호기심을 집중시키기에 충분한 학습장소가 된다. 생물의 이름을 말하기도 하고 생김새들을 관찰하며 어떻게 움직이는지 관심이 집중된다.

점심에 감자볶음이 나왔다. 감자볶음을 먹으며 감자밭 이야기가 다시 시작된다. 텃밭에서 직접 수확한 감자가 건강한 밥상이 되었다. 감자 농사 경험이 감자 맛을 더해 준다. 직접 수확한 음식을 먹는 행복은 정말 크다. 아이들의 표정과 대화에서 읽을 수 있다.

"진짜 맛있다. 그치?"

"우리 엄마도 해 주셨어."

이전 경험과 오늘의 체험을 서로 공감하며 반응하는 아이들의 감자 이야기가 끝이 없다.

함께 더불어 살아가는 법을 배운다. **개망초 이야기**

Story 1 "개망초 갖고 놀아요."

>> 들어가기

"개망초 꽃이 나를 긍정적으로 생각하게 해요."

사람을 좋아하고 함께 더불어 살아가는 것을 꽃을 통해 배운다. 개망초 꽃으로 자신의 생각, 느낌을 표현하는 방법을 익히고 소통하는 기술을 실천한다. 일상생활에서 타인과의 갈등을 화해하며 자신에 대해 긍정적으로 사고하게 된다.

아이들은 다른 사람과 불편한 관계에 있을 때 소통하는 기술을 어떻게 배울까?

사람들과 생활하며 자신의 잘못을 인정하고 고백하는 것은 쉽지 않다.

개망초 꽃을 가족에게 건네 보며 자신의 잘못을 인정하고 화해하며 살아가는 기술을 배우지 않을까?

>> 활동계획안

<table>
<tr><td rowspan="2">누리과정 관련요소</td><td colspan="2">나를 알고 존중하기</td><td>나의 일 스스로 하기</td></tr>
<tr><td colspan="2">탐구하는 태도 기르기</td><td>호기심을 유지하고 확장하기</td></tr>
<tr><td rowspan="4">어떻게 놀이할까?</td><td colspan="3">• 누구와 : 친구와 개망초
• 어디서 : 봄 – 개망초 꽃이 피어 있는 들판
• 무엇을 가지고 : 확대경, 요구르트 빈 병, 식물 도감</td></tr>
<tr><td>이렇게 놀아요</td><td colspan="2">(1) 시작 : 개망초 꽃말과 이름의 유래를 듣는다.
(2) 그리고 : 개망초 꽃을 확대경을 사용하여 관찰한다.
(3) 마무리 : 개망초 꽃을 재활용 빈 병에 넣어 가정으로 가지고 간다.</td></tr>
<tr><td colspan="3">누리과정과 연계되는 확장된 놀이</td></tr>
<tr><td>이렇게 놀아 보세요</td><td colspan="2">• 개망초 꽃으로 화관을 만들어 머리에 쓰고 사진을 찍어서 감상한다.
(예술경험 – 예술적 표현하기 – 통합적으로 표현하기)
• 개망초 꽃잎은 여러 장으로 되어 있다. 주변에서 꽃잎이 여러 장 있는 꽃을 찾아 본다.
(자연탐구 – 수학적 탐구하기 – 규칙성 이해하기)
• 개망초 꽃을 점토에 솔잎을 이용해서 표현한다.
(예술경험 – 예술적 표현하기 – 미술활동으로 표현하기)</td></tr>
<tr><td>유 의 점</td><td colspan="3">– 꽃을 꺾은 시간이 많이 지나면 싱싱하지 않기 때문에 활동시간을 귀가 전에 한다.
– 개망초 꽃이 만개 후 활동을 하면 꽃잎이 떨어지기 때문에 만개 직전에 한다.</td></tr>
</table>

Story 2 "개망초와 놀며 배우는 아이들"

▼ 개망초 관찰

▼ "짜잔! 개망초 꽃이에요."

▼ 화해를 기다리는 꽃병

▼ 이게 개망초 꽃 맞지요?

▼ 화해를 기다리는 꽃병

▼ 누구에게 갖다드릴까?

놀이에 녹아 있는 누리과정 연령별 세부내용 엿보기

1. 자연탐구 – 탐구하는 태도 기르기

3세	4세	5세
주변 사물과 자연세계에 대해 호기심을 갖는다.	주변사물과 자연세계에 대해 지속적으로 호기심을 갖는다.	주변사물과 자연세계에 대해 지속적으로 호기심을 갖고 알고자 한다.

* 주변 사물과 자연세계에 대해 호기심을 가지며 개망초 꽃을 통해 꽃과 관련된 주변의 사물에 확장해서 관심을 가지고 탐구한다.

2. 사회관계 – 다른 사람과 더불어 생활하기 – 친구와 사이좋게 지내기

3세	4세	5세
나와 친구의 의견에 차이가 있음을 안다.	친구와의 갈등을 긍정적인 방법으로 해결한다.	친구와의 갈등을 긍정적인 방법으로 해결한다.

* 서로 갈등이 있을 때 미안해라고 말하며, 갈등을 겪었을 때 긍정적으로 해결하는 말과 행동을 터득해간다.

Story 3 "개망초와 놀아요."

개망초와 놀며 배우는 아이들
"싸우면 안 되는 꽃이야."

여름이 되면 유치원 주변에 개망초 꽃이 지천으로 피어 있다. 개망초는 국화과의 두해살이 풀로 주로 밭이나 들, 길옆에 어디서든 자란다. 하얀 꽃잎과 노란 씨방이 계란프라이를 닮아서 계란 꽃으로도 불리기도 한다. 작고 하얀 꽃송이들이 군락을 지어 피어 있는 모습은 멀리서 보면 메밀꽃과 흡사하다.

개망초는 이른 봄에 봄나물로 먹기도 하는데 새싹을 뜯어서 살짝 데쳐 고추장과 참기름을 넣고 조물조물 양념을 해서 먹으면 은은한 향이 봄 입맛을 돋우어 준다.

이 꽃은 우리나라의 슬픈 역사 이야기를 담고 있다. 우리나라가 일본이 지배하 던 1910년도에 유난히 많이 피었다고 해서 망할 '망'자를 붙여서 개망초라 불리게 되었다. 이름의 유래를 알고 꽃을 보노라면 꽃에서 애잔함과 슬픔이 묻어난다.

꽃말은 '화해'다. 아이들은 평소에 산책을 하며 무심코 지나쳤던 야생화지만 꽃말이 '화해'라는 것을 알고 관심을 더 갖는다.

개망초가 피어 있는 꽃 무리 속에 자세히 꽃을 들여다보는 아이들에게

"화해가 무슨 뜻일까?"

라고 묻자,

"미안해라고 말하는 것이에요."

"사이좋게 지내는 것이에요."

라고 말한다. 꽃말이 꽃을 관찰하는 동기가 된다. 꽃을 꺾어서 친구에게 건네며 "미안해, 화해하자."

라고 말하며 서로 환한 웃음을 짓는다. 한 친구는 꽃을 꺾어 들고서,

"싸우면 안 되는 꽃이야."

라며 꽃말을 즐기기도 한다.

개망초 꽃으로 그 동안 가족에게 미안한 일이 있으면 '화해'를 실천하기로 한다.

"난 엄마에게 갖다 드려야지. 오늘 아침 늦게 밥 먹는다고 엄마가 화났어."

"동생 갖다 줘야지. 내가 장난감 안 줬거든."

"아빠에게 마구 장난감 사 달라고 해서… 아빠 갖다 드릴 거야."

아이들은 개망초 꽃이 화해를 해 줄 것이라는 기대감으로 마냥 즐겁게 꽃을 준비한다. 꽃말 덕분에 일상생활에서 겪는 친구나 가족 간의 갈등과 미안한 감정을 표현하는 계기가 된다. 꽃이 표현하는 것을 도와준다.

호기심 많은 아이들은 꽃을 관찰하며 개망초 꽃의 여러 가지 특징을 발견하기도 한다.

"꽃 안은 노랗고 겉은 하얗게 생겨서 계란프라이 같아요."

"선풍기 모양 같아요."

"해님 같아요."

등… 일상생활 주변에서 알고 있는 사물과 비교하며 개망초 꽃의 특징을 자연스럽게 탐구한다. 예리한 감각능력이 대단하다. 아이들의 눈은 고성능 렌즈라고 해도 될 만큼 관찰력이 예리하다. 꽃 모양이 선풍기 망과 해를 닮았다는 표현에 깜짝 놀랐다. 개망초 꽃이 선풍기 망하고 똑 닮았다.

아이들은 해를 표현할 때 동그란 원을 그리고 가장자리에 빛을 직선으로 그리는 경우가 많은데 개망초 꽃 모양과 너무 비슷하다. 자연에서 많은 사물을 직접 보고 체험하며 지속적으로 탐색하는 과정을 하다 보니 탐구기술이 개발되는 것을 볼 수 있다.

오후 방과후반 아이들이 마당에서 놀면서 커다란 전지에 자유롭게 개망초 꽃을 표상한다. 서로 협동하며 꽃을 표상하기도 하고, 자신의 느낌과 생각도 그리기도 한다. 한 장의 커다란 종이에 아이들이 그린 다양한 표현이 개망초 들판으로 아름답게 표현된다. 개망초 꽃은 영아도 4B 연필로 표상이 가능하다. 꽃 모양이 동그랗고 꽃잎이 직선이어서 쉽게 표현한다.

농사를 지으며 긍정적 믿음을 배운다. **고구마 캐기**

Story 1 "고구마 수확"

>> 들어가기

"고구마를 캐며 긍정의 힘을 키워요."

아이들은 자기가 한 일의 결과에 대해 긍정적인 믿음을 갖는 것이 중요하다. 자기 자신을 소중하게 여기는 기회가 되며 자존감을 높이는 데 영향을 주기 때문이다. 고구마를 심고 수확하며 자신의 한 일에 대한 긍정적인 믿음이 자연스럽게 생긴다. 농사는 거짓말을 하지 않는다는 말처럼 농사는 아이들에게 믿음을 가르쳐 준다.

아이들은 '열심히 해야 돼.', '열심히 하면 성공해요.' 하는 말을 들으면 과연 그 의미를 얼마나 이해할까?

열심히 일하면 수고한 열매를 기쁨으로 얻는 만고의 진리를 어떻게 배우도록 할까?

생활에서 경험해 보면 쉽게 알 수 있지 않을까?

고구마를 심고 가꾼 뒤 고구마 수확의 기쁨을 맛보며 말이다.

>> 활동계획안

<table>
<tr><td rowspan="2">누리과정 관련요소</td><td colspan="2">신체인식하기</td><td>신체를 인식하고 움직이기</td></tr>
<tr><td colspan="2">과학적 탐구기</td><td>자연현상 알아보기</td></tr>
<tr><td rowspan="4">어떻게 놀이할까?</td><td colspan="3">• 누구와 : 유치반
• 어디서 : 가을 – 고구마 밭
• 무엇을 가지고 : 고구마와 호미</td></tr>
<tr><td>이렇게 놀아요</td><td colspan="2">(1) 시작 : 고구마밭으로 갔어요.
(2) 그리고 : 고구마밭에서 고구마를 직접 캐 보았어요.
(3) 마무리 : 캔 고구마를 직접 씻어서 생으로 먹어 보았어요.</td></tr>
<tr><td colspan="3">누리과정과 연계되는 확장된 놀이</td></tr>
<tr><td>이렇게 놀아 보세요</td><td colspan="2">• 고구마밭에서 발견한 생물을 이야기한다.
(자연탐구 – 탐구하는 태도 기르기 – 호기심을 유지하고 확장하기)
• 고구마 크기를 순서대로 놓아본다.
(자연탐구 – 수학적 탐구하기 – 기초적인 측정하기)
• 고구마 샌드위치를 만들어 먹는다.
(신체운동 · 건강 – 건강하게 생활하기 – 바른 식생활하기)</td></tr>
<tr><td>유 의 점</td><td colspan="3">– 흙이 신발에 들어가지 않도록 장화를 신고 온다.
– 밭에서 캔 고구마를 밭에서 직접 먹으면 아이들의 통합적 사고능력을 키운다.</td></tr>
</table>

Story 2 "고구마와 놀며 배우는 아이들"

▼ 땅속 고구마를 찾아요.

▼ 고구마를 캐는 아이들

▼ "아주 큰 고구마예요."

▼ 수확한 고구마

▼ 고구마를 날라요.

▼ 고구마 삶아 먹기

놀이에 녹아 있는 누리과정 연령별 세부내용 엿보기

1. 자연탐구 – 탐구하는 태도 기르기

3세	4세	5세
주변 사물과 자연세계에 대해 호기심을 갖는다.	주변사물과 자연세계에 대해 지속적으로 호기심을 갖는다.	주변사물과 자연세계에 대해 지속적으로 호기심을 갖고 알고자 한다.

* 유아가 무엇에 관심 있는지 주의 깊게 관찰하여 적절한 환경을 제공해 주어, 지속적이고 흥미로운 탐색이 일어나는 상황으로 유도할 수 있다.

2. 사회관계 – 나를 알고 존중하기– 나의 일 스스로 하기

3세	4세	5세
내가 할 수 있는 일을 알아 본다.	내가 할 수 있는 일을 해 본다.	내가 할 수 있는 일을 스스로 한다.

* 유아가 성취와 기쁨을 느끼도록 하면 자신이 소중한 사람이라는 자존감과 자신감을 형성한다.

Story 3 "고구마 한 봉지 이야기"

"고구마밭에서 놀며 배우는 아이들, 왕 고구마다!"

아침저녁으로 쌀쌀한 바람이 부는 것을 보니 가을이다.

가을이 되니 농사일이 분주해지기 시작한다. 고추밭에서는 빨갛게 익은 고추를 따서 말리기도 하고, 들깨도 잘라서 밭 가운데 세워서 둔다.

서리가 내리기 전에 고구마도 캐야 한다. 아이들과 고구마를 캐려고 밭으로 간다. 밭에 들어서자 갑자기 미안한 생각이 든다. 여름을 지나며 고구마 순을 한 차례 따서 먹고 무심코 지나쳐 버렸는데 자주 빛 통통한 줄기가 얼마나 무성하게 자랐는지 발 디딜 틈조차 없이 빽빽하게 우거졌다. 아이들도 밭에 들어갈 수 없다. 어른들이 낫으로 고구마줄기를 걷어낸다. 이것을 지켜보는 아이들의 표정이 진지하다. 모든 것이 새로운 경험이기 때문이다.

땅 위로 길게 뻗어난 줄기를 어느 정도 걷어내고 고구마를 캐기 시작한다.

땅속에서 하나 둘 캐내는 고구마를 발견할 때마다 느끼는 즐거움은 매우 크다. 농사를 직접 경험해 봐야지만 알 수 있다. 신기할 따름이다. 봄에 가느다랗고 힘이 없어 보이는 축 처진 고구마 순을 한 개씩 심었을 뿐인데 이렇게 튼실한 고구마가 열릴 줄이야…. 해마다 경험하지만 수확의 기쁨은 참으로 크다. 흙은 참 신기하다.

아이들은 아예 고구마밭에 털썩 주저앉았다. 얼굴과 옷은 온통 흙투성이다. 워낙 흙하고 친하게 놀아서인지 흙이 지저분하다고 생각하지 않는다. 바지와 신발에 흙이 범벅되어 땅속의 고구마와 씨름을 하는 아이들은 수확의 기쁨을 마음껏 누린다. 고사리 같은 손으로 고구마 순을 잡고 낑낑대며 포기하지 않고 노력한다. 하나, 둘 고구마를 캐 낼 적마다 입가에 웃음이 절로 난다.

한참을 씨름한 끝에 고구마를 캐어 두 손으로 번쩍 들고,

"왕 고구마다!"

라고 큰소리로 외치면 친구들은

"어디야 어디…."

하면서 몰려다닌다.

왕 고구마를 캔 아이는 친구들에게 자신이 얼마나 노력해서 고구마를 캤는지 열심히 설명한다. 말하는 눈빛이 반짝거린다. 자기 자신의 한계를 극복한 영웅담이다. 고구마밭에서는 고구마를 잘 캐는 녀석이 주인공이되기 마련이다.

한 뿌리에서 크고 작은 고구마가 줄줄이 딸려 나오는 것을 보고,

"선생님, 고구마 가족이에요."

"뚱뚱한 것은 아빠이고, 여기 작은 것은 아기예요."

고구마밭에 처음 들어갈 때 신발에 흙이 들어갔다고 투정했던 아이들도 여기저기서 불쑥불쑥 출현하는 고구마와 친구들의 환호성에 불편함도 모두 잊은 채 고구마를 캐고 있다.

한쪽 두렁에서는 고구마를 캐도 땅속에서 고구마가 나오지 않는다고 투정을 부린다.

"여기는 고구마가 없어요."

고구마 줄기를 찾아 신나게 흙을 팠지만 고구마가 보이지 않자 무척 실망한 표정들이다. 밭이랑에 캐어 놓은 것을 보니 실처럼 가느다란 고구마 몇 개가 전부다. 왜 그럴까? 주변을 둘러보니 옆에 있는 커다란 느티나무 그늘이 문제라는 것을 알게 된다. 커다란 느티나무 그늘 때문에 하루 반나절만 햇볕이 든다는 것을 알 수 있었다. 식물이 자라는 데 햇볕이 얼마나 중요한 역할을 하는지 새롭게 깨닫는 시간이 되었다.

방금 캔 고구마를 씻어 작게 썰어서 아이들이 먹는다.

"딱딱해요."

"맛있어요."

"우유 맛이 나요.

"식빵 냄새가 나요."

"밤 같아요."

"쪄서 먹으면 더 맛있을 것 같아요."

등 미각으로 고구마 맛을 느끼며 자연의 맛에 동화되어 간다.

단단하고 아삭거리는 고구마 식감과 순수한 단맛이 입 안에 가득 전해 온다. 가능한 한 조리하지 않고 자연 그대로의 맛을 보는 것도 의미가 있다.

오늘 캔 고구마를 한 봉지씩 들고 집으로 가는 아이들의 얼굴에 행복이 가득하다. 고구마밭 이야기도 함께 담아 간다.

김장하는 아이들

김장의 의미를 이해한다.

Story 1 "김장하며 놀아요."

>> 들어가기

"김장을 하며 스스로 살아가는 것을 배워요."

배추를 심고 가꾸고 그것을 수확해서 내가 살아가는 데 필요한 음식을 만든다. 이러한 전 과정의 경험들은 호기심으로 계속 확장된다. 그리고 아이들은 모두의 일을 자신의 일처럼 한다. 이전에도 함께했기 때문에 지금도 같이 하는 데 아무 불만이 없다. 배추도 함께 길렀듯이 김장도 함께한다. 내일 일을 준비하는 사람 그래서 스스로 살아갈 수 있는 사람을 키운다.

환경에 잘 적응하는 사람으로 성장하기 위해 아이들은 부지런히 배운다. 추운 겨울이 오기 전에 사람들은 무엇을 준비하는지…. 농사의 경험에서 배우면 쉽지 않을까? 배추를 가을에 심고 가꾸어, 추운 겨울 동안 먹을 수 있도록 김장을 한다면 쉽게 이해하지 않을까?

>> 활동계획안

<table>
<tr><td rowspan="2">누리과정 관련요소</td><td colspan="2">자연탐구</td><td>탐구하는 태도 기르기</td></tr>
<tr><td colspan="2">사회관계</td><td>나를 알고 존중하기</td></tr>
<tr><td rowspan="5">어떻게 놀이할까?</td><td colspan="3">• 누구와 : 친구랑
• 어디서 : 가을 - 배추밭
• 무엇을 가지고 : 배추</td></tr>
<tr><td>이렇게 놀아요</td><td colspan="2">(1) 시작 : 배추를 뽑아요.
(2) 그리고 : 김장 양념을 준비하여 직접 김치를 버무린다.
(3) 마무리 : 김장 김치를 맛있게 먹어요.</td></tr>
<tr><td colspan="3">누리과정과 연계되는 확장된 놀이</td></tr>
<tr><td>이렇게 놀아 보세요</td><td colspan="2">• 우리집 김장 계획서를 알아본다.
(자연탐구 – 수학적 탐구하기 – 기초적인 자료 수집과 결과 나타내기)
• 할머니께서 맛있게 담그는 김치를 조사해 온다.
(자연탐구 – 탐구하는 태도 기르기 – 탐구과정 즐기기)
• 큰 배추는 함지박에 담아서 둘이서 들고 나른다.
(사회관계 – 다른 사람과 더불어 생활하기 – 공동체에서 화목하게 지내기)</td></tr>
<tr><td>유 의 점</td><td colspan="3">– 직접 키운 배추로 김장을 하면 아이들이 더 즐거워한다.
– 파뿌리 차에 설탕을 넣지 않아도 파뿌리에서 단맛이 난다.</td></tr>
</table>

Story 2 "김장하며 배우는 아이들"

▼ 오늘은 유치원 김장하는 날

▼ 배추를 날라요.

▼ 파뿌리 차 마시기

▼ "영차 영차!"

▼ 파를 다듬고 있는 아이들

놀이에 녹아 있는 누리과정 연령별 세부내용 엿보기

1. 자연탐구 - 탐구하는 태도 기르기 - 탐구과정 즐기기

3세	4세	5세
궁금한 점을 알아보는 과정에 흥미를 갖는다.	궁금한 점을 알아보는 탐구과정에 관심을 가지고 참여한다.	궁금한 점을 알아보는 탐구과정에 참여하고 즐긴다.
* 배추와 파 등의 생김새와 활용법을 알아보며 자연이 주는 이로움을 다양하게 경험한다.		

2. 사회관계 - 나를 알고 존중하기 - 나의 일 스스로 하기

3세	4세	5세
내가 할 수 있는 일을 알아본다	내가 할 수 있는 일을 해 본다.	내가 할 수 있는 일을 스스로 한다.
* 평소에 맛있게 먹는 김치를 직접 수확하는 경험을 통해 자아효능감이 발달한다.		

Story 3 "김장 이야기"

"배추밭에서 수학놀이"

통통하게 잘 자란 배추를 바라보며 아이들이 기뻐한다. 배추밭에서의 마지막 활동이다.

내일 김장을 하려면 오늘 배추를 뽑아야 한다. 약 3개월 동안 친구와 함께 배추에 물을 주고, 노래도 불러주고, 지렁이를 만나면 텃밭에 놓아 주면서 정성스럽게 길렀다.

아이들은 배추가 얼마나 잘 자랐는지 털실을 이용하여 배추의 크기를 재며 길이에 따라 '크다, 작다'의 개념을 즐겁게 이해한다.

배추를 세어 보는 놀이도 한다. 자기네 반 텃밭에 배추가 몇 포기가 있는지 세어 보며 자연스럽게 수의 단위도 알아간다.

"한 포기, 두 포기, 세 포기…."

배추를 세어 보며 아이들이 마냥 즐거워한다.

❖ 배추를 소금에 절여요.

드디어 배추를 뽑아서 김장한다는 말에 아이들이 좋아한다.

양손으로도 들지 못할 정도로 커다란 배추를 수돗가까지 낑낑대며 옮겨다 준다.

"야! 이 배추 엄청 크다. 아이 무거워."

배추는 나르는 일이 힘들지만 얼굴에는 흐뭇한 표정이 가득하다.

배추를 크기에 따라 반으로 자르고 또 반쪽을 자르기도 한다. 반으로 자른 노란 배추 속을 들여다보면 감탄이 절로 나온다.

"와! 배추 속이 완전 깨끗하다."

"노란색을 먹으면 진짜 고소하지?"

아주머니께서 반으로 자른 배추에 소금을 뿌려 절인다. 옆에서 아이들이 소금의 맛을 본다.

"소금이 하얗게 생겼어요. 그리고 딱딱해요. 그런데 맛이 너무 짜요."
왜 배추를 소금에 절이는지 궁금하단다.
"음식을 안 썩게 하려고 그래."
"더 맛있게 하려고."
자기가 아는 정보들을 나눈다.
소금에 절여지는 배추를 보자 신체로 표현하며 즐거워한다.

❖ 대파, 쪽파를 손질하는 날

김장의 재료가 되는 대파와 쪽파, 갓 등을 손질한다. 김장 재료인 쪽파를 다듬는 손과 눈빛이 제법 진지하다.

어른들이 할 수 있는 것을 자신이 직접 하니 무척 즐거운 모양이다. 배추 속에 넣을 양념을 공동으로 작업한다. 파를 손질하며 코와 눈이 맵다고 눈물을 찔찔 흘린다. 그래도 끝까지 포기하지 않고 한다.

아이들은 파를 다듬으며 생김새를 정확하게 안다. 대파와 쪽파를 비교한다.
"쪽파는 작아서 혼자 서 있지 못해 함께 붙어 있나 봐. 선생님이 뿌리를 잘라 주어야 떨어질 수 있어!"
"대파는 쪽파보다 크니까 혼자 서 있을 수 있어."

어제 밭에서 대파를 뽑으며 경험한 것과 쪽파를 다듬으며 특징을 구별하는 아이들의 관찰력에 깜짝 놀라지 않을 수 없다.
본 대로 말하고 느낀 대로 말한다.
"대파가 더 커요."
"대파는 선생님처럼 커요. 쪽파는 진짜 작아요."
"갓이 까칠까칠해요. 앞은 보라색인데 뒤는 연두색이 있어요. 신기해요."

채소를 직접 만지며 상호작용이 이루어진다. 풍부한 어휘력으로 탐구현상을 주고받으며 즐거워한다. 감각으로 느낀 것을 그대로 친구와 나누며 입을 다물 줄 모른다. 이야기하는 것을 즐긴다. 감각으로 발견되는 현상에 대해 감각적으로 반응한다.

밖에서 이루어지는 활동이 어수선할 것 같지만 아이들이 각각의 채소에 관심을 갖고 손질하는 재미에 마지막까지 진지하게 마무리를 한다.

대파 몇 뿌리를 가정으로 보낸다. 가정에서 어떻게 사용되는지 더 구체화된 경험을 돕기 위해서다.

❖ 김장하는 날

드디어 김장하는 날이다. 이른 아침부터 소금물에 절인 배추를 씻는다. 아이들은 등원하면서 배추 씻는 것을 관심 있게 지켜본다. 씻은 배추들이 노란 속살을 내보이며 평상에 비스듬히 누워 있다.

씻은 배추가 물이 빠질 동안 김칫소를 만든다. 고무, 대파, 쪽파, 갓, 생강, 마늘, 젓갈 등에 고춧가루를 넣어 함께 버무린다.

느티나무 아래 야외 식탁에 비닐을 깐다. 그 위에 김칫소를 쏟아 놓고 주변에 앉아 김치를 담근다. 주변에서 맛을 보는 아이들은 입 주변이 발갛도록 김치를 먹고 또 먹는다.

그렇게 맛있나 보다. 점심 메뉴에 심심한 된장국에 수육과 배추겉절이가 나왔다.

김장하는 날은 돼지고기 수육을 먹는다. 맛이 잘 어울린다. 각반에서 점심시간에 배추겉절이를 먹는 양이 엄청나다.

이런 아이들의 입맛이 어디서 왔을까?

집에서 끼니마다 김치를 먹지만 오늘 먹는 김치 맛이 다르다. 배추농사 노력이 김치에 함께 버무려진 결과다. 수고의 맛이다.

8월 하순 어린 모종을 밭에 옮겨 심고 정성스럽게 물을 주고 기르는 과정에서 아이들의 수고가 있었다.

❖ 파뿌리차를 마시기

파를 다듬고 난 후 파뿌리를 깨끗이 씻어 놓은 것을 가지고 냄비에 물을 부어 푹푹 끓인다.

"보리차 맛이랑 비슷해요."

"콩나물국 냄새가 나요."

벌겋게 달아오른 입에 파뿌리 차 한 잔으로 매운 열기를 식힌다.

3주간의 김장 활동을 즐겁게 마무리한다.

아이들의 생활과 직접 관련된 통합적인 활동이다. 계절에 따라 변하는 일상생활을 즐거운 김장체험으로 지식과 기술과 태도를 익히는 시간이 되었다.

영아반 교사 소감 : 배추를 옮기고 소금을 맛보고, 파를 다듬는 과정을 통해 김장을 자신들이 직접하고 있다는 보람을 느끼고 노력하는 모습이 관찰된다. 김장을 하는 내일 활동에 기대감도 크다. 가정에서 대파로 무슨 요리를 했는지 꼭 알아오려는 모습이 관찰된다.

유치반 교사 소감 : 김치 CF를 만들어 촬영하여 보여 주니 웃음바다가 되었다. 김치 CF를 만들며 김치의 좋은 점을 자연스럽게 알아갈 수 있어서 효과적이다. '김치'에 대한 아이들의 시선이 달라졌다. 김치를 잘 먹는 아이들이 늘어났다. 김치를 좋아하지 않는 아이들에게 김치를 좋아하는 계기가 되어 김치프로젝트 활동 효과를 톡톡히 본 것 같다.

유아반 교사 소감 : 사진, 책, 인터넷 등으로 보던 마늘, 생강, 고추, 무, 파, 대파, 쪽파, 갓, 등 실물자료가 학습자료로 제공되었다. 실물자료는 아이들의 머릿속에 구체적으로 인식되고, 손으로 직접 다듬고 탐색하며 느껴지는 오 감각 수업이 정말 좋은 교육이라는 것을 아이들의 반짝이는 눈에서 느낄 수 있었고, 교사 또한 즐겁게 보람을 느끼며 수업을 할 수 있었다.

자연을 배려하는 태도는 사랑이다. **텃밭에 거름주기**

Story 1 "텃밭에 거름 주며 놀아요."

>> 들어가기

"흙의 소중함을 실천하며 따뜻한 성품을 키워가요."

아이들이 흙에서 놀다 보면 자연스럽게 자연의 소중함을 이해하며 자연과 더불어 살아가는 태도를 갖게 된다. 봄, 여름, 가을, 겨울 사계절의 흐름과 변화를 흙에서 체험하고 사람과 관계가 있음을 이해하기 시작한다. 여러 종류의 식물을 가꾸며 변화되는 자연현상을 보고 신기한 발견과 맛있는 경험, 수확의 즐거움이 자연을 좋아하게 만든다. 흙은 더럽지 않고 좋다는 아이들의 언어에 사랑이 묻어난다. 한 해 농사를 마치고 흙에 대한 고마움을 실천하며 따뜻한 성품을 기른다.

아이들이 자연을 사랑하는 사람으로 성장하기를 기대하며 교육과정을 실행한다. 어떻게 하면 아이들이 자연을 좋아할까? 자연에 대한 좋은 경험이 있어야 하지 않을까? 텃밭에서 직접 기른 채소를 먹어 보는 기쁨과 수확의 즐거운 경험이 많을수록 자연을 좋아하고 사랑하는 태도가 생기지 않을까?

≫활동계획안

<table>
<tr><td rowspan="2">누리과정 관련요소</td><td colspan="2">자연탐구</td><td>탐구하는 태도 기르기</td></tr>
<tr><td colspan="2">의사소통</td><td>말하기</td></tr>
<tr><td rowspan="4">어떻게 놀이할까?</td><td colspan="3">• 누구와 : 친구랑
• 어디서 : 봄 – 텃밭
• 무엇을 가지고 : 텃밭의 흙</td></tr>
<tr><td>이렇게 놀아요</td><td colspan="2">(1) 시작 : 텃밭에 가요.
(2) 그리고 : 낙엽과 마른 풀을 주워서 불로 태워요.
(3) 마무리 : 재를 텃밭에 뿌려요.</td></tr>
<tr><td colspan="3">누리과정과 연계되는 확장된 놀이</td></tr>
<tr><td>이렇게 놀아 보세요</td><td colspan="2">• 웅덩이를 아이들이 스스로 파 본다.
(신체운동 · 건강 – 신체활동에 참여하기 – 자발적으로 신체활동에 참여하기)
• 텃밭에 재를 뿌리며 무슨 생각을 했는지 느낌을 말한다.
(의사소통 – 말하기 – 느낌, 생각, 경험 말하기)
• 텃밭에 뿌린 재가 어떻게 변하는지 관찰한다.
(자연탐구 – 탐구하는 태도 기르기 – 탐구과정 즐기기)</td></tr>
<tr><td>유 의 점</td><td colspan="3">– 불에 너무 가까이 오지 않도록 안전에 주의한다.
– 텃밭에 재를 뿌릴 때 충분히 물을 뿌리고 식혀서 뿌린다.</td></tr>
</table>

Story 2 "텃밭에 거름 주며 배우는 아이들"

▼ 낙엽이 활활 타고 있어요.

▼ 낙엽을 주워서 불에 던져요.

▼ 볏짚으로 먼저 불을 지펴요.

▼ 마냥 신나는 아이들

▼ 타오르는 불이 신기해요.

놀이에 녹아 있는 누리과정 연령별 세부내용 엿보기

1. 자연탐구 - 탐구하는 태도 기르기 - 탐구과정 즐기기

3세	4세	5세
궁금한 점을 알아보는 과정에 흥미를 갖는다.	궁금한 점을 알아보는 탐구과정에 관심을 가지고 참여한다.	궁금한 점을 알아보는 탐구과정에 참여하고 즐긴다.

* 우리가 흔히 보는 텃밭의 흙이지만, 흙을 관찰하며 탐구과정에 관심을 가지고 참여한다.

2. 의사소통 - 말하기 - 느낌, 생각, 경험 말하기

3세	4세	5세
자신의 느낌, 생각, 경험을 말해 본다.	자신의 느낌, 생각, 경험을 말한다.	자신의 느낌, 생각, 경험을 적절한 낱말과 문장으로 말한다.

* 텃밭에서 느끼는 자신의 느낌과 경험 생각 등을 자유롭게 표현하며 말하는 것에 대한 자신감을 기른다.

Story 3 "텃밭에 거름 준 이야기"

"흙이 좋아할 거야."

텃밭이 휴식기로 접어드는 12월 초순이다.

가을 김장 배추와 무를 수확하고 나면 텃밭은 겨울 동안 긴 휴식기간을 갖게 된다.

한 해 동안 텃밭에 여러 종류의 식물을 키웠다. 봄에는 시금치, 상추, 아욱, 고추, 가지, 오이, 토마토, 호박, 열무, 감자 등을 심고 가을에는 고구마, 배추, 무를 심었다. 계절마다 씨앗을 뿌리기도 하고 모종을 심고 가꾸기도 한다.

아이들은 일 년 동안 텃밭에서 다양한 식물을 키우며 식물의 성장과정을 이해 할 뿐만 아니라 텃밭에 있는 흙의 소중함도 자연스럽게 배운다.

오늘은 한 해 동안 우리에게 필요한 식물을 제공한 고마운 텃밭에 줄 거름을 만든다고 한다. 주변에 낙엽과 볏짚 등을 태워서 텃밭에 뿌려 준단다.

텃밭 여기저기에 삽으로 구덩이를 판다. 움푹하게 파인 구덩이에 나뭇가지와 잘 타는 마른 낙엽을 놓고 불을 지핀다. 어젯밤 진한 서리가 내려서인지 낙엽에 불이 잘 붙지 않는다. 회색 연기만 자욱하다.

앞마당에 피어 오르는 회색 연기에 신기해하기도 하고 놀라기도 한다. 어떤 녀석들은 코와 눈이 맵다고 눈물을 흘린다. 그래도 불 주변을 맴돌며 떠날 줄 모른다. 그 만큼 낙엽 태우는 놀이가 처음인 아이들은 흥미로울 수밖에 없다.

생활이 도시화되어가면서 낙엽을 태우는 놀이는 거의 할 수 없다. 아이들은 불을 잘 피우려고 낙엽과 나뭇가지를 열심히 주워 온다. 낙엽을 불에 올려놓으며 입으로 호호 불기도 하고 겉옷을 벗어서 아래위로 흔들기도 한다. 불이 잘 타도록 노력하는 모습이 간절하다. 가까스로 빨간 불꽃이 활활 일어나자 불이 다시 살아났다고 무척 좋아한다.

그때 한 아이가 긴 막대기로 불씨를 모으려는 바람에 주변은 온통 재로 뒤범벅된다. 이것을 지켜본 아이들은 불꽃이 꺼질까 봐 걱정이다.

"나뭇가지로 그렇게 낙엽을 휘저으면 불이 꺼진단 말이야."

여기저기서 불이 절대로 꺼지면 안 된다고 야단이다.

어린 반 중에는 하얗게 피어 오르는 연기가 무섭다고 가까이 오지 못하고 먼 곳에서 옹기종기 모여서 지켜보기만 한다. 그 중에서는 용기 있고 호기심이 많은 녀석은 친구의 손을 잡고,

"무섭지 않아. 괜찮아."

라고 용기를 주며 불 가까이까지 데리고 온다.

따라오는 녀석도

"안 무서워… 그치? 하나도 안 무서워…."

데리고 오는 아이나 따라 오는 아이들도 혼잣말을 하며 자기최면을 거는 것 같다.

한참을 낙엽과 볏짚을 태우자 검은 재가 소복하게 쌓인다. 불기가 있는 뜨거운 재에 물을 뿌려 식힌다. 뜨거운 재에서 더운 김이 모락모락 난다. 삽으로 뒤적거리며 뜨거운 김을 다 식히고 아이들은 재활용 용기들을 사용하여 재를 퍼서 텃밭에 뿌려 주며 자기들끼리 수다스럽게 이야기한다.

"우리가 텃밭에 영양제를 뿌려 주고 있어."

" 흙이 좋아할 거야."

" 좋은 흙이 되어서 내년에 감자가 잘 열릴 거야."

"흙아, 맛있게 먹어라."

등 흙을 사랑하는 표현들이 쏟아진다.

흙이 소중하다는 것을 이해하는 아이들은 고마운 마음도 함께 뿌리는 것 같다. 텃밭에 재를 뿌리는 아이들은 어느새 손과 얼굴에 검은 재가 묻어 있다. 자신의 얼굴에 묻어 있는 검은 자국은 보지 못하고 친구의 얼굴이 우습게 생겼다고 깔깔대고 웃는 아이들이 사랑스럽다.

텃밭에 재를 뿌리는 아이들의 훈훈한 미소를 보고 있노라니 내년 풍년 농사가 기대된다.

흙의 소중함을 알고 배려하는 아이들을 보며 따뜻한 봄이 기다려진다.

참고문헌

곽노의, 이경순, 윤승훈(2010). 숲유치원의 아이들. 서울 : 교육자치연구소.

곽노의(2010). 자연주의 유아교육 프로그램의 탐색. 홀리스틱교육연구, 14(1). 1-18.

곽노의, 이신영(2014). 누리과정과 연계한 숲체험 교육활동. 서울 : 창지사.

교육과학기술부(2012). 5세 누리과정 교사용 지침서.

교육과학기술부(2013). 3~5세 연령별 누리과정 해설서. 서울 : 교육과학기술부 · 보건복지부.

교육과학기술부(2012). 5세 누리과정 교사용 지도서 제 1권 유치원과 친구. 서울 : 교육과학기술부 · 보건복지부.

교육과학기술부(2012). 5세 누리과정 교사용 지도서 제 2권 나와 가족. 서울 : 교육과학기술부 · 보건복지부.

교육과학기술부(2012). 5세 누리과정 교사용 지도서 제 3권 우리 동네. 서울 : 교육과학기술부 · 보건복지부.

교육과학기술부(2012). 5세 누리과정 교사용 지도서 제 4권 동식물과 자연. 서울 : 교육과학기술부 · 보건복지부.

교육과학기술부(2012). 5세 누리과정 교사용 지도서 제 5권 건강과 안전. 서울 : 교육과학기술부 · 보건복지부.

교육과학기술부(2012). 5세 누리과정 교사용 지도서 제 6권 생활도구. 서울 : 교육과학기술부 · 보건복지부.

교육과학기술부(2012). 5세 누리과정 교사용 지도서 제 7권 환경과 생활. 서울 : 교육과학기술부 · 보건복지부.

교육과학기술부(2012). 5세 누리과정 교사용 지도서 제 8권 우리나라. 서울 : 교육과학기술부 · 보건복지부.

교육과학기술부(2012). 5세 누리과정 교사용 지도서 제 10권 환경과 생활. 서울 : 교육과학기술부 · 보건복지부.

교육과학기술부(2012). **5세누리과정 교사용 지도서 제 11권 봄 · 여름 · 가을 · 겨울.** 서울 : 교육과학기술부 · 보건복지부.

교육과학기술부·보건복지부(2013). **3~5세 연령별 누리과정 교사용 지침서.** 서울 : 교육과학기술부 · 보건복지부.

김선영 역(2003). **아이들은 왜 자연에서 자라야 하는가.** 서울 : 그물코.

김중현 역(2003). **루소 에밀.** 서울 : 한길사.

남효창(2006). **얘들아! 숲에서 놀자.** 서울 : 추수밭.

남효창(2012). **나는 매일 숲으로 출근한다.** 서울 : 청람출판.

배성식(2011). **마음을 거닐다.** 서울 : 좋은 생각 사람들.

서영민(2007). 숲 체험 활동을 통한 수학적 탐구활동이 유아의 수학문제해결력과 수학접근태도에 미치는 영향. 중앙대학교 대학원 석사논문

신문수(2009). 자연 체험의 중요성. **문학과 환경,** 8(2), 111-139.

안희수(2014). 겨울 숲에서의 자연체험활동이 유아의 과학적 탐구능력에 미치는 영향. 서울교육대학교 교육전문대학원 석사학위논문.

윤상욱(2012). **얘들아! 숲에서 놀자.** 서울 : 문음사.

이명환(2003c). 독일의 숲유아교육에 관한 연구. **유아교육연구,** 23(4), 23-49.

이명환(2012). 독일의 숲유아교육과 한국의 숲유아교육 비교연구. **홀리스틱교육연구,** 16(3), 67-85.

이봉자(2008). 탐구생활영역 유아교육과정운영. 유치원 1급 정교사 자격연수. 충남 교육 연수원.

이성자(2010). 숲유치원 운영 사례에 관한 연구. 고려대학교 행정대학원 석사학위논문.

이영녀(2014). 영아주도의 놀이중심 숲 산책 프로그램 개발 및 효과: 생태유아교육의 관점. 덕성여자대학교 대학원 박사학위논문.

이원규, 박진희 역(2003). **자연에 말걸기.** 서울 : 히어나우시스템.

이진희, 손원경, 안효진, 유연옥 공역(2006). 놀이, **발달, 유아교육.** 서울 : 아카데미프레스.

자연주의유아교육실천연구회(2011). **자연주의 유아교육 프로그램.** 파주 : 공동체.

장미숙(2013). 숲 산책 활동이 영아의 어휘력과 의사소통능력에 미치는 영향. 인천대학교 교육대학원 석사학위논문.

장희정 역(2012). **숲으로 가자.** 서울 : 호미.

장희정, 박인기(2014). **숲유치원에서 쏙쏙 뽑은 누리과정.** 서울 : 호미.

전영미(2013). 숲으로 간 ADHD 경민이의 이야기. 서울교육대학교 교육전문대학원 석사학위논문.

황성원(2012). 인성교육을 실천하는 루소의 자연주의 교육론과 그 현재성. **열린교육연구,** 2(4), 337-355.

Brown, S., & Vaughan, C.(2010). **플레이 즐거움의 발견**. 윤미나 역. 서울 : 흐름출판.

Häfner, Peter(2002). *Natur und Waldkindergärten in Deutschland:* Eine Alternative zu Regelkindergarten in der vorschulischen Erziehung. Dissertation an der Universität Heidelberg.

Hanses-Moller, J., & Taylor, G.(1991). Creative nature interpretation for children. *Children's Environments Quarterly, 8*(2), 30-37.

Huizinga, J. (1995). *Homo Ludens. A Study of the play Element in Culture.* 김윤수 역(1998). **호모루덴스**. 서울 : 까치.

Louv, R.(2005). *Last child in the woods: Saving our children from nature-deficit disorder.* 김주희 역(2007). 자연에서 멀어진 아이들. 서울 : 즐거운 상상.

Moore, Robin C.(1997). The need for nature: A childhood right, *Social Justice 24*(3). 203-231

Rousseau, J. J.(2008). **루소의 식물사랑**. 전형준 역. 서울 : 살림.

저자소개

◆ **박 옥 순**

단국대학교에서 교육학과 박사과정을 수료
현재 경기도 의정부 자연유치원 유치원장

연구물로는 『유아들과 함께하는 다중지능 숲 프로그램』(공저) 등이 있다.
2014년부터 유아교사전문잡지 '폴라리스'에
『숲과 들에서 노는 아이들의 이야기』를 매월 연재하고 있다.

자연을 선물 받은 아이들

초판 1쇄 발행 2015년 4월 2일
초판 2쇄 발행 2017년 1월 20일

지 은 이 | 박옥순
펴 낸 이 | 김기섭
편 집 인 | 이윤미
펴 낸 곳 | www.changjisa.com
08589 서울시 금천구 가산디지털 1로 83
파트너스타워1차 9층
전화 (02) 719-2211~3
팩스 (02) 701-9386
등 록 | 1977년 4월 28일 · 제1-421호

ISBN 978-89-426-0820-1 (93370)

값 21,000원

「이 도서의 국립중앙도서관 출판예정도서목록(CIP)은 서지정보유통지원시스템 홈페이지(http://seoji.nl.go.kr)와 국가자료공동목록시스템(http://www.nl.go.kr/kolisnet)에서 이용하실 수 있습니다.(CIP제어번호: CIP2015009628)」